大连理工大学经济管理学院出版基金资助出

U0507547

李新然 ◎ 著

资源回收政策下
闭环供应链定价及
契约协调机制研究

Research on Closed-loop Supply Chain Pricing and
Contract Coordination Mechanism under
Resource Recovery Policy

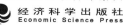

中国财经出版传媒集团
经济科学出版社
Economic Science Press

图书在版编目（CIP）数据

资源回收政策下闭环供应链定价及契约协调机制研究/
李新然著 . —北京：经济科学出版社，2019.6
　（大连理工大学管理论丛）
　ISBN 978 - 7 - 5218 - 0667 - 0

　Ⅰ. ①资…　Ⅱ. ①李…　Ⅲ. ①资源回收 - 定价决策 -
研究　Ⅳ. ①F205

中国版本图书馆 CIP 数据核字（2019）第 133763 号

责任编辑：谭志军　李　军
责任校对：刘　昕
责任印制：李　鹏

资源回收政策下闭环供应链定价及契约协调机制研究
李新然　著
经济科学出版社出版、发行　新华书店经销
社址：北京市海淀区阜成路甲 28 号　邮编：100142
总编部电话：010 - 88191217　发行部电话：010 - 88191522
网址：www. esp. com. cn
电子邮箱：esp@ esp. com. cn
天猫网店：经济科学出版社旗舰店
网址：http://jjkxcbs. tmall. com
固安华明印业有限公司印装
710×1000　16 开　19. 25 印张　290000 字
2019 年 8 月第 1 版　2019 年 8 月第 1 次印刷
ISBN 978 - 7 - 5218 - 0667 - 0　定价：72. 00 元
（图书出现印装问题，本社负责调换。电话：010 - 88191510）
（版权所有　侵权必究　打击盗版　举报热线：010 - 88191661
QQ：2242791300　营销中心电话：010 - 88191537
电子邮箱：dbts@ esp. com. cn）

前　言

在环境污染和资源短缺日益严峻的形势下，绿色经济成为世界各国经济发展的重点。各国为了应对金融危机之后全球产业竞争格局发生的重大调整，纷纷实施"再工业化"战略，以重塑制造业竞争新优势。制造业作为我国形成经济增长新动力和塑造国际竞争新优势的重点，随着我国经济发展进入新常态，急需进行全面深化改革以促进制造业调整结构、转型升级、提质增效。我国于 2013 年通过的《中共中央关于全面深化改革若干重大问题的决定》指出，我国要加快推进生态文明建设，就需要在"减量化、再利用、资源化"的原则下实现生产、流通、消费等各环节的循环发展。2015 年印发的《中国制造 2025》作为我国实施制造强国战略的第一个十年行动纲领，其基本方针发展循环经济，提高资源回收利用效率，构建绿色制造体系，走生态文明的发展道路。同年，由商务部等五部委印发的《再生资源回收体系建设中长期规划》指出，回收行业作为战略性新兴行业，对再生资源回收要提供大力的政策支持。

闭环供应链是指企业从采购到最终销售的完整供应链循环。其在传统供应链的基础上包括了产品回收与生命周期支持的逆向物流，是一种兼顾经济效益和生态效益的可持续发展模式，一经提出便受到了学术界、企业界以及政府的共同关注。目前，大多数企业仍缺乏对闭环供应链的认识，它们依旧坚持传统的以经济效益为中心的思维定式，不愿承担回收再制造成本。但实际上，有效的闭环供应链管理不仅可以通过减少资源投入和库存来降低企业的生产和分销成本，还可以在回收再制造过程中间接地给公司带来获利的新机遇，如顾客满意度的提高和企业形象的提升等。在市场经济体制下，我国政府作为经济运行的协调者，需要通过宏观政策来引导企业实行可持续发展，推动闭环供应链的运用。

我国政府在大力推进循环经济发展的同时，进一步提出了生产者延伸责任制，旨在明确废旧品回收再制造的责任主体。生产者延伸责任制要求生产者对其产品承担的资源环境责任从生产环节延伸到产品设计、流通消费、回收利用、废物处置等全生命周期。该制度的提出为政府和企业践行可持续发展理念、实现资源的再生利用提供了更多政策和路径上的选择。如我国 2009 年颁布的《家电"以旧换新"实施办法》、2011 年制定的《废弃电器电子产品回收处理管理条例》和 2013 年下发的《关于印发再制造产品"以旧换再"试点实施方案的通知》。根据颁布的资源回收政策可知，政府宏观调控的主要手段可以分为三类，即税收、补贴和奖惩。

研究发现，政府制定的激励机制和定价协调机制对回收再制造的协调作用还受到其他因素的影响：一是销售渠道。在双销售渠道闭环供应链中，再造品由生产商直接进行销售。因此，闭环供应链成员的定价决策和政府协调机制都需要做出相应的调整。二是销售努力和服务水平。在买方市场条件下，产品需求不仅与产品的销售价格以及产品质量有关，还与销售努力、服务水平有关。三是公平关切。行为经济学有研究发现，现实中的决策者并非完全理性，供应链成员会关注渠道收益分配的公平性。四是消费者双重偏好。随着大众环保意识的增加，消费者对于产品的感知价值和购买意向除了受再造品质量影响之外，还受到再造品环境属性的影响。

综上可知本课题的研究价值和意义所在，于是笔者从 2014 年开始投入资源回收政策下闭环供应链管理的研究工作中，在闭环供应链定价决策和政策有效性方面进行了深入研究。本书是笔者及笔者团队的学生牟宗玉、何琦、蔡海珠、吴义彪、陈蓉、左宏炜、王奇琦、刘媛媛、李长浩、王琪等人 4 年来共同努力的成果，感谢他们以及学生雷雨薇在书稿编撰、修改、校对等过程中的辛勤付出！同时，本书在编写过程中借鉴和参考了大量同行专家的研究成果，在此向这些学者表示衷心的感谢！此外，本书的顺利出版，还要特别感谢经济科学出版社李军等编辑的耐心指导和大力支持！

　　由于笔者知识范围、学术水平和精力所限，书中存在不妥和错误之处在所难免，恳请广大读者批评指正！

李新然

2019 年 5 月

目 录

第1章

绪　论

1.1　研究背景

对资源的有效利用和与环境的和谐相处一直都是人类经济社会发展过程中所面临的重要问题。传统经济是一种物质单向流动的直线型经济发展模式，即物质的流动是从一个资源到产品再到废弃物的过程。在这种经济发展模式下，生产制造型企业通过开采地球上的资源，并进行相应的生产加工过程来制造产品创造财富。终端消费者购买并消费产品后，会将产生的废弃物和污染物排放到生态环境中去。这种一次性和单一性利用资源的发展方式，不但会极大地污染生态环境（如产品生产制造过程中的污染以及废弃物无法合理处置的污染等）；同时也会造成资源的巨大损耗，以致资源需求巨大的问题始终无法解决。因此，传统的经济发展模式早已不适应现代社会的发展要求。又由于我国人口众多、资源相对不足，且经济增长方式尚未从根本上转变，因此粗放型发展模式所带来的问题就显得尤为明显。所以，如何对废弃资源和废旧材料进行有效处理，从而实现人类经济社会发展和生态环境保护的双重目标就被提上了日程。我国于 2005 年下发《国务院关于加快发展循环经济的若干意见》，全面部署发展循环经济的工作。2011 年《中国循环经济发展战略研究》项目组初步拟定了我国循环经济总体发展的战略目标，计划在未来的 50 年内，将我国全面建设成人、自然、社会和谐统一，资源节约的循环型社会。同时，2011 年实施的《废弃电器电子产品回收处理管理条例》中也明确规定，电子类产品制造商有责任领导供应链下游的零售商和消费者开展废旧产品回收再利用的逆向物流工作。

2013 年 11 月 12 日，党的十八大通过的《中共中央关于全面深化改革若干重大问题的决定》（以下简称《决定》）中明确了许多制度和要求，以期实现经济社会发展和生态环境保护的目的。主要包括以下内容：宗旨是建立系统完整的生态文明制度体系，实行最严格的源头保护制度、损害赔偿制度、责任追究制度，完善环境治理和生态修复制度，用制度保护生态环境。首先，要健全自然资源资产产权制度和用途管制制度。建立空间规划体系，划定生产、生活、生态空间开发管制界限，落实用途管制。健全能源、水、土地节约集约使用制度。同时，《决定》也建议完善自然资源监管体制，统一行使所有国土空间用途管制职责，建立国土空间开发保护制度，严格按照主体功能区定位推动发展。通过建立资源环境承载能力监测预警机制，对水土资源、环境容量和海洋资源超载区域实行限制性措施。实行资源有偿使用制度和生态补偿制度。加快自然资源及其产品价格改革，全面反映市场供求、资源稀缺程度、生态环境损害成本和修复效益。其次，《决定》也规定通过发展环保市场，推行节能量、碳排放权等交易制度，建立生态环境保护的市场化机制，推行环境污染第三方治理。最后，《决定》要求各企业和有关部门也要建立和完善企业全部污染物排放的环境保护管理制度，通过进行独立的环境监管和行政执法，完善污染物排放许可制，实行更为有效的企事业单位污染物排放总量控制制度，对造成生态环境损害的责任者也要依法追究刑事责任，严格实行赔偿制度。同年，工信部联合六部委下发了《关于印发再制造产品"以旧换再"试点实施方案的通知》，国家决定以汽车发动机等再制造产品为试点开展"以旧换再"工作。通知明确指出，支持再制造产品的推广使用，促进再制造旧件回收，扩大再制造产品市场份额；对符合"以旧换再"推广条件的再制造产品，中央财政按照其推广置换价格（再制造产品销售价格扣除旧件回收价格）的 10%，通过试点企业对"以旧换再"再制造产品购买者给予一次性补贴。日前，广州市花都全球自动变速箱有限公司、潍柴动力（潍坊）再制造有限公司等试点企业的"以旧换再"工作取得显著效果，汽车行业再造品产量较 2010 年翻了两番。

在市场经济体制下，社会经济通过"看得见的手"和"看不见的手"相互作用而保持稳定，这只"看得见的手"指的就是政府的宏观调控。政府为使经济保持健康、快速、可持续发展，往往通过立法、财政或税收等调控工具，影响和引导企业或行业未来发展或创新的方向，实现其政策目标。然而近年来，因过度追求经济高速增长而造成的资源稀缺、环境污染、生态退化等问题日益严峻，引起了世界各国政府的高度重视，如何实现经济结构的调整和经济的可持续发展成为各国政府关注的焦点。我国作为发展中的大国，资源初次利用率及再利用率低下，使得环境污染严重等问题更加突出，因此，探讨采取何种措施能够有效促进资源的回收再利用，进而实现经济和环境的可持续发展，成为政府、企业界和学术界共同关心和重视的话题。鉴于此，我国"十二五"规划和党的十八大报告先后做出"发展循环经济、建设节约型社会"和"大力推进生态文明建设、推动资源利用方式根本转变"的战略决策。在此背景下，闭环供应链管理理论应运而生。显然，遵循循环经济理论、以最大化产品生命周期为目标、包含产品正向生产过程和逆向回收再利用过程的闭环供应链管理理论的提出，适应了这一经济和环境上的现实要求和发展趋势。

在政府大力推进循环经济发展的背景下，我国的生产制造类企业如何对其产品的整个生命周期负责，以应对出现的生产商延伸责任制，就成为它们必须面对的巨大挑战。目前，回收再利用成本是限制企业开展废旧品回收再利用活动的最大障碍，这是由于企业在产品设计和生产等环节最重视的因素均为成本，从而导致废旧品回收再利用问题常常被忽视。因此，废旧品回收再利用的成本高于传统模式是显而易见的。但近年来，随着产品设计理念的转变、拆解和再制造流程技术的出现，如：面向再制造的设计（design for re-manufacturing，DFR）以及再制造管理技术（remanufacturing management，

RMM）的应用。废旧品回收成本较以往有了很大幅度的下降，为制造商开展废旧品回收再制造活动带来了可观的经济效益。

除此之外，与企业价值和准则相关的责任和企业义务也会驱使生产制造类企业投入废旧品的回收中去。企业在"绿色发展"的战略主题下，对其生产的产品开展回收再制造活动，不仅能够提升其公众形象，吸引更多具有环保意识的消费者购买产品，产生巨大的社会效益，还能获取额外的经济利益。尤其是伴随着消费者环保意识的提高，这一作用更为明显。消费者提升环保意识可为企业带来双重好处：一个是消费者更有意愿利用再生原料生产的产品或购买利用废旧品生产的再造品，此种行为不但促进再制造产业的发展，更为环境保护做出了巨大的贡献；另一个是消费者更愿意返回废旧品而不是直接丢弃，这种行为能在一定程度上直接减轻环境污染。因此，企业在获得社会效益的同时更可以提升自身的"绿色环保"形象，还可以从激烈竞争的环境中获取巨大的经济效益。

在上述生态效益、法规强制、经济效益和社会效益（或与企业价值相关的责任和义务）四个因素的驱动下，企业在发展现代物流的同时，必须优先考虑以废旧品回收再利用为特征的逆向物流（reverse logistics，RL）在生产实践中，上述四个驱动因素往往是互相交织在一起的，如通过增加废旧品和废弃物的处理成本来减少其排放，有利于获得生态和社会效益，而与社会效益相关的消费者环保意识的提高又可使企业的经济效益得到提高。

因此，在以上介绍中所提及的资源环境制约、企业责任意识、政府政策干涉等外在因素的影响下，闭环供应链的实施必将会产生一系列新的管理问题。

1.2 研究内容与框架

1.2.1 研究内容

本书综合运用博弈论、优化理论、机制设计理论、供应链契约协调理论等理论和方法开展了如下理论研究工作：（1）构建无差别定价闭环供应链的基本模型，并从集中式决策和分散式决策两方面进一步探讨了无差别定价对闭环供应链定价决策的影响，以及如何设计契约以协调分散式决策闭环供应链的问题。（2）构建差别定价闭环供应链的基本模型，以集中式决策和分散式决策视角探讨差别定价对闭环供应链定价决策的影响，并设计契约以协调分散式决策闭环供应链的问题。（3）构建政府奖惩、税收与补贴闭环供应链定价决策模型，并与无资源回收政策下的闭环供应链定价决策模型进行对比分析，并设计契约协调机制。随后，在政府补贴下研究销售努力、服务水平与公平关切对闭环供应链的影响。（4）以集中式和分散式决策为视角，探讨在政府制造置换补贴下的双渠道闭环供应链定价决策模型，并在此基础上研究政府补贴和政府奖惩双重干预下的双渠道闭环供应链定价决策模型，和消费者双重偏好下闭环供应链渠道差异。

具体研究内容如下：

第 1 章为绪论。本章主要介绍了闭环供应链管理问题产生的实际背景、本书的研究内容与框架、本书的研究目的与意义等。

第 2 章为相关理论综述。本章综述了四个方面的内容：一是闭环供应链的相关概念及特征，包括逆向物流、逆向供应链、闭环供应链及其管理、闭环供应链的特征等；二是闭环供应链的定价决策及契约协调，包括对无差别定价闭环供应链、差别定价闭环供应链及政府机制作用下闭环供应链的定价决策的相关文献进行了综述，同时对闭环供应链契约协调的概念、分类和协调机制等相关文献进行了综述；三是闭环供应链的渠道选择问题，针对单渠道闭环供应链管理、双渠道闭环供应链管理问题予以概述，并对最优渠道选择问题进行评述。四是政府资源回收政策相关理论的总结，包括对政府常用的回收政策的解读和政策下闭环供应链的研究述评，通过对闭环供应链渠道选择、定价决策及契约协调的研究述评，找出现有研究的不足之处，并从理论研究的角度提出本书研究内容的价值所在。

第 3 章构建了无差别定价闭环供应链的定价及契约协调模型。首先，构建了闭环供应链的定价决策模型，运用博弈论中的逆向归纳法分析求解集中式决策闭环供应链和分散式决策闭环供应链的定价决策问题，分散式决策闭环供应链模型包括制造商领导的 Stackelberg 博弈模型、零售商领导的 Stackelberg 博弈模型、制造商和零售商存在 Nash 均衡博弈模型；其次，通过比较分析不同市场权力结构下分散式决策闭环供应链各成员的决策结果与利润水平，探讨闭环供应链失调的成因；再次，基于其协调机理设计出可同时协调解决闭环供应链中正向供应链和逆向供应链上存在的"双重边际效应"问题，通过研究萨瓦斯坎（Savaskan）等提出的两部收费契约（two part tariff contract），参考可协调传统正向供应链的数量折扣契约（quantity discount contract）和收益费用共享契约（revenue and express sharing contract）等契约各自的协调机理，分别设计出可协调闭环供应链的数量折扣契约和收益费用共享契约，通过构建闭环供应链的契约协调模型，拓展闭环供应链研究的契约种类；最后，通过数值仿真分析验证了所构建的无差别定价闭环供应链定价决策模型的正确性以及契约协调的有效性。

第 4 章构建了差别定价闭环供应链的定价及契约协调模型。本章与第 3 章研究结构类似，首先运用博弈论中的逆向归纳法分析求解集中式决策闭环供应链和分散式决策闭环供应链的定价决策问题，其中分散式决策模型以制造商领导的 Stackelberg 博弈模型为例；其次，根据经典的可协调传统正向供应链的数量折扣契约和收益共享契约等契约的协调机理，分别设计出可协调差别定价闭环供应链的数量折扣契约和收益共享契约，并构建了差别定价闭环供应链的契约协调模型，以提高闭环供应链的运作效率；最后，通过数值仿真分析验证了所构建的差别定价闭环供应链定价决策模型的正确性以及契约协调的有效性。

第 5 章在第 3 章和第 4 章模型及研究思路的基础上，考虑政府奖惩机制对差别定价闭环供应链的定价及契约协调模型的影响。本章首先构建了政府对零售商实施奖惩的闭环供应链定价决策模型，运用博弈论中的逆向归纳法分析求解集中式决策闭环供应链、分散式决策闭环供应链的定价决策结果；其次，将结果与无资源回收政策下差别定价闭环供应链定价决策进行比较研究，基于第 4 章设计的可同时协调解决闭环供应链中正向供应链和逆向供应链上存在的"双重边际效应"问题的数量折扣契约,设计出可协调政府奖惩下闭环供应链的数量折扣契约,以探究闭环供应链在政府作用机制下如何提高运作效率;最后,通过数值仿真分析验证所构建的政府奖惩下闭环供应链定价决策模型的正确性。

第 6 章考虑政府的税收补贴机制对差别定价闭环供应链的决策影响。本章首先构建税收补贴机制下闭环供应链定价决策模型,运用博弈论中的逆向归纳法分析求解集中式决策闭环供应链、分散式决策闭环供应链的定价决策结果,分散式决策闭环供应链模型以制造商领导的 Stackelberg 博弈模型为例;其次,将税收补贴机制下集中式决策、分散式决策闭环供应链定价决策结果与无资源回收政策下差别定价闭环供应链定价决策结果进行比较,以探究政策有效性;最后,通过数值仿真分析验证所构建的税收补贴机制下闭环供应链定价决策模型的正确性和有效性。

第 7 章考虑政府"以旧换再"政策对差别定价闭环供应链的决策影响。本章首先构建了政府再制造置换补贴下闭环供应链定价决策模型,运用博弈论中的逆向归纳法分析求解集中式决策闭环供应链、分散式决策闭环供应链的定价决策结果,其中,分散式决策闭环供应链模型以制造商领导的 Stackelberg 博弈模型为例;其次,将政府再造品置换补贴下集中式决策、分散式决策闭环供应链定价决策结果与无资源回收政策下差别定价闭环供应链定价决策结果进行比较,探究政策有效性;最后,通过数值仿真分析验证政府再造品置换补贴下单渠道闭环供应链定价决策模型的正确性和有效性。

第 8 章在第 7 章的基础上考虑销售努力对闭环供应链定价决策的影响。本章首先构建了政府补贴下考虑销售努力的闭环供应链定价决策模型,运用博弈论中的逆向归纳法,分析求解无政府补贴下不考虑销售努力、无政府补贴下考虑销售努力、政府补贴下考虑销售努力这三种情形下,闭环供应链集中式定价决策和分散式定价决策的结果,其中,分散式决策闭环供应链模型以制造商领导的 Stackelberg 博弈模型为例;其次,分两部分对政府补贴下考虑销售努力闭环供应链的定价决策进行对比分析。第一部分是在无政府补贴下,对比有、无销售努力的闭环供应链定价决策,得到销售努力在无政补贴时对闭环供应链的影响;第二部分是在政府补贴下,对比有、无销售努力的闭环供应链定价决策,得到销售努力在有政补贴时对闭环供应链的影响。最后,通过数值仿真分析验证政府再造品置换补贴下考虑销售努力闭环供应链定价决策模型的正确性和有效性。

第9章在第7章的基础上考虑服务水平和公平关切对闭环供应链定价决策的影响。本章首先分别构建了零售商公平中性下对再造品有、无服务水平提升,和零售商公平关切下对再造品有、无服务水平提升的四种情形下闭环供应链的定价决策模型,运用博弈论中的逆向归纳法分别求解其定价决策结果;其次,在零售商公平中性下对比有、无服务水平提升的闭环供应链定价决策,探究服务水平对闭环供应链的影响;再次,分别对比有、无服务水平情形下的零售商公平中性和公平关切进行对比,探究公平关切对闭环供应链的影响;最后,通过数值仿真分析验证政府再造品置换补贴下考虑服务水平和公平关切的闭环供应链定价决策模型的正确性和有效性。

第10章在政府干预单渠道闭环供应链研究的基础上,考虑双渠道销售对政府补贴下闭环供应链定价决策的影响。本章首先分别构建了有、无政府再造品置换补贴下双渠道闭环供应链决策模型,运用博弈论中的逆向归纳法分析求解不同情形下的集中式决策闭环供应链、分散式决策闭环供应链的定价决策结果,其中,分散式决策闭环供应链模型以制造商领导的Stackelberg博弈模型为例;其次,将政府补贴下双渠道销售的集中式决策、分散式决策闭环供应链定价决策结果与无资源回收政策下双渠道销售的闭环供应链定价决策结果进行比较,以探究政策有效性;最后,通过数值仿真分析验证所构建的政府补贴下双销售渠道闭环供应链定价决策模型的正确性和有效性。

第11章在第10章的基础上加上第5章的政府奖惩,考虑政府双重干预对双渠道销售闭环供应链的影响。本章首先分别构建了政府补贴、政府奖惩、政府双重干预下的双渠道闭环供应链定价决策模型,运用博弈论中的逆向归纳法分析求解以上三种情形下闭环供应链的定价决策结果;其次,通过对比无政府干预、政府补贴、政府奖惩、政府双重干预四种情形下的闭环供应链定价决策结果，探究政府双重干预对闭环供应链的影响，其中，无政府干预情形下的闭环供应链定价决策在第 10 章进行了研究；最后，通过数值仿真分析验证政府双重干预下闭环供应链定价决策模型的正确性和政府双重干预的有效性。

第 12 章在第 7 章和第 10 章的基础上，考虑消费者双重偏好对闭环供应链的影响。本章首先构建了单渠道有、无政府补贴闭环供应链模型和双渠道有、无政府补贴闭环供应链模型，运用博弈论中的逆向归纳法分析求解闭环供应链的定价决策结果；其次，从最优决策、政府补贴作用、环境影响三个方面对比分析闭环供应链的渠道差异；最后，通过对比分析探究消费者双重偏好对渠道差异的影响。

第 13 章为结论与展望。本章总结了本书的主要研究成果，并对未来的研究做了一个前瞻性的展望。

1.2.2 研究框架

本书采取了由浅到深、逐层递进、横向和纵向扩展的研究方式，具体如图 1 - 1 所示。

本书主要可以分为以下七部分：

第一部分描述了闭环供应链产生的现实背景，从社会实践的角度提出本书所要研究的主要问题。

第二部分通过归纳、总结、分析及述评闭环供应链相关概念及特征、系统结构及关键活动、定价决策、渠道选择及契约协调、政府资源回收政策等相关理论的研究成果，把握闭环供应链研究领域的发展动向，并从理论研究的角度提出本书研究内容的价值所在。

第三部分构建了无差别定价闭环供应链基本模型，并从集中式决策和分散式决策两方面进一步探讨了无差别定价对闭环供应链定价决策的影响，以及如何设计契约以协调分散式决策闭环供应链的问题。

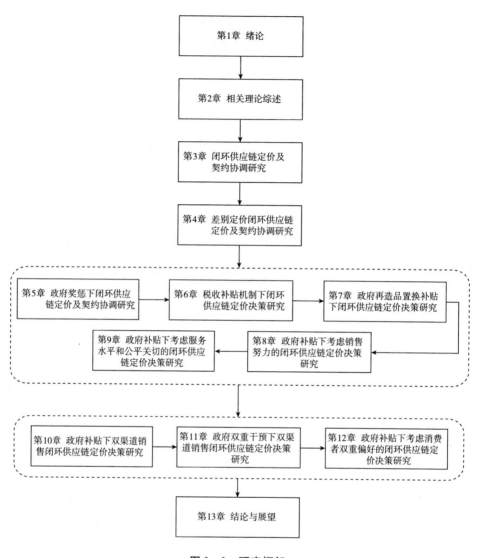

图 1-1　研究框架

　　第四部分构建了差别定价闭环供应链的基本模型，进一步从集中式决策和分散式决策两方面进一步探讨了差别定价对闭环供应链定价决策的影响，以两部收费契约为代表设计协调分散式决策闭环供应链的问题。

　　第五部分从促进废旧品回收的角度出发，构建政府干涉下的闭环供应链定价决策模型，分别构建了政府奖惩、税收与补贴、政府制造置换补贴下单渠道闭环供应链定价决策模型，通过模型的对比分析得到政府资源回收政策对闭环供应链的最优定价决策的影响，并在政府补贴下，研究了销售努力、服务水平和公平关切对闭环供应链的影响。

第六部分从双销售渠道的角度出发，研究政府补贴下闭环供应链的定价决策问题，以及政府双重干预下闭环供应链的定价决策问题，并在第五部分的基础上，通过对单渠道有、无政府补贴和双渠道有、无政府补贴进行对比，研究了政府补贴下考虑消费者双重偏好闭环供应链的渠道差异。

第七部分对全书的研究成果进行了简要总结，并指出了今后的研究方向。

1.3 研究目的及意义

随着经济的快速增长，资源稀缺、环境污染、生态退化等问题日益突出，并在世界范围内引起了高度重视。传统的经济发展模式忽略了对资源和生态环境的保护，为了改变这种低质量的经济发展模式，世界各国政府都将眼光聚焦在如何推行可持续发展和实行经济结构的调整上。例如 2011 年，悉尼提出了"2030 可持续发展战略规划"。2015 年，中国提出了"创新、协调、绿色、开放、共享"的五大发展观。

传统的供应链是物质单向流动的一种线性结构，在生产中不仅需要消耗大量的资源，还会产生许多的废弃物，导致生态环境不断恶化。因此在可持续发展的大背景下，传统的供应链的发展也开始融入绿色发展观，从而衍生了闭环供应链。闭环供应链是在传统供应链的基础上进行流程重组，并加入了回收、检测/筛选、再处理、再配送或报废处理等一系列的逆向物流环节。闭环供应链通过逆向物流，不仅可以减少废物排放，还可以使资源被重复利用，从而保护生态环境。资源回收可以降低企业的生产成本，提升企业的形象，从而为企业创造更高的收益。

为了推行经济的可持续发展，各国政府出台了一系列的经济政策，包括税收政策、排污权交易制度、直接管制、排污收费、押金制、执行鼓励金以及环境损害责任保险制度等。例如美国政府为保护环境，一方面寻求新的财政收入，另一方面不断推出有关环境保护的税收种类。随着闭环供应链的出现，各国开始出台一系列的回收政策。美国于 1976 年制定了《固体废弃物处置法》；欧盟于 2005 年出台了 WEEE 指令；日本于 2011 年开始实施《固体废弃物处置法》。我国 2009 年颁布了《固体废弃物处置法》；2011 年制定了《固体废弃物处置法》；2013 年下发了《关于印发再制造产品"以旧换再"试点实施方案的通知》。

从我国出台的相关政策可以看出，我国政府有力地推动了废旧品的回收再制造。首先，本书分别从政府奖惩、政府税收、政府补贴和政府双重干预四种干预形式，探究闭环供应链的定价决策模型的有效性，并通过对政府补贴下单渠道销售和双渠道销售的对比，为闭环供应链成员的定价决策提供依据；其次，本书分别从政府奖惩、政府税收、政府补贴和政府双重干预四种干预形式，通过与无资源回收政策进行对比，研究政府干预的有效性，并通过对契约协调机制的研究，为政府相关政策的制定提供建议；最后，在对闭环供应链成员定价决策模型有效性和政府干预有效性研究的基础上，本书进一步考虑了销售努力、服务水平和公平关切、消费者偏好下的供应链定价决策和政府干预的有效性，从而为供应链成员和政府的决策提供建议。

第 2 章

相关理论综述

2.1 闭环供应链的相关概念及特征

2.1.1 逆向物流及逆向供应链

逆向物流（reverse logistics，RL）是闭环供应链管理理论的核心概念之一，其诞生和快速普及对闭环供应链管理理论的丰富和管理模式的应用起到了重要的推动作用。在 20 世纪 70 年代的科学文献中就已经出现了"逆向通道"（reverse channels）、"逆向回流"等术语，但是都限于废物利用方面的研究。"逆向物流"的概念最早出现于 1992 年，斯塔克（Stock）针对产品使用后产生废旧品和废弃物管理的问题，在向美国物流管理协会（The Council of Logistics Management，CLM）提交的报告中指出，逆向物流就是由产品回收、产品再制造、废旧品再处理、物料替代、产品维修等活动所构成的物流。同年，波伦和法里斯（Pohlen & Farris）根据市场中的产品流向把逆向物流定义为：产品经过某些特定的分配渠道从终端消费者向原始生产者流通的所有相关物流活动。类似地，《中国国家标准·物流术语》将逆向物流详细分解为两大类：第一类是废弃物回收物流，即根据实际需要将产品通过分类、收集、包装、搬运、储存等活动分送到专门处理场所的过程中所形成的物品实体流动，当然，这些产品主要是指经济活动中失去原有使用价值的物品。第二类是回收物流，即从需方返回到供方所形成物品的返修、退货以及周转使用的物品实体流动。随后，国内外诸多学者对逆向物流的概念和特点展开了研究与完善。

卡特和埃拉姆（Carter & Ellram）给出了狭义和广义逆向物流的概念，他们将逆向物流规定为企业通过回收废旧品进行循环和再利用来减少物料的消耗，以达到生态环境保护目的的物流活动。广义的逆向物流以减少产品回收量、使产品更好更快地进行回收再制造和更容易地进行再循环处理为主要宗旨，减少正向物流中物料的使用数量。狭义逆向物流的意义在于通过正向物流中的配送和销售网络回收企业所销售的产品的物流活动。逆向物流执行委员会（The Reverse Logistics Executive Council，RLEC）则将逆向物流定义为：为了修复产品（包括因损坏、过季、再储存、残次、召回和库存等原因而回收的产品，再循环利用的包装物，修复、改造和翻新的产品，处理废弃装备和危险物料等）中存在的缺陷，开展的一系列从产品销售终端向其上游环节流动的物流活动，从而使其得到正确的处理以恢复产品的使用价值。罗格斯和蒂宾－连布克（Rogers & Tibben-Lembke）定义逆向物流为：从终端消费地到来源地转移产品是为了再次获得已使用产品的剩余价值并对其进行正确处理，逆向物流的配送系统是由人、计算机软硬件和承运商等组成的有机整体，这些因素通过相互作用实现了物品从使用地到原产地的流动，并从参与主体的角度指出逆向物流是生产者为获取其已销售并被使用的产品的剩余价值而开展的从消费者处返回生产者处所产生的物品转移活动。我国学者达庆利等也提出，逆向物流是指企业给那些虽然已失去使用价值或失去其核心使用价值而被使用者归类为废弃物，但对企业而言具有部分再利用价值的产品而设计的产品回收再利用物流系统。上述关于逆向物流的相关研究分别从环保价值、经济价值、产品价值等角度展开，明确了逆向物流的流动对象、关键节点和回收目的，指出了对逆向物流开展研究和实践的重要意义。

欧洲逆向物流组织（The European Working Group on Reverse Logistics—

RevLog）拓展了罗格斯等的定义，指出逆向物流是指计划、执行和控制原材料、中间产品和制成品从制造、分配或使用地到回收或适当处理地的物流活动，并将回收产品分为直接再使用、再制造、再生和焚烧四类，RevLog 所提出的逆向物流概念中存在两个问题：一是该概念中并没有指明逆向物流过程中流动的回收产品一定来自终端消费者，因为分销商或零售商处也可能存在消费者手中没有购买的多余库存。二是也没有指出产品务必要返还到原产地，因为产品可回收到的地点也是不确定的。

国内学者达庆利等和周垂日等也给出了各自的逆向物流概念。达庆利等认为，逆向物流的概念是指消费者所期望的产品明显失去了其使用价值，或具有价值的某项功能失去了其效用或者已被淘汰，而被认为是废弃物抛弃，但实际上这些物品显然可以回收再利用并仍具有潜在的利用价值。为使这些可再利用的产品回到正常的企业物流活动中去，企业为这部分物品设计了一个有效的回收物流系统，并保证其正常运转。周垂日等认为，企业进行逆向物流活动的目的是再处理和再利用废旧品的存在剩余价值，逆向物流包括废旧产品的废旧品收集、运输、库管、整修等处理活动，以及随之产生的再制造、再利用、原材料再生等处理活动，逆向物流的定义是将原材料、半成品、产成品和包装从制造商、经销商或消费者处流向回收地或适当处理地的规划、实施和控制的过程。

通过对上述国内外学者和研究机构所给出的逆向物流概念的总结与分析可知，逆向物流的主要概念精髓包括三方面的内容：一是逆向物流的流动对象主要是消费者手中持有的产品，另外还包括再利用装运容器、回收包装材料、分销商和零售商处持有的季节性库存或过量库存、因质量问题和产品召回等活动而导致的回流物品；二是逆向物流通过回收、检验、分类、再制造和报废处理等活动，将需要回收再制造的产品从销售终端转移到上游的各个节点；三是逆向物流的目的是对逆向物流最终的废弃物进行正确的处理，或是通过回收再制造重新获得废弃产品或有缺陷产品的使用价值。

一些学者在讨论之余，也在逆向物流概念的基础上提出了逆向供应链（reverse supply chain，RSC）的概念，例如，吉德（Guide）和卢克（Luk）定义逆向供应链为：回收终端消费者手中已使用过的产品，并对其进行再利用或处置的网络系统。夏绪辉和刘飞则认为，逆向供应链是一个从消费者手中回收再利用废旧品，并由供应链中的相关企业及企业部门所组成的一个网络，该网络通过对所回收的废旧产品进行分类检测来确定其最终回收再制造的处理方式。此外，其还指出逆向供应链的广义定义，与狭义不同的是，其将涉及废旧产品的再生产与再销售及其售后服务等方面。伍云山和张正祥从构成、内容、实施的目的和具体活动四个方面，在逆向供应链概念的基础上，对逆向供应链的概念进行了解释。

2.1.2　闭环供应链及其管理

由于当前环境和资源问题的日益凸显，各国政府和消费者逐渐开始要求制造商担负起废旧品回收再制造的责任，以减少废旧品垃圾的数量，提高资源利用率。围绕着如何正确处置废旧品这一问题，在欧洲国家中，德国早在1986年就颁布了《废弃物限制及废弃物处理法》，该法要求企业（包括本土企业和在德国从事商业活动的国外企业）必须对其产品的包装材料进行回收再利用，同时也要求从运输、代理、销售等环节回收使用后的包装物，或者与专业组织签订合同来执行该规定。美国、日本、澳大利亚、比利时、荷兰等一些国家和地区纷纷颁布一系列关于产品或材料再使用的强制性环保法规和采购指令，要求制造商在产品的生命周期内及之后承担起一定的环境责任，完成废旧品的逆向处置、再利用等工作。到2003年，欧盟又针对电子垃圾的问题发布了 WEEE 指令（Waste Electrical and Electronic Equipment），从而在全球范围内推动了废旧品的回收再制造活动，进而促进了闭环供应链管理模式的发展。

在逆向物流及逆向供应链等概念的基础上，弗莱施曼（Fleischmann）最早指出，根据原设备制造商（original equipment manufacturer，OEM）是否负责对产品进行回收再利用，可分为 OEM 管理的逆向物流和由第三方制造商进行管理的逆向物流，并进一步指出 OEM 网络属于闭环供应链网络。克里克

（Krikke）等和吉德（Guide）也均认为，传统正向供应链和产品回收再制造的逆向供应链构成封闭式闭环供应链系统，该系统包含从生产、消费、物流、再生产等全闭环特征，显然这两条供应链上的物流是相互联系的。邱若臻和黄小原和文惠（Wen-hui）等对于闭环供应链的概念也有着相似的理解。近年来，闭环供应链封闭的特性已在业内达成共识。盖德和瓦森霍夫（Guide & Wassenhove）从商业的角度明确定义了闭环供应链，并在具体研究过程结合了闭环供应链管理研究的演化过程，即通过设计、操作、控制、挖掘系统中不同类型数量废旧品的留存价值，以实现完整产品生命周期价值最大的供应链管理活动。

　　然而，不管是基于环境还是经济的视角，闭环供应链管理的目的是实现经济效益和生态效益的共赢。在研究的基础上，克里克等（Krikke et al.）指出，闭环供应链中企业通过对废旧品进行回收处理和再利用管理将减少两方面的损失：一是有效降低企业的生产成本，从而获得更多利润。二是减少对自然环境的污染，同时有效减少废旧产品的数量。盖耶和杰克逊（Geyer & Jackson）以及赵晓敏等也指出，企业实施闭环供应链管理是以实现企业的经济效益并达到企业设定的环保目标为最终目的的。塞茨（Seitz）在更为严密的调查研究中发现，OEM 进行废旧品回收再制造活动常常受到诸如企业伦理与社会责任、国家环保要求、企业自身品牌形象的维护等多种非经济因素的影响，实际上，传统经济利益中回收废旧品仅仅以经济效益为主要目标，这显然是十分单一的。杨等（Yang et al.）的研究关注了再制造闭环供应链对环境效益不容忽视的影响，从产品设计和闭环供应链再制造流程的角度出发，深入分析再制造成本的降低和资源消耗的可能性大小，结合闭环供应链对环境带来效益的影响因素，得出要有效降低生产再制造成本的观点。综上可知，企业和社会的良性可持续发展有赖于闭环供应链管理的实施，这也对企业和整个社会发展带来了极其深远的影响和意义。

　　从闭环供应链及其管理等概念内涵的界定和管理目的可以看出，闭环供应链与传统正向供应链之间有着本质的差别：传统正向供应链只是完成产品从原材料的生产、半成品的制造、仓储配送、产品消费的正向过程，并没有包含产品的逆向回收、再处理和再制造等过程。闭环供应链是由正向物流和逆向物流集合而成的，是包含物流、信息流和资金流等双向流动的系统，其比传统正向供应链拥有更为复杂的网络系统和成员关系。总体来看，闭环供应链主要有以下几个特点：

（1）不确定性。废旧品的回收时间、地点、数量、质量、生产计划和控制均具有高度的不确定性，这是由产品寿命不确定的本质所决定的。由于回收产品的再利用价值具有不确定性，故回收之后的处理方式也复杂多样。所有这些不确定性增加了闭环供应链管理和控制的难度。

（2）系统管理目标的多样性。闭环供应链系统管理的目标是要同时兼顾经济效益、环境效益和生态效益，因此，在保证系统正常运作的同时，还需要考虑到环境因素和生态因素，这使得闭环供应链优化的目标出现多样化。

（3）增值性。逆向物流的引入使得原本要被废弃的产品或者零部件得到重新利用，企业只需付出较低的再制造成本就可以制造出具有一定使用价值和市场认可度的再造品，在成本节约和资源利用率提高的同时满足环境和生态保护的要求，这也是企业实施逆向物流的根本动力。

闭环供应链中的正向物流与逆向物流之间呈现出从源到汇，再从汇到源的封闭特征，其实质是通过废旧品的回收和再利用，提高资源利用率，减少废弃物的排放，从而降低环境污染和保护生态环境，并可以较低的成本为消费者提供优质的服务，使闭环供应链中的企业获得更多的效益。

2.2 闭环供应链的定价决策及契约协调

2.2.1 无差别定价闭环供应链的定价决策

国内外学者们就闭环供应链定量建模方面的定价决策、渠道选择、契约协调等问题开展了广泛而深入的研究。萨瓦斯坎（Savaskan）在闭环供应链的管理实践和已有研究文献总结的基础上，提出实际运营中存在零售商回收

（MRCRM）、第三方回收商回收（MRCTM）、制造商回收（MRCM）等三种基本回收渠道模式的闭环供应链，考虑通过宣传手段以回收率的方式回收废旧品，并从确定线性需求研究起点，分别研究了三种回收渠道下闭环供应链的定价决策问题，通过对三种回收渠道下的决策结果进行比较分析，得出结论：零售商回收模式闭环供应链最优。葛静燕等在废旧品回收率是回收价格函数的基础上，研究了零售商回收模式闭环供应链的最优决策问题，并采用收益费用共享契约实现了模型协调。宏和耶（Hong & Yeh）构建由制造商与第三方回收商合作处理废旧品的闭环供应链模型，此时，零售商和第三方负责回收。结论发现：零售商回收模型下的回收率、渠道成员利润总额、制造商利润也可能比非零售商回收模式差，而当第三方回收商作为一个非营利组织来回收和处理废旧品时，零售商回收模式的表现在第三方回收商作为非营利组织时更有优势。乔瓦尼和扎库尔（Giovanni & Zaccour）分别构建了三种回收渠道模式下的两周期闭环供应链模型，通过比较分析不同回收模式下的最优定价决策结果可以发现，除非第三方回收商表现得比零售商更好，否则制造商更偏向于选择零售商负责废旧品的回收。贡戈和吉普塔（Gungor & Gupta）则构建了由制造商、零售商和第三方回收商组成，且零售商和第三方回收商在废旧品回收市场上存在竞争关系的混合回收渠道模式闭环供应链的定价决策模型，通过研究发现：对于制造商和消费者来说，混合回收渠道要优于单一回收渠道。徐兵和吴明针对制造商负责网上销售、零售商负责网下销售的现象，构建了闭环供应链模型，并通过对比分析不同回收模式下闭环供应链的生产与定价决策，对比发现，制造商负责产品回收时的回收再制造率最高。

阿塔苏（Atasu）引入回收量的考量，探讨了基于回收量和回收率的回收成本结构对制造商最优定价决策和回收渠道选择的影响。王玉燕等则在废旧品回收量为回收价格指数函数的假设下，运用博弈论理论对闭环供应链的最优定价决策和契约协调问题进行了研究。郭亚军等研究由单个制造商和单个零售商组成的零售商回收模式闭环供应链的决策和协调问题，张威等构建混合渠道模式下的废旧家电回收再制造决策模型，引入政府的奖惩函数，应用Stackelberg博弈方法，分别构建了"单渠道销售—单渠道回收""单渠道销售—双渠道回收""双渠道销售—单渠道回收"三种情况下的制造商和零售商决策模型,并运用最优化理论分别求出三种模式下的最优解。张克勇等则针对由单个制造商、两个在销售市场和回收市场均存在竞争的零售商组成的零售商回收模式闭环供应链系统的决策和协调机制展开了研究。孙嘉轶等则构建了与产品销量和废旧品回收价格均相关的回收函数,分析了一个零售商回收、两个零售商回收和制造商回收等三种闭环供应链模型的最优决策和渠道选择问题。李伟等在废旧品回收量为回收价格线性函数的假设下,构建了制造商和零售商混合回收、制造商和第三方回收商混合回收、零售商和第三方回收商混合回收三种混合回收模式下的闭环供应链定价模型,并对三种混合回收模式下闭环供应链的决策结果及利润进行了对比分析。

从以上学者的研究成果可以看出,闭环供应链现有的理论成果可以按其回收渠道模式分为零售商回收模式、第三方回收商回收模式、制造商回收及混合回收模式等。此外,不同的回收方式将会影响不同的成本结构,闭环供应链的定价决策结果也有所不同。

史成东等以风险中性的制造商和具有下行风险特性的销售商为研究对象,构建了由零售商负责废旧品回收的两阶段闭环供应链模型。随着废旧品回收业务日渐成熟,回收方除了通过宣传的手段影响消费者返还废旧品的行为外,还利用回收价格影响消费者返还废旧品的行为,以废旧品回收量的方式进行回收。实际上,闭环供应链运营过程中会存在多种废旧品回收方式共存的现象。由于各行业特性、废旧品特性不同,废旧品回收业务的发展阶段不同,企业自身的回收方式选择就会有不同。徐兵和杨金梅在废旧品的回收量为回收价格指数函数的假设下,构建两个分散式闭环供应链的竞争决策模型,政府补贴下政府、制造商和零售商的三阶段博弈模型以及基于经济—环境效益最大化的回收模型。而在废旧品的回收量与回收价格呈线性相关的假设下,申和贝尔(Chen & Bell)利用制造商与零售商共同承担退货成本的回购契约为研究对象,探究了分散式决策闭环供应链的定价决策问题。

以上研究都是在制造商作为市场领导者的假设下开展的,而根据企业在闭环供应链系统中的市场权力差异,至少可以将分散式决策闭环供应链分为以下三种市场权力结构：制造商领导的 Stackelberg 博弈、零售商领导的 Stackelberg 博弈以及制造商和零售商 Nash 均衡博弈。例如，制造商领导的市场中存在着通用、福特等垄断制造商的汽车生产行业；超大型零售商，如麦德龙、家乐福、乐购等均在供应链中居于领导地位；海尔、联想等电器制造商和苏宁、国美等零售商在市场中互相制衡势均力敌，均无法成为市场领导者。由于各地区各行业的发展速度及特点各不相同，所以整个供应链市场上会同时存在多种不同的市场力量结构或市场权力结构，供应链上的企业可以根据所处地区和市场的具体情况自行进行分析判断。目前，国内外学者已经针对不同市场权力结构下闭环供应链的定价与协调问题开展了深入的研究。帕尔克和凯赫（Park & Keh）在以上三种不同市场权力结构下构建了由单个制造商和单个零售商组成的供应链系统，并对直接销售渠道、间接销售渠道和混合销售渠道下系统的决策结果与渠道利润进行了对比分析。陈（Chan）在以上三种不同市场权力结构下，研究了双头垄断的制造商共用一个零售商时供应链的生产与定价决策问题，并且分析了市场力量、产品差异化、生产成本对定价决策结果的影响。在此基础上，崔（Choi）把上述结论进一步推广到双头垄断的制造商和双头垄断的零售商的情形。

但以上研究只关注了不同市场权力结构对传统正向供应链定价决策的影响，而没有考虑废旧品回收再制造的逆向供应链。顾巧论等应用博弈理论研究了由制造商领导的 Stackelberg 博弈及制造商和零售商 Nash 均衡博弈下，逆向供应链中废旧品的定价决策问题。卡拉卡亚利等（Karakayali et al.）分别研究了集中式决策、再制造商领导和废旧品回收商领导下逆向供应链的定价决策问题，并采用两部定价契约对后两种市场权力结构下的分散式决策闭环供应链进行了协调。在此基础上，孙浩和达庆利完善了回收商领导下的均衡解，补充考虑了制造商制定转移价格的情况，黄祖庆和达庆利同时考虑了传统正向供应链与废旧品回收的逆向供应链，构建了由零售商负责回收的闭环供应链模型，研究了不同市场权力结构下闭环供应链的利润与集中式"超组织"结构相比较的效率损失问题。晏妮娜等结合某钢铁公司废钢回收的实际案例，研究了不确定需求及政府对企业实施奖惩机制的情况下，集中式决策和三种不同市场权力结构对闭环供应链定价决策结果的影响，并讨论采用批发价合同实现闭环供应链协调的条件。

另外，第三方回收商模式也得到广泛研究，在第三方回收商回收模式闭环供应链模型的基础上，李少江等研究了产品线性需求的情况下，闭环供应链各成员的生产与定价决策问题。黄祖庆等构建了由制造商、零售商和单个第三方回收商所组成的闭环供应链模型，模型中分别考虑制造商作为 Stackelberg 博弈领导者和零售商作为 Stackelberg 博弈领导者等情形，研究了闭环供应链在不同决策下的收益，以及与"超组织"结构相比的效率损失问题。公彦德分别研究了制造商作为主导者和零售商作为主导者模式下，批发价与回收补贴之间的关系，回收补贴的设置与零售商决策的关系，以及不同供应链主导模式下闭环供应链系统及系统效率的稳定性问题。

晏妮娜和黄小原在价格敏感的随机需求量与回收努力敏感的随机回收量条件下，建立了基于第三方服务商回收的多级闭环供应链模型。通过讨论分散式决策中制造商为主导者，销售商和第三方为跟随者的 Stackelberg 对策及集成闭环供应链的联合优化策略，通过设计制造商与第三方之间的目标奖惩合同，从供应链合同协调的角度进行了对比分析，并以宝钢公司废钢回收的实际情况进行了仿真分析。陈菊红等考察制造商、零售商和第三方构成的再制造闭环供应链中，节点企业如何确定产品的批发价、销售价，废旧产品的回收价和回收转移价等以获得最优利润，研究结论表明：分散式决策下系统最优利润要低于集中决策下系统的利润，文章最后设计出费用共享契约以提高制造商、零售商、第三方的利润和消费者的效用。陈功玉从企业、政府、行业的角度提出组建非营利组织的有效方法，研究非营利性组织参与再制造回收下的闭环供应链决策，通过将其与营利性第三方回收的闭环供应链决策模型比较得出结论：非营利性第三方回收企业的参与可有效提高制造商、零售商二者的利润，并可实现闭环供应链总体收益的大幅提升。制造商回收再制造的积极性的增强，提高了产品的回收再制造率，有效降低废旧品对环境的影响，并从政府、企业及行业角度，提出了非营利性回收机构的组建方法。李新然等分析了突发事件引起闭环供应链中最大市场需求规模发生扰动时，收益费用共享契约下闭环供应链的协调会被打破这一问题，进而对收益费用共享契约加以改进，使之适用于协调突发事件发生前与发生后的闭环供应链系统。徐永锋等研究在随机需求条件下，由制造商、零售商和第三方共同构成的供应链系统的协调策略，并以 Stackelberg 博弈理论为基础，比较集中式决策和分散式决策下的最优订货量和最优废旧商品回收率的大小，从而确定在分散决策下存在双边际效应。并得出结论：传统的制造商与零售商收入共享契约仅能保证供应链达到半协调状态，进而提出了闭环供应链三方协调的收入——费用分享契约，并证明该契约能够在使得供应链达到协调的同时，实现分散决策下利润的帕累托改进。严和孙（Yan & Sun）引入随机价格导向需求函数和随机回收努力回收量需求函数，构建了由单个作为 Stackelberg 博弈领导者制造商、多个第三方回收商组成的闭环供应链系统，分析得到了集中式系统和分散式系统的最优定价决策。

在制造商回收及混合回收模式方面，林英晖等通过研究制造商和供应商构成的 S—M 两级闭环供应链，通过分析供应商主导、制造商主导、供应商和制造商双方共同主导的定价策略和供应链的整体效益。结论表明：当实施产品再制造战略时，产品的销售价格降低、产品的市场销量增加，零部件的批发价格则上涨。从系统整体绩效来看，再制造战略具有提升供应链系统整体盈利水平的积极作用，但是供应商和制造商之间的权力结构会影响再制造的经济价值。高维丹（Govindan）等构建由制造商、经销商和零售商组成的三级逆向供应链模型，模型中考虑制造商自身回收利用废旧品，分析了分散式决策下各个层级的最优利润条件。易余胤和袁江在销售渠道和回收渠道均存在冲突的情形下建立了闭环供应链博弈模型，并提出了改进的两部式收费契约来实现闭环供应链的协调以弥补分散化决策的效率损失。最后分析和讨论了渠道冲突对闭环供应链定价决策、制造商和零售商收益比对闭环供应链渠道运作效率的影响。李伟等在混合渠道销售和回收的情形下，分别建立了集中式和分散式决策三种混合回收模式下闭环供应链的定价模型，求得闭环供应链中各成员的最优定价策略，并得出结论：渠道间竞争加剧对制造商和整个闭环供应链系统是有益的，但不是越剧烈越好。

上述关于闭环供应链定价决策、回收渠道选择和契约协调的研究成果丰富了闭环供应链的研究现状，但其研究均假设采用原材料生产的新产品和采用废旧资源生产的再造品的销售价格无差异。然而在实际生活中，基于法律法规的要求、再制造技术水平的限制和人们对再造品的认知存在的偏见，新产品和再造品的销售价格会存在一定程度上的差异，且再造品的销售价格一般会低于新产品的销售价格，因此，研究新产品和再造品存在差别定价的闭环供应链管理问题更具现实意义。下面，对学者们开展的关于差别定价下闭环供应链管理问题的研究成果进行介绍。

2.2.2　差别定价闭环供应链的定价决策

在闭环供应链实际运营过程中，虽然在技术上能够实现再制造产品的功能和质量与新产品相同，但由于法律法规的要求和人们对再造品的认识存在偏见等原因，新产品和再造品在销售市场上的销售价格会存在一定程度上的差异（再造品的单位销售价格通常要低于新产品的单位销售价格）。我国2008 年 8 月出台的《废旧家电及电子产品回收处理管理条例》规定：经过回收、检测、再造的家电必须贴上再利用品的标志才能在市场上出售，国外也有许多国家和地区也颁布过类似的规定，因此，近几年来针对新产品和再造品存在差别的闭环供应链管理问题，诸多学者展开了深入的研究。

吉蒂尼（Giutini）等的研究成果为闭环供应链新产品和再造品差别定价奠定了理论基础，他指出，即使再造品质量无限接近新产品，甚至其技术指标和功能质量均达到了新产品的检验标准，消费者对再造品的接受度仍然会低于新产品，企业只能以相对低廉的价格出售再造品。沃拉萨扬等（Vorasay-an et al. ）研究了再造品价格同时影响新产品和再造品需求下的制造商利润最大化的决策问题，并得到了再造品的最优回收价格和最优回收量。德博等（Debo et al. ）基于消费者对新产品和再造品不同的偏好水平研究了不同再制造技术水平下的差别定价闭环供应链的定价决策及最优技术选择问题。费雷尔等（Ferrer et al. ）根据产品使用周期的不同，分别研究了两阶段、多阶段和无限阶段情形下制造商的新产品和再造品的价格决策问题。弗格森等（Ferguson et al.）探讨了制造商和再制造商竞争情况下新产品与再造品存在差别定价的问题，并分析了企业开展回收再制造的经济性和制造商阻止再制造商进入的竞争策略。阿塔苏等（Atasu et al.）研究了存在环保型消费者时新产品和再造品的差别定价问题，还探讨了竞争制造商和产品使用周期对闭环供应链最优定价策略的影响。张克勇等研究具有产品回收的差别定价闭环供应链的最优决策和契约协调问题。朱晓曦等研究了差别定价闭环供应链的最优决策问题，并基于消费者剩余和社会总收益的角度提出了闭环供应链可行的运作机制。王文宾等探讨了不同市场权力结构下差别定价闭环供应链的定价与协调问题。郑克俊等研究了新产品与再造品的销售价格不同且废旧品的回收价格存在差异时闭环供应链的定价策略及契约协调问题。颜荣芳等深入研究了不同决策模式下，差别定价闭环供应链最优定价决策问题并采用收益共享契约协调了分散式决策闭环供应链的效益损失问题。黄永等和刘家国等则基于产品质量差异的考虑研究了差别定价闭环供应链的定价策略与协调机制。

以上关于闭环供应链定价决策的研究成果均不考虑政府政策对闭环供应链系统及其各成员定价决策的影响，实际上，政府在经济市场中发挥着重要的调控作用，各成员的各类生产经营活动必须在政府制定的法律法规下开展。国外学者对政府干涉下闭环供应链及其系统成员定价决策行为的研究起步较早，研究成果较为丰富。卡尔科特和沃尔斯（Calcott & Walls）研究市场和政策指导部门在循环再利用方面的角色问题，其研究表明，政府对消费者实行的回收补贴政策能够有效提高废旧品的回收率。韦伯斯特和米特拉（Webster & Mitra）研究在新产品与再造品存在相互竞争的环境下，政府的不同回收立法制度对闭环供应链成员利益和社会效益的影响。阿塔苏等则探讨了政府环境规制对生产商回收处理积极性的影响。上述研究主要探讨的是政府干涉对闭环供应链参与成员定价决策行为的影响，在此基础上，研究何种政府干涉行为更具有效性已经成为学者们关注的焦点。米特拉等通过对比政府分别给予存在竞争的制造商和再制造商补贴以及同时给予二者补贴的三种情况后发现：政府同时给予制造商和再制造商补贴更能促进再制造商的再制造活动。

在上述两阶段闭环供应链相关博弈模型的研究基础上，学者展开了对政府干涉下三阶段闭环供应链的博弈模型的研究。宏和克（Hong & Ke）考虑了政府对制造商征收绿色税并对零售商进行废旧品回收的行为进行财政补贴的情况，构建了政府作为博弈领导者的三阶段博弈闭环供应链的定价决策模型，研究表明，该模型可在均衡条件下实现政府社会福利最大化的目标，同时可实现制造商和零售商各自经济利益最大化。德尼等（Deniz et al.）构建并求解了支持性政策和立法性政策下政府补贴制造商的闭环供应链模型，通过对比分析两种模型下的最优决策结果可知：对于相同的废旧品回收率和收益率，支持性政策需要政府提供的补贴更多。奥兹德米尔等（Ozdemir et al.）构建了由政府、生产商和消费者组成的三阶段闭环供应链博弈模型，分析了政府回收法规的环境和经济影响。

国内学术界对政府干涉下闭环供应链定价决策的研究起步较晚，相关的研究主要以政府对各节点企业实施奖励、奖惩或补贴机制为研究重点。关启亮等研究在回收和再制造的闭环供应链中，为了激励废旧产品的回收再制造，政府对制造商设定一个最低回收率；并且对制造商的回收进行奖惩，同时考虑第三方的回收努力，建立了基于第三方负责回收的多级再制造闭环供应链模型，设计了政府与制造商之间的奖惩函数，并结合国内某家电制造商废旧家电回收再制造的运作情况分析参数变化对回收率和供应链成员企业收益的影响。聂佳佳等研究在奖惩机制下回收再制造闭环供应链的定价和回收决策，并将奖惩机制下的最优定价和回收比例、无回收再制造的最优定价和回收比例、无奖惩机制下最优定价和回收比例进行比较。研究发现：奖惩机制对零售商降低零售价格提高回收比例有益，奖惩机制同样利于制造商利润的提高，当奖惩力度较大时，奖惩机制下零售商最优利润比无奖惩机制下的最优利润高，反之则低。周海云等在销售品存在价格差异的情形下构建双渠道营销闭环供应链博弈模型，通过求解模型得到供应链中成员的最优决策及利润，以及制造商利润与政府奖惩力度的临界关系，并以集中决策下的结果作为基准，提出改进的两部收费式契约以协调供应链。熊中楷等研究在政府奖惩机制对制造商负责回收、零售商负责回收、第三方负责回收三种模式的影响。王玉燕等研究政府干涉下双渠道回收废旧品的闭环供应链管理模式问题，文章分别构建了无政府干涉下的独立决策模型、政府干涉下的独立决策模型和政府干涉下的合作决策模型，并且得出结论：政府干涉下的合作决策模型是理想的闭环供应链管理模式，而这种理想的管理模式的实现，需要有效的协调机制和政府激励机制的合力。

2.2.3　闭环供应链的契约协调

日前，国内外许多学者均已经证明了契约是解决分散式决策供应链中存在的"双重边际效应"问题的有效工具。契约是应用在经济和法律领域的合同或合约，广义的契约指个人可以通过自由订立协定而为自己创设权利、义务和社会地位的一种社会协议形式，而狭义的契约是指债权、物权等民事契约。帕斯特纳克（Pasternack）较早指出供应链契约的目的是提高供应链的效益、有效解决"双重边际效应"问题，核心企业通过提供合适的激励措施而达成的所有成员关于资金、产品和信息流的运作细节的协议。卡雄（Cachon）对契约协调供应链做出定义：若通过契约的协调使得整体供应链的最优决策是基于所有独立决策成员保持 Nash 均衡状态，且都自愿遵守这个均衡，那么该契约就被认为协调了分散式决策供应链。

目前为止，学者们对供应链契约协调的研究已日渐充分，这也完善了协调契约的种类。根据研究现状，可以分为批发价契约（wholesale price contract）、数量折扣契约（quantity discount contract）、收益共享契约（revenue - sharing contract）、回购契约（buy - back contract）这四种基本契约。除了这四种基本契约外，卡熊（Cachon）总结的可协调供应链的契约还有数量柔性契约（quantity - flexibility contract）、销售回扣契约（sales - rebate contract）等。另外，许多学者还设计了两部收费契约（two part tariff contract）、价格折扣契约（wholesale price discount contract）、风险分担契约（risk sharing contract）、期权契约（option contract）、价格补贴契约（markdown money contract）等协调不同类型的分散式决策供应链，实际上是四种基本契约经过若干组合或单独演变出的这些契约。在四种基本契约中，由于数量折扣契约和收益共享契约在四种基本契约中分别关注了供应链中的产品数量和各独立决策成员的利润，因此有了更为广泛的应用。

1. 数量折扣契约

数量折扣契约的协调方式主要表现为：根据零售商的订货数量，供应商提供单位批发价格折扣。同时，零售商的订货数量越大折扣则越多，从而达到促使零售商提高订货数量的目的。由于数量折扣契约可使制造商减少库存持有量、零售商享受更低的产品批发价格，故在实践中得到了较为广泛的应用。

目前针对数量折扣契约协调供应链问题的研究内容已日臻完善，理论体系也逐渐完全。例如：祖兰和舒甘（Jeuland & Shugan）最早认为供应链的垂直整合有效，但并非唯一的方式实现整体系统的最大利润，数量折扣契约在实现渠道利润最大化的同时也可实现各成员利润的分享，供应链中成员的协作并不是它们自身的本能行为，因此其也得出了供应链中成员合作总比不合作有利的结论。莫纳汉（Monahan）以经济订货批量模型（economic order quantity，EOQ）为研究对象，深入研究原材料供应商向制造商供货的最优折扣定价问题。李和罗森布拉特（Lee & Rosenblatt）拓展了莫纳汉的数量折扣模型，给出了供应链中折扣量受限情况下各成员的价格折扣策略及订货策略的算法。基姆和黄（Kim & Hwang）为实现零售商成本最小化的目标并达到供应商利润的最大化，文章研究由一个制造商及多个零售商组成的供应链模型的数量折扣问题。科利和帕克（Kohli & Park）展开了数量折扣契约协调的研究，并构建制造商和单个零售商组成了 Stackelberg 博弈多产品供应链模型。李和刘（Li & Liu）运用数量折扣契约协调了一个多周期随机需求的供应链，并给出了系统成员分配利润的方法。

2. 收益共享契约

零售商将销售产品所获得的收益按照一定比例交给制造商，以达到从制造商手中得到较低批发价格的目的，这就是收益共享契约。而协商后的批发价格往往与产品的单位生产成本相等，这会使零售商能够以较低的单位销售价格向消费者销售产品，获得更多的市场占有量。收益共享契约优点表现在实施操作简单，管理费用低，制造商无须监督零售商就能够确定零售商的决策因素（如努力水平和销售价格）。另外，制造商和零售商可按照任意比例分配供应链的收益，这就有效保证了契约的灵活性。

最先利用收益共享契约获得巨大成功的是音像影碟租赁行业，后来该契约被逐渐推广。德纳和斯皮尔（Dana & Spier）研究收益共享契约时发现，该契约可有效降低零售商之间的价格竞争程度，并减少供应商和零售商之间的利润冲突。格查克和王（Gerchak & Wang）通过比较分析收益共享契约与批发价契约的协调效果发现，收益共享契约可使得供应链中各成员的利润均得到提高，而批发价契约协调下的供应链的效益会随着供应商效益的增加会下降。范德文和万努格波（Van der Veen & Venugopal）研究发现，在音响影碟租赁行业的供应链中，制造商和出租商可实现收益共享契约协调下的双赢。杨等构建由单个制造商和两个相互竞争的零售商所组成的供应链模型，并运用收益共享契约进行有效协调。研究结果表明，批发价契约协调供应链的效益低于收益共享契约协调供应链的效益。卡雄和拉里维埃（Cachon & Lariviere）将收益共享契约的协调性与回购契约的协调性和价格折扣契约等契约的协调性进行比较分析，结果表明，同仅能协调一种模型的其他契约相比，收益共享契约具有更好的协调性。

3. 两部收费契约

两部收费契约，又叫二部定价契约或特许经营费用契约，其协调方式为制造商和零售商约定以优惠价格将产品销售给零售商，同时在销售季节过后制造商向零售商索取一个固定费用作为特许经营费用。两部收费契约在实际的商业活动中表现形式丰富。例如，在制造商作为主导者的市场中，零售商为了获取某品牌制造商一定区域的独家经销权，需要支付给制造商一定金额的特许经营费用，此时两部收费契约表现为特许经营费用；在大型超市中，由于受销售空间的限制，制造商为了获取产品的展示空间，通常需要支付一定的过道费给超市，此时两部收费契约表现为过道费。陈等（Chen et al.）的研究表明，不管对于市场销售价外生变量还是内生变量，也不论是否进行信息更新，两部收费契约总可以确保系统实现协调。郑克俊进一步考虑了废旧品在回收价格方面存在差异的情况下，运用改进的特许经营费用契约协调一个零售商回收模式的闭环供应链模型。邱若臻和黄小原综合考虑了制造商和零售商同时负责产品回收的混合回收渠道的情况，在制造商主导的情况下，探讨两部收费契约协调分散式决策闭环供应链的问题。

两部定价收费契约可以调节交易双方利润的分配，从而避免线性支付可能导致的价格和数量扭曲。此外，该契约也经常被用来分析垄断厂商的行为和福利结果、规制下的厂商行为研究，或证明这种定价方式是否等同于价格歧视。拉方丹（Lafontaine）通过实证研究了两部收费契约的应用问题。

2.2.4　闭环供应链的定价决策及契约协调研究评述

近年来，国内外许多学者基于传统正向供应链的契约协调理论开展了闭环供应链的契约协调问题的研究，并取得了颇为丰富的研究成果，丰富了再制造闭环供应链的协调理论，为企业实践再制造闭环供应链管理提供了理论指导。除此之外，在闭环供应链定价决策方面，现有的研究也有了十分丰硕的成果，但仍有以下几个方面的不足和空白之处：

首先，从数目众多的文献中我们发现，关于闭环供应链回收渠道选择和定价决策的研究均假设新产品和再造品的销售价格无差异。然而在实际生活中，由于法律法规的要求（如："以旧换再"试点实施方案规定，推广企业及其产品授权方应在特约经销商处设立特殊标志，并有义务向消费者明示再制造产品和国家补贴金额，使用明确的再制造产品标识）和人们对再造品的认知存在偏见，新产品和再造品在市场上的销售价格会存在一定程度上的差异。因此，研究新产品和再造品存在差别定价的闭环供应链管理问题更具现实意义。另外在政府政策文件中，研究者都只考虑政府政策对废旧品再制造定价决策、再造品渠道选择、废旧品回收的影响，而没有考虑再制造之后的再造品销售问题（在实际中，再造品只有被销售出去才真正实现了回收再制造的经济价值和环保价值）。

其次，在考虑新产品和再造品不存在差别定价的情况下，大多数成果是针对回收方通过回收价格影响消费者返还废旧品的行为，而以回收量的方式回收废旧品的无差别定价闭环供应链契约协调问题开展的研究；针对回收方通过宣传的手段影响消费者返还废旧品的行为，而以回收率的方式回收废旧品的闭环供应链契约协调问题，学者们展开的研究甚少，仅展开了利用两部收费契约协调闭环供应链的逆向供应链和收益费用共享契约协调整体闭环供应链。利用数量折扣契约或者两部收费契约协调无差别定价闭环供应链的成果目前还较为少见。

再次，在考虑新产品和再造品不存在差别定价的情况下，已有研究较少考虑政府政策对闭环供应链影响的研究。但由于政府在闭环供应链的产生及运营过程中均起着非常重要的作用，特别是近年来，环境危机和资源危机等问题日益突出，在经济发展的同时我们也更要重视环境影响，为了达到二者的平衡，我国政府制定和出台了许多制度和法规，如《关于完善废弃电器电子产品处理基金等政策的通知》，以此规范废旧品回收再制造等活动。目前已有学者研究了政府设计奖惩制度引导第三方回收商回收废旧品活动，以及政府对制造商再制造行为的实施奖惩措施下闭环供应链的契约协调问题，且大多数研究都在制造商作为市场领导者的假设下进行研究，却没有考虑政府政策对不同权力结构闭环供应链决策及契约协调的影响。

最后，在考虑新产品和再造品存在差别定价的情况下，目前仅有针对利用两部收费契约协调差别定价闭环供应链问题的研究成果，还未见研究利用数量折扣契约或收益共享契约协调差别定价闭环供应链的成果。

2.3　闭环供应链的渠道选择

2.3.1　单渠道闭环供应链管理

梁家密等从环保、消费者、节点企业和供应链等不同角度研究最优混合回收模式的选择问题，并讨论在混合回收渠道情形下政府奖惩对闭环供应链节点企业最优定价和渠道选择的影响，通过对比分析得出不同混合回收模式下的回收率、零售价、节点企业和供应链的利润。王银河等通过比较两种消费品的差异，构建三种政府奖惩机制下且新产品和再制造产品需求均为不确定下的闭环供应链模型。研究表明：政府的奖惩机制不管是基于市场回收量还是市场回收率，制造商利润均为最高，制造商回收模式下零售商利润最高，第三方回收商回收模式下回收率最高。同时，政府奖惩机制变化时，第三方回收模式的回收率随政府奖惩的增加而增加最快。易余胤构建了分别由制造商领导的 Stackelberg 博弈、零售商领导的 Stackelberg 博弈、制造商和零售商 Nash 均衡博弈等三种再制造闭环供应链博弈模型，文章对比分析了不同市场力量结构对于产品回收率、零售价、批发价的影响，并对渠道成员利润以及渠道总利润的影响也进行了探讨。代鑫等研究在不对称信息条件下零售商回收的契约协调机制与制造商回收的契约协调机制，并根据主从博弈的理论求解出各个参与方的最优反应函数，分析利用实际算例和图像验证分析得到的结果。聂佳佳研究了零售商预测信息的共享对制造商回收模式选择所带来的影响。文章依次建立集中式回收模式下的信息分享模型、零售商不分享信息、零售商分享信息下的闭环供应链模型，其中分散式决策模型以零售商回收、制造商回收、制造商和第三方回收模型为主。经研究设计出信息分享补偿机制，并考察了该机制对零售商信息共享和制造商回收模式选择的影响。

毕功兵针对消费者的策略行为，在单个销售商销售两种可替代产品的前提下，假设消费者对产品的估价是异质的且服从均匀分布，通过相对估价系数构造不同周期内估价函数，建立两周期动态定价闭环供应链决策模型，文章综合运用了消费者效用函数，比较不同的消费者剩余得到消费者的购买决策以及厂商的最优定价策略。王玉燕根据市场的不同扰动条件，研究了闭环供应链应对市场需求和成本双扰动的生产策略和协调机制。通过设计数量折扣契约给出了相应的生产调整策略，以实现闭环供应链系统利润的协调分配，达到闭环供应链应对突发事件的最优利润的目的。孟卫东认为，在供应链联合促销中，双边道德风险的存在使得供应商和销售商双方都有强烈的"搭便车"激励，而合理的利益分配对促进合作双方积极投入具有重要作用。运用纳什谈判解，构造了供应链联合促销的相互激励模型，并考察了最优线性合约的存在性。何建佳研究由一个零售商和 N 个供应商组成的由零售商主导的传统供应链，在引入滞销品清仓收益共享这一逆向"回流"（在合约确定产品正向供需流动的同时，规定零售商将对滞销产品进行清仓处理，并将所获收益与供应商分享）后，基于传统供应链收益共享合同的观点，对非对称信息下两层组装供需系统的协调及效率问题进行了分析。谭建等研究在广告既能影响市场需求又能影响回收率的条件下，基于由单一供应商和单一零售商组成的闭环供应链基础上，研究了零售商负责回收时，制造商做广告与零售商做广告两种不同渠道下的最优广告水平、产品批发价、产品零售价及供应链中各成员的利润与总体利润，并进行了对比分析。韩小花和董振宁构建了双竞争的生产商和双竞争零售商的竞争闭环供应链回收渠道决策模型，文章运用非合作博弈理论，探讨零售商之间和生产者之间的竞争程度有效影响闭环供应链回收渠道的选择问题。文章发现：生产者之间的竞争程度对回收渠道决策结果的影响作用更大。谢家平等将产品质量水平作为内生变量，分别讨论单寡头、双寡头非合作以及双寡头合作市场中制造商最优制造、再制造决策策略，文章也主要以制造商视角为基础。桑迪（Sandy）、哈恩（Hahn）、马士华、雅努卡宁（Jahnukainen）和埃蒙斯（Emmons），分别研究了供应链成员关系、回收策略、时间价值采购效率对于供应链的定价及利润分配的影响。公彦德等构建了由制造商、零售商和第三方物流服务提供商构成的三级供应链系统，通过独立决策和联合决策两种决策方法及博弈理论进行求解，得出结论：联合决策下不仅系统利润明显提高，而且消费者也从中获益。另外，利用等利润增长率的方式进行利润分配，可实现共赢。侯云章等研究了闭环供应链下单周期产品的联合优化问题，借助于报童模型考察了供应链合作情况下的最优订货与定价策略，并对合作获利利用 Shapley 值法进行了分配。陈军等考虑在回收品的管理成本和再制造成本的基础上，研究单个制造商、单个零售商以及消费者组成的闭环供应链模型。通过分析两种不同回收模式下订货价格、订货量及各方收益的变化，得出结论：对制造商而言，选择间接回收模式会占优，而随着回收价格的增大，直接回收模式下的收益会占优。对于零售商而言则相反。卢荣花等基于电子产品的短生命周期和价格依赖随机需求的特性，分别构建零售商竞争环境下、制造商回收和零售商回收的闭环供应链模型，对比分析不同回收模式下的最优零售价和制造商利润，给出了制造商的最优回收渠道选择决策。王玉燕等基于"互联网＋"的新型消费市场，构建由单一供应商和网络平台组成的 E － 闭环供应链，并分别对供应商主导的决策模式和网络平台主导的决策模式进行研究，对比了不同的领导力量和供应链渠道力量对均衡价格、服务水平和利润的影响。李建斌等研究在闭环供应链中制造商在逆向渠道采用单一在线报价、两次在线报价和固定价格模式来回收折旧品的最优决策问题，揭示了制造商可以向消费者传递更低的预设价格上限来获利的管理意义。

上述关于闭环供应链定价决策、回收渠道选择和契约协调的研究成果丰富了闭环供应链的研究现状，但其研究并没有考虑存在销售渠道竞争情况下不同模式闭环供应链的决策问题。如今，随着互联网和电子商务的快速兴起，许多制造商在保留零售商分销渠道的同时纷纷开拓新型的电子直销渠道并取得成功，如 Dell、IBM、Nike 等。因此，新产品和再造品差别定价下闭环供应链产品销售渠道选择的问题引起了学者们的广泛关注。下文列出了部分学者开展的关于销售渠道竞争下闭环供应链管理问题的研究。

2.3.2　双渠道闭环供应链管理

刘光富构建由制造商和第三方同时再制造的双渠道闭环供应链系统，通过建立新产品与两种再制造产品的差别定价模型得出结论：第三方再制造产品价值折扣系数升高促使其他两种产品的价格上涨，两种再制造产品都会带来市场挤兑效应，但都有利于拓展市场总份额；原制造商通过专利授权费主导利润分配，获得闭环供应链中的大部分利润。梁喜等通过研究制造商在双渠道闭环供应链中开通传统零售及网上代销双渠道的实际现象，得出结论：在两种分散决策中，Bertrand 博弈决策模式中的批发价格、传统渠道零售价格和制造商的利润最大，而网上渠道零售价格、零售商的利润和整体利润最小。

徐兵和吴明深入研究市场营销渠道闭环供应链的定价与协调决策问题，文章认为带转移支付的批发价格契约能有效实现分散式闭环供应链的协调。易余胤和袁江研究制造商与零售商在同时具有销售渠道冲突和回收渠道冲突的情况下，改进的两部收费契约可有效实现双渠道闭环供应链的协调。洪宪培等研究双渠道闭环供应链的定价决策及制造商回收渠道选择问题，通过建立三种不同回收渠道下的闭环供应链模型以实现最优化。许茂增和唐飞设计收益共享契约以实现第三方回收的双渠道闭环供应链的协调。经过研究发现，上述文献并未考虑到消费者对传统销售渠道与网络零售渠道的偏好选择问题。马（Ma）等考虑消费者对网络渠道和传统渠道选择偏好的差异，在国内电商产业如火如荼的现状下，研究政府的补贴行为对双渠道闭环供应链定价决策的影响，并且仔细分析了补贴前后消费者剩余、供应链成员利润变化的情况。但文中只是考虑了产品的逆向回收过程，而并未涉及废旧产品的再制造。

　　唐秋生基于准时制生产模式，建立了需求不确定条件下的"双源""双渠道"多周期闭环供应链库存优化模型，以废旧回收品的配送批量和零售商的订货周期及名义最高库存为决策变量，系统利润最高为目标函数。在不允许缺货的前提下，通过对决策变量海塞矩阵的分析，确定模型的唯一最优解。叶俊等基于规模经济与规模不经济的两种回收成本结构建立两周期闭环供应链决策模型，结合理论推导和算例仿真分析得到价格参考效应对两种回收成本结构下闭环供应链的最优回收率、价格以及系统利润的影响，为企业从事回收再制造时的动态定价决策提供理论支持。张成堂等针对新产品与再制造产品存在销售价格差异的情况下以及废旧品存在双回收渠道时，闭环供应链系统的回收再利用与销售定价决策。研究表明：联合决策定价可以回收到更多废旧产品，使产品售价最低，系统利润达到最大，Stackelberg 博弈定价会造成系统效率的损失。陈娟针对某些废旧品剩余价值大、生命周期短的特点，探究其在闭环供应链实施再制造过程中潜在的经济收益，文章分析了单、双回收渠道下正向和逆向供应链系统中产品销售率、产品/部件的相对回收速度对整个闭环供应链实施再制造项目经济收益的影响。李新然等以政府补贴消费者的再造品购买行为为出发点，基于政府"以旧换再"补贴政策，针对单个制造商和单个零售商组成的闭环供应链系统，构建了有、无政府补贴下新产品和再造品具有不同销售渠道的闭环供应链模型，进而探讨了政府"以旧换再"补贴对闭环供应链的决策、系统各成员的利润以及总利润的影响问题。

李向荣等针对制造商开辟在线销售渠道现象的普及，考虑混合双渠道销售会增加产品的潜在需求，构建制造商与零售商分散式决策、集中式决策两种模型，进一步验证和讨论由于双渠道销售导致的市场需求增加对闭环供应链系统定价决策、系统渠道利润、双方利润的影响。研究表明：在集中式和分散式决策模型中，双渠道的出现导致了零售商的销售价格上调，市场需求率的增加，制造商批发价格的上涨、零售商的回收价格的下降，闭环供应链系统总利润则呈现先下降后上升的变化。李晓婧等将碳交易和碳排放纳入碳管理范畴中，以 Lagrange 对偶理论和变分不等式理论为基本研究工具，分别对系统中各成员决策行为进行分析，得到各层级和整个供应链网络实现均衡的条件，并证明其解在一定的假设条件下具有存在性和唯一性的基础上，说明求解变分不等式的修正投影算法。马文波等在电子商务环境下运用博弈理论研究了具有零售渠道和直销渠道的闭环供应链的定价与协调问题。分析和比较了分散决策与集中决策对双渠道闭环供应链节点企业定价决策和利润的影响，发现分散决策将导致一定的效率损失。为弥补这种效率损失，本文设计两部收费制契约，以实现双渠道闭环供应链的协调。李奔波等通过构造双渠道闭环供应链研究在集中决策与分散决策下制造商与零售商的最优解；通过比较两种决策，发现分散决策将降低闭环供应链的效率，并引入收入共享契约机制来协调系统中的制造商与零售商的利润分配，以实现闭环供应链的完美协调。陈晓红等基于消费者对产品功能质量和环境质量的支付差异，建立双渠道闭环供应链决策模型以分析政府补贴和消费者偏好对供应链决策影响。研究表明：消费者对再造品功能质量认可越高，再造品销售量及其利润越大，环境影响越严重。政府补贴提高了再造品销售量及其利润，但有可能加重环境影响。

2.3.3　闭环供应链最优渠道选择问题研究评述

帕克（Park）等直接对比研究了直接销售渠道、间接销售渠道和混合销售渠道的决策变量和渠道利润。蔡宁（Chiang）研究了制造商开辟直销渠道与零售商分销渠道存在竞争的价格博弈模型。刘勇等针对消费者对新产品和再造品认知差异的不同，对比分析再造品分别通过制造商直销渠道与零售商分销渠道销售的闭环供应链模型。于春海等基于再制造商回收和其委托第三方同时回收的双渠道回收模式，构造由再制造商、零售商和第三方回收商构成的闭环供应链回收再制造系统，采用 Rubinstein 讨价还价模型及贴现因子理论进行协调分析及收益的帕累托改进。最后得出结论，闭环供应链在采用双渠道回收模式下，系统集中决策不仅提高了各方收益，而且提高了闭环供应链回收再制造系统的整体效率。林杰等研究了不同市场力量结构下双渠道竞争闭环供应链模型。但这种模式也存在较大的风险。韩小花和薛声家应用演化博弈理论方法分析了生产商间竞争程度、再制造成本节约和废旧电子产品回收难易程度对废旧产品回收渠道的影响。

张维霞等基于双渠道销售—单渠道回收的再制造闭环供应链模式，根据政府和制造商之间的约束函数，讨论了政府约束下的双渠道再制造闭环供应链的定价决策问题，并得出结论：制造商和零售商合作决策是最优定价模型，此时的回收量最高，双方盈利也最大，比二者独立决策的效果更好，政府应积极引导制造商和零售商实现合作。郑继明等讨论了在零售商回收、制造商回收、第三方回收三种不同回收渠道下，零售商、制造商及第三方的最优批发价格、最优回收率、最优利润和最优零售价格。文章研究发现，市场竞争程度较小时，制造商会利用自己的回收渠道回收废旧产品；市场竞争程度激烈时，制造商会选择零售商回收渠道回收产品。王伟等研究在新产品与再造品存在差别定价情况下的闭环供应链回收渠道选择问题，探讨四种模式下再造品的最优批发价格与零售价格以及各自的最优利润。郑本荣等进一步分析集中与分散决策情形下闭环供应链的渠道选择决策，得到供应链成员及整个系统选择不同渠道模式的条件，并以集中式决策为基准，探讨双渠道供应链的协调问题。孙嘉轶等针对现有刻画闭环供应链回收数量函数的不足，构建了与销售数量和回收价格均相关的回收数量函数，分析了三种情形下（两个零售商参与回收，一个零售商参与回收和制造商回收）供应链中成员的最优决策问题，并说明了消费者环保意识的提高对制造商、消费者和社会环境都是有利的，为制造商选择回收渠道提供了决策依据。周雄伟基于回收努力和回收产品质量水平，构建分别由制造商回收、零售商回收和第三方回收三种再制造闭环供应链决策模型，考察不同渠道下参与主体最优决策差异和基于回收产品质量水平的回收渠道选择问题。宋敏等研究当零售商之间存在价格竞争时，两条竞争闭环供应链的渠道结构选择问题。结果表明：从供应链系统总利润角度出发，当两条链之间竞争强度较小时，中心化渠道结构占优；反之，分散化渠道结构占优。杜言航等利用效用函数代替传统利润函数求解出显性解，并研究各个参数对系统的影响，以利用期望—方差法求解需求不确定的竞争闭环供应链模型。同时，基于 Shapley 值综合运用相同利润增长策略完成对系统的帕累托改进，达到最优状态。彭敏等阐述零售商企业建构竞争性闭环供应链回收渠道系统的内涵及其生态价值、社会价值和经济价值；从零售商建构闭环供应链回收渠道的理念问题、产业政策与行业标准问题、产业合作问题等方面展开了深入剖析。石磊等构建了一个制造商和零售商组成的市场，基于博弈理论分别研究了分散化决策（自营）条件下和集中化决策（联营）条件下的产品回收渠道构建及再制造产品的定价问题。通过研究发现，当两种决策条件下都进行原始产品的回收时，集中化决策可以有效地提高产品回收率，使制造商和零售商获得更多的利润。但此时，政府调控的影响力相比分散化决策条件下有所减弱。肖亚倩等研究零售商再制造的闭环供应链定价与废旧品的回收渠道选择问题。分别在零售商回收、第三方回收、零售商与第三方同时回收模式下建立了零售商主导的 Stackelberg 博弈模型，对定价与回收量决策给出相应的博弈均衡解。结论表明：当零售商回收价格与回收量转换率和第三方回收成本与回收量转换率增大时，制造商最大利润将会增加，而零售商最大利润和供应链总利润均会减少。樊松等建立并求解回收率随回收价格变动的制造商和零售商的闭环供应链回收渠道选择模型。通过引入初始投入系数，以区分不同供应链成员建立回收通道的难易程度。文章最后通过案例分析，给出了不同情况下回收渠道的最优选择策略。舒秘等在制造商存在产能约束下，建立了再制造闭环供应链回收渠道决策的 Stackelberg 博弈模型，得出了三种回收渠道下的回收率、零售价以及制造商、零售商和供应链的利润，分析了制造商的生产能力对回收渠道决策的影响。

　　以上关于无差别定价、差别定价、销售渠道竞争等环境下闭环供应链的研究成果，均未考虑政府政策法规干涉对闭环供应链决策的影响作用。然而废旧品的回收再利用是一个涉及政府、企业、消费者的社会性问题，政府的引导作用非常重要，因此研究政府政策法规干涉下闭环供应链的最优决策问题具有重要意义。

2.4　政府资源回收政策相关理论

2.4.1　政府常用的资源回收政策解读

　　2006 年 5 月，商务部联合五部委颁布《再生资源回收管理办法》，该法规的颁布规范了行业发展，并有效加快再生资源回收行业的法制化进程。该政策旨在加强与财政、税务等部门的沟通协调，鼓励各部门继续落实好再生资源回收行业增值税优惠政策，大力促进行业发展。办法规定了从事再生资源回收经营活动的企业的经营规则和监督管理办法，并设立法则约束从事再生资源回收经营业务的企业。再生资源回收体系建设涉及多个方面，建设再生资源回收体系必须因地制宜，坚持从本地实际和现有条件出发，把回收体系的建设工作有步骤、有计划、有重点地向前推进。办法颁布后，各省纷纷响应，逐步加快建立再生资源回收行业的统计指标体系，争取列入统计制度，系统、准确地把握行业的经营、管理和发展情况。另外，本办法也鼓励各地再生资源回收行业主管部门要抓好数据的收集、整理、汇总和上报工作，并鼓励全社会开展多种形式的宣传活动，宣传再生资源回收的法律法规和方针政策，增强全社会的资源忧患意识和节约意识。

2005年3月，胡锦涛在中央人口、资源、环境工作会议上指出，要"大力宣传循环经济理念，加快制定循环经济促进法"，因此，在统一的社会规范和法律体系下，把资源节约、环境建设同经济发展、社会进步有机地结合起来。2008年8月，全国人大常委会通过《中华人民共和国循环经济促进法》，该法规定：循环经济规划是国家对循环经济发展目标、重点任务和保障措施等进行的安排和部署，是政府进行评价考核和实施鼓励、限制或禁止措施的重要依据，各级政府必须依据上级政府制定的本区域污染物排放总量控制指标和建设用地、用水总量控制指标，规划和调整本行政区域的经济和产业结构。促进法也要求各地建立以生产者为主的责任延伸制度，同时根据产业的特点对生产者在产品废弃后应当承担的回收、利用、处置等责任做出了明确规定，强化了产业政策的规范和引导。其规定，国务院循环经济发展综合管理部门会同国务院环境保护等有关主管部门，定期发布鼓励、限制和淘汰的技术、工艺、设备、材料和产品名录，通过规定建立健全再生资源回收体系、对报废机动车的回收拆解、废弃电子产品回收利用、机电产品再制造，以及生活垃圾污染的资源化等具体要求，以实现资源的合理利用。最后，该法规也提到了激励机制，包括成立循环经济发展专项资金：针对国家循环经济发展重大科技的攻关项目给予强有力的财政支持，对促进循环经济发展的产业活动给予税收优惠。

2007年3月，信息产业部联合国家发展改革委等七部委颁布了《电子信息产品污染控制管理办法》。信息产业部发布了《管理办法》配套的三个重要行业标准：《电子信息产品中有毒有害物质限量要求》《电子信息产品污染控制标识要求》《电子信息产品中有毒有害物质的检测方法》。其中，办法规定电子信息产品细目及其释义。至此，业内的每一个生产者就均可确认生产的产品是否属于"电子信息产品"范畴。另外，不同于欧盟RoHS指令：《管理办法》中规定两种措施来有效控制有毒物质。首先，办法生效后要求进入市场的电子信息产品以自我声明的方式准确披露相关的环保信息。其次，对要进入电子信息产品污染控制重点管理目录的产品实施严格监管。办法要求各有毒有害产品必须要实现物质的替代或达到限量标准的要求，然后要经过3C认证方可进入市场；而欧盟的 RoHS 指令对有毒有害物质的控制仅采取"自我声明"的方式。当然，对进入目录的产品实施3C认证必然会增加生产这类产品的成本，这是毫无疑义的，但对所有企业均一视同仁。最后，办法也要求3月1日起，必须在产品上清晰标注"绿标"或"橙标"，橙标产品应在说明书上注明是否含有六种有毒有害物质，同时列出环保使用年限和使用条件，否则将会受到相关部门的处罚。

2008年8月，国务院第23次常务会议通过《废弃电器电子产品回收处理管理条例》，条例设定了废弃电器电子产品处理资格许可制度，规定取得电器电子产品处理资格的企业对废弃电器电子产品进行拆解、提取原材料并按照环保要求进行最终处置，即集中处理制度。同时，条例规定，省级人民政府批准后，可设立废弃电子产品集中处理厂。废弃电器电子产品集中处理场也要求具备完备的污染集中处理设施，确保各设施完全符合国家及地方制定的污染物排放标准和固体废物污染环境防治技术标准。条例也规定，国家也将建立废弃电器电子产品处理基金，专门作为废弃电子产品回收处理费用的补贴。各生产、销售、回收、处理企业应各司其职、履行缴纳义务，并严守此项规定。各电器电子产品生产者、进口电器电子产品的收货人或者其代理人应按要求履行该义务。废弃电器电子产品回收经营者应当采取多种方式为电器电子产品使用者提供方便、快捷的回收。

2009年6月，国家颁布了《家电以旧换新实施办法》（以下简称《办法》），《办法》规定：消费者交售国家规定的电视机、电冰箱（冰柜）、洗衣机、空调和电脑五类旧家电，由招标确定的家电回收企业回收后，取得国家统一印制的家电以旧换新回收凭证，再持以旧换新回收凭证和消费者本人有效证件到招标确定的家电销售企业购买上述五类新的家电产品，并申请享受家电以旧换新价格补贴。此《办法》的颁布，可看作是政府对家电回收行业运行方式的一次尝试，同时也是现有背景下拉动内需增长的一项有力措施。

2010年6月，商务部联合六部委颁布《家电以旧换新实施办法（修订稿）》，并规定在 2009 年 6 月 1 日至 2010 年 5 月 31 日期间，在上海、天津、北京等 9 个试点省（市）实施家电以旧换新政策，并推广全国。首先，《办法》明确了家电以旧换新的品种，主要包括电视机、电冰箱、洗衣机、空调、电脑等，《办法》也规定了以旧换再补贴的标准，即按照新家电销售价格的10% 给予补贴。其次，《办法》规定了家电以旧换新的销售流程和补贴支付流程。整个流程规定为：消费者将废旧家电送回到废旧产品回收厂，之后该厂为消费者出具凭证以证明其送还行为，消费者将证明交予零售商，零售商减去政府规定的补贴比例后得到最终的销售产品价格，销售给消费者。最后，《办法》还规定了针对零售商和回收再制造企业的招标的办法和具体准则。回收工厂收到废旧家电经过首次处理后，途中全部费用则由拆解处理企业负责支付，并有送还的责任。在此家电回收体系运行过程中发生的一切费用，包括拆解处理企业支付给回收利用工厂的运费、零售商支付给消费者的补贴金额等都将由中央财政和地方财政共同分担。因此，废旧家电回收处理体系绝不是一个单独封闭的体系，而是一个由政府全权干涉推动的回收处理体系。

　　2012 年，工业和信息化部、国家发展改革委、海关总署和国家税务总局联合发布《废弃电器电子产品处理基金征收使用管理办法》。该办法将处理基金定义为是国家为促进废弃电器电子产品回收处理而设立的政府性基金，定额征收的标准是按照电子产品生产者销售、进口电器产品的收货人或者其代理人进口的电器电子产品数量为基准，并按照处理企业实际完成拆解处理的废弃电器电子产品数量给予定额补贴。根据基金征收政策，我国境内的电器电子产品生产者为基金缴纳义务人，销售电器电子产品时产生基金缴纳义务。电器电子产品生产者，包括生产具有自主品牌电器电子产品的生产者，也包括虽然没有自主品牌，但具有自主品牌的企业生产电器电子产品的生产者。因此，受托加工生产电器电子产品的生产者也是基金缴纳义务人。对于受托加工的，不论原料和主要材料由何方提供，也不论在财务上是否做销售处理，均由受托方缴纳基金。最后，基金也要求，各企业拆解处理废弃电器电子产品应当遵循国家环境保护的要求和有关资源综合利用的技术规范、环保部审核办法等办法进行，此外在各部门核定废弃电器电子产品拆解处理数量后，方可获得基金补贴。

为促进废弃电器电子产品处理的规模化、产业化、专业化发展，提升行业技术装备水平，推动优质废弃电器电子产品处理企业做大做强，淘汰落后处理企业，2013 年 12 月财政部联合三部委联合印发《关于完善废弃电器电子产品处理基金等政策的通知》，对获得基金补贴的优质处理企业，由各地环保部门牵头，各相关部门配合，将其纳入本地区规划。通知要求：各地区要优化各废旧电器电子产品处理企业的规划数量，优化产业结构。并通过修订本地区规划，淘汰环保素质低、资源综合利用率差、技术设备落后、诚信意识差、管理层级混乱的企业，将优秀环保处理企业纳入规划。同时，通知规定：各市的环保部门要切实规范废弃电器电子产品处理的许可授权和资质管理，并核实各处理企业的实际能力。例如：根据处理企业的关键处理设备台数、以每天 8 小时工作时间为准，区分废弃电器电子产品类别，科学合理认证处理企业的处理能力，确保数据真实准确，不虚报、不瞒报。另外，通知中也全面公开了废弃电器电子产品的相关处理信息，并明确基金补贴企业的退出规定。

2015 年 1 月，商务部、发展改革委、国土资源部、住房城乡建设部和供销合作总社制定《再生资源回收体系建设中长期规划（2015 - 2020 年）》，《规划》提到，再生资源回收体系建设工作虽然取得了明显成效，但与加快转变经济发展方式、建设"资源节约型、环境友好型"社会的要求还有较大差距，存在的问题也较为突出。因此，计划目标到 2020 年，建成一批管理过程规范、位置布局合理、回收方式多样化、品种回收率较高的回收处理示范城市，以保证大中型城市再生资源品种的平均回收率达到 75% 以上，85% 以上回收人员纳入规范化管理、社区及乡村实现回收功能的覆盖率达到 85% 以上、再生资源进行规范化的交易率达到 85% 以上。通过行业规模化经营水平大幅提升，技术水平的显著提高，使得规范化运行机制基本形成。《规划》提出，未来计划在全国范围内规划建设一批环保处理设施健全、劳动保护措施健全、分拣技术先进的区域性和专业性回收分拣基地，另外各地也要充分开展回收分拣示范工程，充分考虑全国各区域再生资源主要品种产生量及增长趋势等综合因素，与以再生资源加工利用为主的各地形成有效对接。

2015 年 5 月，国务院印发《中国制造 2025》，部署全面推进实施制造强国战略。这是我国实施制造强国战略第一个十年的行动纲领。其中战略中也着重提及绿色发展，并坚持把可持续发展作为建设制造强国的重要着力点，通过加强节能环保技术、工艺、装备推广应用，全面推行清洁生产。并且文中也提到，未来我国将大力发展循环经济，提高资源回收利用效率，构建绿色制造体系，走生态文明的发展道路，并实施高端再制造、智能再制造、在役再制造，推进产品认定，促进再制造产业持续健康发展，在新的政策背景下，废旧品回收再制造作为循环利用和低碳排放等绿色制造业推行的先锋，无疑会得到最大的释放和发展。

2.4.2 政府资源回收政策下的闭环供应链研究评述

在供应链系统的实际运营中，政府在经济市场中发挥着重要的宏观调控作用，供应链各成员的各类生产经营活动必须在政府制定的各项法律法规下开展。以上我国出台的相关政策法规均从政府的角度规定了必须进行回收处理的废旧品类型，有力地推动了废旧品的回收再制造。由此可见，政府干预对闭环供应链参与成员的决策行为具有显著影响。因此，研究政府干涉下闭环供应链参与成员的决策行为以及探讨何种政府干涉机制更具有效性等问题具有非常重要的现实意义和理论价值。目前，国内外学者对政府干涉闭环供应链的问题开展了以下研究。

适当的政府作用机制能在一定程度上增强闭环供应链参与成员回收废旧品的动力，但不同的政府作用机制和政策法规在促进参与成员提高处理技术、扩大回收能力进而获取经济和环境效益上具有差异性的影响。尽管目前国内外学者对政府作用机制（奖励、奖惩、补贴）下闭环供应链的决策问题展开了诸多研究，但大多将研究重点放在政府政策的创新上，较少考虑差别定价、不同权力结构、供应链网络结构等因素的影响，而这些方面也可以作为政府干涉下闭环供应链进一步拓展的方向。

目前，众多学者的诸多研究证实了政府政策对废旧品回收再制造和发展循环经济的巨大作用，同循环经济发展的概念相同，废旧品回收再制造责任主体的 EPR（extended producer responsibility，生产者延伸责任制）制度的提出为政府、企业界实现资源环境的有效再利用，践行可持续发展理念，提供了更多方法上的选择和政策上的指引。政府实施生产延伸责任制的就是通过宏观手段（如税收、补贴、奖惩等）作用于产品生产者，EPR 要求产品生产者承担产品在消费后环节的环境责任，即 EPR 使得产品生产者成为废旧产品环境问题的直接责任主体。基于这一核心宗旨，目前作用于闭环供应链的政府政策的研究可概括为以下三类：

第一类是奖励与奖惩政策。奖励政策是政府为了更好地促进废旧品的回收，运用激励手段对再制造闭环供应链中回收商或再制造商、再造品的销售商或消费者进行补贴的激励政策，如商务部联合六部委颁布的《家电以旧换新实施办法（修订稿）》。奖励政策基础上的延伸机制是奖惩政策，其中政府惩罚机制是一种负向激励方法，在惩罚机制中，政府为企业设定最低回收量或回收率目标，若企业回收的废旧品数量或回收率达不到政府设定的最低标准，政府将对其进行一定的经济惩罚，该机制的目的是有效促进废旧品的回收再利用；而政府奖励机制则正好相反，是一种正向激励机制，政府通过对积极从事废旧品回收再制造活动的企业给予一定的经济激励，即根据企业回收的废旧品数量给予一定的补贴，从而提高闭环供应链中企业进行回收再制造活动的积极性。政府奖惩机制同时包含正向激励与负向激励，在奖惩机制中，政府为企业设定期望的废旧品回收量或回收率目标，当企业实际的废旧品回收量或回收率超过政府规定的目标时，政府给予企业一定的经济激励；当企业实际的废旧品回收量或回收率低于政府规定的目标时，政府给予企业一定的经济惩罚。政府奖惩机制是政府奖励机制与惩罚机制的结合。在同等情况下，政府奖惩措施能够在保证政府激励成本尽量少的同时提高企业回收废旧品的积极性，且其与单纯的政府奖励或奖惩措施相比更具灵活性，我国的 WEEE 废旧品回收立法就是该机制的有效体现。目前，关于政府作用下的闭环供应链研究大部分都集中于政府奖励、惩罚或奖惩机制，相关研究成果在广度和深度上都较为成熟。米特拉等通过比较政府再制造补贴同时补贴再制造商和制造商、仅补贴再制造商、仅补贴制造商这三种情况，得出结论：同时补贴再制造商和制造商利润最优。王等（Wang et al.）研究了政府对再制造商补贴的情况下，制造商与再制造商选择竞争或合作的条件。王等有效分析了政府初始补贴、回收补贴、研发补贴、生产补贴及混合补贴政策对再制造系统的影响。余福茂等探讨了最优回收渠道的选择，通过对比研究政府引导激励下的四种电子废弃物回收处理决策模型，即生产者回收、经销商回收、第三方回收和处理企业回收四种回收处理决策模型，从而得出理论上并不存在绝对占优的电子废弃物回收模式的结论，并建议从制度、对象和过程等角度完善对相关回收主体的引导激励机制。汪翼等深入探讨了制造商分担回收责任的回收管制政策、分销商分担回收责任的回收管制政策以及制造商责任制、分销商责任制对闭环供应链各成员的具体影响。通过分析政府的废旧品回收的管制政策对供应链成员决策和收益的影响，讨论二者共同承担下的决策结果。王文宾等设计整合奖励和惩罚两种激励措施的奖惩机制，经研究发现政府的奖惩机制可干预和引导制造商回收再制造废旧电子产品。罗春林经研究发现政府补贴可以有效提高废旧品的整体销量，这对供应链中所有成员来说显然都是有益的，文章也发现，运用合作博弈法研究闭环供应链的期望销量和最优定价决策是十分有效的。马卫民等以政府"以旧换新"政策为研究的出发点和落脚点，从闭环供应链整体规模、企业、消费者三个视角分析了以旧换新消费比例的变化为闭环供应链带来的影响。

第二类是税收与补贴政策。通过将从不回收的闭环供应链成员获得的税收给予愿意回收的成员，以作为补贴。这是一种正向激励方法，某种程度上可以看成是特殊的奖励机制。与奖励机制的不同之处在于，补贴机制并不规定企业需要有一定的最低废旧品回收量作为补贴的基础，是一种政府无偿给予的支持；另外一点差异则体现在补贴机制作用的对象，补贴不仅局限于闭环供应链的节点企业，还可作用于消费者进而带动废旧品的回收再利用。在这方面，我国的"以旧换新"政策和"以旧换再"政策均充分体现了这一思想。税收机制是一种负向激励方法，一定程度上可以看成是特殊的惩罚机制。

税收机制是践行和落实生产者延伸责任制（EPR）最充分的体现，政府对产品生产方征收一定的环境税来迫使企业改进生产方式，提高生产技术，开展废旧品回收再制造，我国的废弃电器电子产品处理基金则是这一机制的有力证明。目前，已有部分学者对税收与补贴政策下的闭环供应链进行了探讨。洪等探讨了制造商主导的社会福利最大化情况下，闭环供应链决策受到回收费用和补贴的影响。在此前提下，洪等讨论了传统供应链和逆向供应链均存在竞争的情况。阿塔苏等从不同参与者的角度，研究政府按销量向制造商收税和设定回收率两种机制的影响。时等通过对比集中式决策、政府税收和补贴下的分散式决策、制造商和回收商组成的分散式决策下进行深入研究，分析产品质量和回收率对闭环供应链的影响。曹柬等运用激励理论设计制造商契约，考虑政府对原制品税收政策的影响。高举红等分析了基于补贴、碳税和二者结合情况下基于分散决策下闭环供应链的定价策略，发现二者结合情况下最有效。

第三类是立法机制。政府作用于闭环供应链废旧品回收再利用的最初体现即是立法。立法机制主要是指政府通过制定相关法律法规，要求企业践行生产者延伸责任制（EPR），开展废旧品回收再利用活动，带有强制性的特点。如美国的《固体废弃物处置法》、欧盟的 WEEE 指令、日本的《家用电器回收法》等都是立法机制的体现。何文胜和马祖军认为，WEEE 回收成本应由生产商、分销商、消费者和政府等受益主体来承担，按照受益者负担原则。朱培武认为，以生产者延伸责任制为指导构建的回收和处理模式是一种成功模式，从长远来看有助于增强企业的竞争力和应对国外技术性贸易壁垒的能力。计国军等探讨 WEEE 回收模式，并考虑回收条例约束下的再制造供应链决策问题，研究企业面临单独回收和集体回收两种回收责任时，企业的再制造策略选择和两种责任对 OEM 回收激励的效果。研究表明，OEM 倾向于单独回收责任，而制造商倾向于和 OEM 联盟再制造；单独回收责任对 OEM 回收废旧品的激励更大。阿斯肯等（Aksen et al.）则探讨立法政策最优性的对比，并在政府作为领导者而企业作为跟随者时，建立并求解了一个由政府和进行回收再制造的企业签订补贴协议的两层规划模型。白少布基于 EPR 制度，探讨闭环供应链协调机制，并建立供应链委托代理契约模型。基于该模型，制造商可以设计最优激励契约，实现自身期望利润效用的最大化。周杰等针对单个主体组成的销售—回收型闭环供应链，在考虑产品的销量、回收量受实施 EPR 制度成本影响的基础上，从最大化供应链利润和最大化 EPR 绩效水平两个视角设计收益共享协调契约，从而达到以提高利润、促进回收的目的。

　　立法机制是在市场主体和社会大众的环保观念不强，环境污染和资源稀缺问题尚未引起广泛重视的环境下诞生的。在法律的要求下，作为废旧品源头的生产企业下不得不主动开展废旧品的回收再利用活动。此时，大多的制造企业均处于被动接受和强制执行的地位，但由于废旧品回收再利用的经济价值尚未形成规模效应，一定程度上无法充分调动起企业的主动性和创新性。但立法机制的推行，极大地推广了经济可持续发展理念，环境保护和资源回收深入人心，也开始了企业进行废旧品回收再利用的尝试，具有重要的现实意义。

　　关于政府干预机制的介绍并不局限于此分类，以上三类政府干预机制是本书总结出来的在目前学术界研究较多且得到认可的，同时也有相应政府政策作为支撑的机制，其他的干涉机制本书暂不做分析和介绍。

第 3 章

闭环供应链定价及契约协调研究

3.1 问题概述

面对当前纷繁复杂的国际经济形势，全球循环经济发展日趋紧迫，资源枯竭、环境污染等问题日渐恶劣，对废旧品的回收再制造势在必行。将废旧资源的回收再制造形成逆向反馈过程的闭环供应链管理模式受到了社会各界的广泛关注和认可，以格林美、桑德、华新绿源等企业为代表的多家回收环保企业将此模式加以应用和实践，并验证了闭环供应链管理模式带来的经济效益和环保效益的可行性。因此，对闭环供应链的进一步研究能持续为相关部门、企业提供理论支撑，有不可估量的实践价值。

目前，国内外学者关于闭环供应链定价及契约协调已开展了一系列的研究，其中比较典型的是萨瓦斯坎等所做的研究，他从博弈论的视角出发，在假设制造商作为 Stackelberg 博弈领导者的情况下，分别构建了零售商回收、制造商回收和第三方回收商回收等模式闭环供应链的生产与定价决策模型，并通对比分析三种回收模式下闭环供应链的最优决策，得到零售商回收模式在经济和生态效益方面均为最优的结论，且研究结果表明，相较于理想化的集中式决策闭环供应链，分散式决策闭环供应链上存在的"双重边际效应"

问题会使得系统效益产生损失。以制造商作为 Stackelberg 博弈领导者的市场权力结构模式在传统制造型企业中较为常见，如丰田、福特和西门子等大型制造商均在其所处的供应链中处于领导者地位。但随着零售企业合并并购趋势的加快，部分零售巨头如沃尔玛、家乐福等新的零售形态逐步形成，在由其和诸多中小制造业组成的供应链中，这些巨型零售商逐步掌握市场的主导权；另外，在由联想、佳能等电子设备生产商和苏宁、国美等零售商构成的供应链系统中，双方势均力敌，均不能成为市场领导者。因此，市场上至少存在三种不同的市场权力结构或博弈结构：制造商领导的 Stackelberg 博弈、零售商领导的 Stackelberg 博弈、制造商和零售商 Nash 均衡博弈。易余胤等进一步研究了制造商作为市场领导者、零售商作为市场领导者以及无市场领导者三种不同市场权力结构下闭环供应链节点企业的定价决策问题，但并未涉及相关的契约协调策略。闭环供应链是由传统的正向供应链和考虑废旧品回收再利用的逆向供应链所组成的有机整体，故在传统正向供应链和逆向供应链中都会存在着"双重边际效应"问题，闭环供应链各成员通过签订契约的方式就可以有效地解决该问题，提高整体闭环供应链的运营效益。

本章将在前人研究的基础之上，探究不同权力结构下闭环供应链的定价决策问题，并设计出可同时协调解决分散式决策闭环供应链中正向供应链和逆向供应链上存在的"双重边际效应"问题的契约。具体展开以下工作：

1. 构建闭环供应链的定价决策模型，运用博弈论中的逆向归纳法研究集中式决策闭环供应链和不同市场权力结构下分散式决策闭环供应链的定价决策问题；

2. 通过比较分析不同市场权力结构下闭环供应链的集中式和分散式最优决策最优利润情况，探究闭环供应链中产生"双重边际效应"的根本原因；

3. 研究设计两部收费契约以改善闭环供应链中的"双重边际效应"问题；此外，在参考传统供应链中数量折扣契约、收益共享契约的协调作用，研究设计数量折扣契约、收益费用共享契约，并将其应用于协调闭环供应链中去，从而增加可协调闭环供应链的契约种类；

4. 借鉴已有文献中的数值，运用 Matlab 数据仿真软件，分析验证了所构建无差别定价闭环供应链定价决策模型的正确性，以及设计契约协调的有效性。

3.2　模型假设及符号说明

本节的研究是基于单个制造商与零售商组成的闭环供应链系统开展的。其中制造商采用原材料、回收的废旧品生产产品，再通过零售商将产品面向消费者售卖。同时，制造商委托零售商以一定的回收价格从消费者处将废旧品回收，再以合适的转移价格将废旧品回收至制造商处。该闭环供应链的模型结构如图 3 - 1 所示。

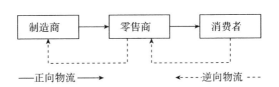

图 3 - 1　闭环供应链的模型结构

在上文的基础上构建了闭环供应链的基本模型，结合现实情况与模型构建的简化处理，将本研究进行如下的基本假设：

假设 1：制造商与零售商都是理性且风险中性的，并分别以自身利润最大化为目标进行相关决策。

假设 2：制造商与零售商总是了解彼此的制造成本、市场需求、回收量等信息，即两者是信息对称的，且可以预测市场需求分布函数。

假设 3：本研究建立在已有足够多消费者购买和使用的产品市场基础上，当前已经有了足够多的废旧品，回收过程中总是能达到回收的期望数目。

假设 4：制造商分别采用原材料、回收的废旧品生产相应的新产品和再造品，所有回收的废旧品都可以加工成为再造品，且再造率为 1。再造品与新产品在功能、质量等方面完全相同，且两种产品以同样的方式进入消费市场，具有相同的市场认可度和销售价格。新产品与再造品同时通过同样途径进入市场,消费者对其的市场认可度一致,且销售价格一致。

研究中变量符号定义如下:

产品的市场需求为 $q = \phi - \beta p$(零售商的决策变量)。其中,p 为产品的单位销售价格(零售商的决策变量),ϕ 为最大市场需求规模,即当产品的单位销售价格为零时的最大市场需求量,β 为价格敏感系数。

零售商从制造商处批发产品的单位价格为 w(制造商的决策变量)。制造商利用原材料生产新产品的单位生产成本为 c_n,利用回收废旧品生产再造品的单位生产成本为 c_r。为确保制造商利用废旧品生产再造品有利可图,再造品的制作成本应当比新产品的制作成本低,即 $c_r < c_n$。记 $c_r - c_n = \delta$。制造商由零售商处回收单位废旧品的价格为 b(制造商的决策变量)。为确保制造商回收废旧品的经济可行性,即有 $b \leqslant \delta$。

零售商从消费者处回收单位废旧品的价格为 A,假设无二级交易市场且废旧品残值较低,则设定 A 是外生变量。在无契约协调下闭环供应链的分散式决策中,为确保零售商回收废旧品的经济可行性,制造商由零售商手里转移废旧品的单位价格应当不低于零售商从消费者处回收废旧品的单位价格,即 $b \geqslant A$。而在闭环供应链分散式决策中制造商和零售商之间有契约协调时,两者可适当放宽该设定。

在回收废旧品的初始阶段,为促进废旧品的回收数量达到期望值,零售商通过广告或其他促销手段来鼓励消费者主动配合废旧品的回收。研究中将零售商的废旧品回收努力成本设定为 $C(\tau) = C_L \tau^2$。其中 $\tau (0 \leqslant \tau \leqslant 1)$ 是所回收的废旧品数量占销售产品数量比,即回收率(零售商的决策变量)。从回收成本函数可见,成本是回收率的二次凸函数,即在提升回收率过程中应结合成本考虑结合经济可行性。回收努力成本系数满足 $4C_L > (\phi - \beta c_n)(\delta - A) + \beta(\delta - A)^2$。

在上述决策变量以及各成员和系统利润函数 Π 中,标注上标及下标含义如下:

决策变量 w^j、b^j、p^j、q^j 和 τ^j,闭环供应链利润函数 Π^j、制造商利润函数 Π_M^j 和

零售商利润函数 Π_R^j 等标注上标 $j \in \{c, d1, d2, d3, t, q, re\}$ 时, 分别表示集中式决策闭环供应链, 制造商领导的 Stackelberg 博弈下、零售商领导的 Stackelberg 博弈下、制造商和零售商 Nash 均衡博弈下的分散式决策闭环供应链, 两部收费契约协调 (two part tariff contract) 的、数量折扣契约协调 (quantity discount contract) 的和收益费用共享契约协调 (revenue and expense sharing contract) 的闭环供应链中的决策变量和利润函数。上述决策变量和利润函数中进一步标注上标 "$*$" 时, 表示其为对应的最优决策。

3.3 集中式决策闭环供应链定价决策研究

闭环供应链进行集中式决策是极为理想的情形, 将闭环供应链视为一个整体, 一切决策目标都是从闭环供应链系统整体的利益最大化出发的。基于上一节中所构建的闭环供应链模型以及所提出的假设说明, 闭环供应链集中式决策时的利润函数为:

$$\Pi^c(q, \tau) = \frac{\phi - q}{\beta} q - c_n q + (\delta - A) q\tau - C_L \tau^2 \qquad (3.1)$$

需要满足条件: $\tau - 1 \leqslant 0$。

其中, $\Pi_F^c(q, \tau) = \frac{\phi - q}{\beta} q - c_n q$ 和 $\Pi_R^c(q, \tau) = (\delta - A) q\tau - C_L \tau^2$ 分别表示该闭环供应链中正向和逆向供应链的系统利润。

因为: $\dfrac{\partial^2 \Pi^c(q, \tau)}{\partial q^2} = -\dfrac{2}{\beta}$, $\dfrac{\partial^2 \Pi^c(q, \tau)}{\partial q \partial \tau} = \dfrac{\partial^2 \Pi^c(q, \tau)}{\partial \tau \partial q} = \delta - A$, $\dfrac{\partial^2 \Pi^c(q, \tau)}{\partial \tau^2}$ $= -2C_L$。可知, $\dfrac{\partial^2 \Pi^c(q, \tau)}{\partial q^2} < 0$, $\dfrac{\partial^2 \Pi^c(q, \tau)}{\partial q^2} \dfrac{\partial^2 \Pi^c(q, \tau)}{\partial \tau^2} - \left[\dfrac{\partial^2 \Pi^c(q, \tau)}{\partial q \partial \tau} \right]^2 = \dfrac{4C_L}{\beta}$ $- (\delta - A)^2 > 0$。故函数 $\Pi^c(q, \tau)$ 海塞矩阵负定, 该函数为关于 (q, τ) 决策变量的严格凹函数, 可知其存在唯一的最优产品产量 q^{c*} 以及最优废旧品回收率 τ^{c*}, 可以使得闭环供应链在集中式决策下获得最优利润。

设 K - T 点为 (q^{c*}, τ^{c*}), 将广义拉格朗日乘子 γ^c 引入, 可得 $\Pi^c(q, \tau)$ 的 K

-T 条件为:

$$\begin{cases} \dfrac{\phi}{\beta} - \dfrac{2q^{c*}}{\beta} - c_n + (\delta - A)\tau^{c*} = 0 \\ (\delta - A)q^{c*} - 2C_L\tau^{c*} - \gamma^c = 0 \\ \gamma^c(\tau^{c*} - 1) = 0 \\ q^{c*} > 0, 1 \geqslant \tau^{c*}, \gamma^c \geqslant 0 \end{cases} \quad (3.2)$$

求解可得:

$$q^{c*} = \frac{2C_L(\phi - \beta c_n)}{4C_L - \beta(\delta - A)^2} \quad (3.3)$$

$$\tau^{c*} = \frac{(\phi - \beta c_n)(\delta - A)}{4C_L - \beta(\delta - A)^2} \quad (3.4)$$

由 $p = \dfrac{\phi - q}{\beta}$ 知产品最优销售价格为:

$$p^{c*} = \frac{\phi}{\beta} - \frac{2C_L(\phi - \beta c_n)}{\beta[4C_L - \beta(\delta - A)^2]} \quad (3.5)$$

故可得到命题 3.1。

命题 3.1　在闭环供应链进行集中式决策时,若以回收率 $\tau^{c*} = \dfrac{(\phi - \beta c_n)(\delta - A)}{4C_L - \beta(\delta - A)^2}$ 回收废旧品,生产 $q^{c*} = \dfrac{2C_L(\phi - \beta c_n)}{4C_L - \beta(\delta - A)^2}$ 数量的产品,并按

照 $p^{c*} = \dfrac{\phi}{\beta} - \dfrac{2C_L(\phi - \beta c_n)}{\beta[4C_L - \beta(\delta - A)^2]}$ 的单位销售价格销售时,闭环供应链系统可

获得最优利润 $\Pi^{c*} = \dfrac{C_L(\phi - \beta c_n)^2}{\beta[4C_L - \beta(\delta - A)^2]}$。

3.4　不同权力结构下分散式决策闭环供应链的定价决策研究

基于模型假设,分散式决策下制造商利润函数为:

$$\Pi_M(w, b) = (w - c_n)q + (\delta - b)q\tau \quad (3.6)$$

零售商利润函数为:

$$\Pi_R(q,\tau) = \frac{\phi - q}{\beta}q - wq + (b - A)q\tau - C_L\tau^2 \tag{3.7}$$

3.4.1 制造商领导的 Stackelberg 博弈

在制造商领导的市场中，制造商和零售商进行两阶段动态博弈，博弈顺序为制造商率先决定批发给零售商的批发价格，以及从零售商处回收废旧品的回收价格决策、零售商在观测到制造商的上述决策结果后，决定产品的销售数量或价格的决策，废旧品的回收率等。研究中采用逆向归纳法以求解此子博弈精炼 Nash 均衡。

由分散式决策下零售商利润函数，分别对销售价格 p 和回收率 τ 求导，其一阶条件为：

$$-2p\beta + w\beta + A\beta\tau - b\beta\tau + \phi = 0 \tag{3.8}$$

$$(b - A)(\phi - \beta p) - 2C_L\tau = 0 \tag{3.9}$$

联立式（3.8）和式（3.9）可得，零售商最优销售价格、废旧品的最优回收率分别为 $p^{d1*} = \dfrac{2C_L(\phi + \beta w) - \beta\phi(b - A)^2}{\beta[4C_L - \beta(A - b)^2]}$ 和 $\tau^{d1*} = \dfrac{(b - A)(\phi - \beta w)}{4C_L - \beta(A - b)^2}$。

由零售商的最优决策，可将制造商的最优决策问题表述为：

$$\max\Pi_M^{d1}(w,b) = (\phi - \beta p^{d1*})(w - c_n + \delta\tau^{d1*}) - b\tau^{d1*}(\phi - \beta p^{d1*})$$

可以求得，对于固定的 b 有：$w^{d1*} = \dfrac{\phi + \beta c_n}{2\beta} - \dfrac{(\delta - b)(b - A)(\phi - \beta c_n)}{2[4C_L - \beta(\delta - A)(b - A)]}$。

由 w^{d1*}，可得 $p^{d1*} = \dfrac{\phi[3C_L - \beta(\delta - A)(b - A)] + \beta c_n C_L}{\beta[4C_L - \beta(\delta - A)(b - A)]}$，$\tau^{d1*} =$

$\dfrac{(b - A)(\phi - \beta c_n)}{8C_L - 2\beta(\delta - A)(b - A)}$。

由式（3.6）和式（3.7）可得，制造商领导的分散式决策闭环供应链中制造商和零售商的最优利润为 $\Pi_M^{d1*} = \dfrac{C_L(\phi - \beta c_n)^2}{2\beta[4C_L - \beta(b - A)(\delta - A)]}$，$\Pi_R^{d1*} =$

$\dfrac{C_L[4C_L - \beta(b - A)^2](\phi - \beta c_n)^2}{4\beta[4C_L - \beta(b - A)(\delta - A)]^2}$,闭环供应链系统总利润为 $\Pi^{d1*} = \Pi_M^{d1*} +$

$\Pi_R^{d1*} = \dfrac{C_L[12C_L - \beta(b - A)(b + 2\delta - 3A)](\phi - \beta c_n)^2}{4\beta[4C_L - \beta(b - A)(\delta - A)]^2}$。

从 Π_M^{d1*} 很容易看出,当制造商向零售商回收废旧品的价格越接近 δ,制造商的利润越高,因此制造商向零售商回收废旧品的最优价格为 $b^{d1*} = \delta$。这表明制造商领导的市场中,制造商也没有分享到任何从再制造中节约下来的费用,也正是由于制造商废旧品回收价格的增加,将起到激励零售商降低零售价和提高零售商的废旧品回收率,从而导致产品需求的增加以及制造商平均生产成本的减少,进而提高制造商的利润。

3.4.2　零售商领导的 Stackelberg 博弈

零售商领导的 Stackelberg 博弈市场,即制造商的决策依托于零售商的决策。在此类市场中,往往是较大规模、比制造商更具有影响力的零售商主导的,如沃尔玛、京东(电子商务) 等零售巨头组成的市场。零售商立足于自身利益最大化决策产品的单位销售价格 p 和回收率 τ;制造商在零售商做出上述决策的情形下决策面向零售商的产品批发价格 w,同样是为其自身的利润最大化为决策目标的。研究中运用逆向归纳法以求解。

将 $p = m + w$ 代入式(3.6),并对 w 求导,其一阶条件为:

$$\phi - \beta p - w\beta + b\beta\tau - \beta\delta\tau + \beta c_n = 0 \tag{3.10}$$

由式(3.10) 可得,制造商的最优批发价格为 $w^{d2*} = \dfrac{\phi - \beta p + \beta c_n - (\delta - b)\beta\tau}{\beta}$,此时零售商最大化利润函数表示为 $\max \Pi_R^{d2}(p, \tau) = (\phi - \beta p)(p - w^{d2*}) + b\tau(\phi - \beta p) - C_L\tau^2 - A\tau(\phi - \beta p)$。

上式分别对单位销售价格 p 和废旧品回收率 τ 求导,可得一阶条件如下:

$$\begin{cases} -4\beta p + \beta c_n + A\beta\tau - \delta\beta\tau + 3\phi = 0 \\ -2C_L + (\delta - A)(\phi - \beta p) = 0 \end{cases} \tag{3.11}$$

由式 (3.11) 可得，最优单位销售价格和废旧品最优回收率分别为 p^{d2*}

$$= \frac{\phi[6C_L - \beta(A-\delta)^2] + 2\beta c_n C_L}{\beta[8C_L - \beta(\delta-A)^2]} \text{ 和 } \tau^{d2*} = \frac{(\delta-A)(\phi-\beta c_n)}{8C_L - \beta(\delta-A)^2} \text{。}$$

因此，对于给定的 b 有

$$w^{d2*} = \frac{\phi[2C_L - \beta(\delta-A)(\delta-b)] + \beta c_n[6C_L - \beta(b-A)(\delta-A)]}{\beta[8C_L - \beta(\delta-A)^2]} \text{。}$$

由式 (3.6) 和式 (3.7) 可得，零售商领导的分散式决策闭环供应链中

制造商和零售商的最优利润为 $\Pi_M^{d2*} = \frac{4C_L^2(\phi-\beta c_n)^2}{\beta[8C_L - \beta(\delta-A)^2]^2}$，$\Pi_R^{d2*} =$

$\frac{C_L(\phi-\beta c_n)^2}{\beta[8C_L - \beta(\delta-A)^2]}$，闭环供应链系统总利润为 $\Pi^{d2*} = \Pi_M^{d2*} + \Pi_R^{d2*} =$

$\frac{C_L[12C_L - \beta(\delta-A)^2](\phi-\beta c_n)^2}{\beta[8C_L - \beta(\delta-A)^2]^2}$。

从 Π_M^{d2*} 的表达式很容易看出，零售商占主导地位时制造商向零售商回收废

旧品的价格对制造商的利润不会产生影响，这个结果似乎尤为直观，主要是因为

$\frac{\partial w^{d2*}(b)}{\partial b} = \frac{(\delta-A)(\phi-\beta c_n)}{[8C_L - \beta(\delta-A)^2]} > 0$，即 w^{d2*} 是 b 的增函数，并且需求不变的情况

下，制造商提高废旧品回收价格所带来的利润变动与提高批发价带来的利润变动

相互抵消。因此，制造商向零售商回收废旧品的价格满足 $b \in [A,\delta]$ 即可。

3.4.3 制造商和零售商 Nash 均衡博弈

制造商与零售商的 Nash 均衡博弈中，两者都不是市场的主导者，在做出

相应的决策时都依托于对方的决策，主要以制造商和零售商都为中小规模，

且任一方均无法主导市场时的情形。此时，制造商与零售商总是同时做出决

策，制造商决策单位批发价格 w 的同时，零售商决策单位销售价格 p 及废旧品

的回收率 τ。

联立式 (3.8) ~ 式 (3.10)，可得最优单位批发价格、最优单位零售价格

和最优回收率分别为：

$$w^{d3*} = \frac{\phi[2C_L - \beta(b-A)(\delta-b)] + \beta c_n[4C_L - \beta(b-A)^2]}{\beta[6C_L - \beta(b-A)(\delta-A)]}$$

$$p^{d3*} = \frac{\phi[4C_L - \beta(b-A)(\delta-A)] + 2C_L\beta c_n}{\beta[6C_L - \beta(b-A)(\delta-A)]}$$

$$\tau^{d3*} = \frac{(b-A)(\phi - \beta c_n)}{6C_L - \beta(b-A)(\delta-A)}$$

由式（3.6）和式（3.7）可得，市场无领导者时制造商和零售商的最优利润为

$$\Pi_M^{d3*} = \frac{4C_L^2(\phi - \beta c_n)^2}{\beta[6C_L - \beta(b-A)(\delta-A)]^2}$$ 和 $$\Pi_R^{d3*} = \frac{C_L[4C_L - \beta(b-A)^2](\phi - \beta c_n)^2}{\beta[6C_L - \beta(b-A)(\delta-A)]^2}$$ ，闭环

供应链的系统总利润为 $$\Pi^{d3*} = \Pi_M^{d3*} + \Pi_R^{d3*} = \frac{C_L[8C_L - \beta(b-A)^2](\phi - \beta c_n)^2}{\beta[6C_L - \beta(b-A)(\delta-A)]^2}$$ 。

从 Π_M^{d3*} 很容易看出，当制造商向零售商回收废旧品的价格越接近 δ，制造商利润就越高，因此制造商向零售商回收废旧品的最优价格为 $b^{d3*} = \delta$。这表明制造商未能受益于再制造过程中节约的成本，结论看似与直观感受相不符。实际上，制造商虽然未能内部化再制造的节约成本，但制造商提升了废旧品的回收价格，会促使零售商降低产品的零售价格，从而引起产品需求的上升，加之制造商对废旧品回收价格的增加提高了制造商的批发价，因此制造商仍然获得了利润的增长。另外，制造商废旧品回收价格的增加也将提高零售商的废旧品回收率，从而降低制造商的平均生产成本，提高制造商的利润。

为了便于分析，以下内容假设制造商向零售商回收废旧品的最优价格为 $b^{d1*} = b^{d2*} = b^{d3*} = \delta$。表3-1给出了不同权力结构下分散式决策闭环供应链的最优决策及最优利润。

表3-1　　不同权力结构分散式决策闭环供应链最优决策及最优利润

渠道决策和利润	制造商领导的Stackelberg 博弈	零售商领导的Stackelberg 博弈	制造商和零售商Nash 均衡博弈
p^*	$\dfrac{\phi[3C_L - \beta(\delta-A)^2] + \beta c_n C_L}{\beta[4C_L - \beta(\delta-A)^2]}$	$\dfrac{\phi[6C_L - \beta(A-\delta)^2]}{\beta[8C_L - \beta(\delta-A)^2]}$ $+ \dfrac{2\beta c_n C_L}{\beta[8C_L - \beta(\delta-A)^2]}$	$\dfrac{\phi[4C_L - \beta(\delta-A)^2]}{\beta[6C_L - \beta(\delta-A)^2]}$ $+ \dfrac{2C_L\beta c_n}{\beta[6C_L - \beta(\delta-A)^2]}$

渠道决策和利润	制造商领导的 Stackelberg 博弈	零售商领导的 Stackelberg 博弈	制造商和零售商 Nash 均衡博弈
τ^*	$\dfrac{(\delta - A)(\phi - \beta c_n)}{8C_L - 2\beta(\delta - A)^2}$	$\dfrac{(\delta - A)(\phi - \beta c_n)}{8C_L - \beta(\delta - A)^2}$	$\dfrac{(\delta - A)(\phi - \beta c_n)}{6C_L - \beta(\delta - A)^2}$
w^*	$\dfrac{\phi + \beta c_n}{2\beta}$	$\dfrac{c_n[6C_L - \beta(\delta - A)^2]}{[8C_L - \beta(\delta - A)^2]}$	$\dfrac{\beta c_n[4C_L - \beta(\delta - A)^2]}{\beta[6C_L - \beta(\delta - A)^2]}$
Π_M^*	$\dfrac{C_L(\phi - \beta c_n)^2}{2\beta[4C_L - \beta(\delta - A)^2]}$	$\dfrac{4C_L^2(\phi - \beta c_n)^2}{\beta[8C_L - \beta(\delta - A)^2]^2}$	$\dfrac{4C_L^2(\phi - \beta c_n)^2}{\beta[6C_L - \beta(\delta - A)^2]^2}$
Π_R^*	$\dfrac{C_L(\phi - \beta c_n)^2}{4\beta[4C_L - \beta(\delta - A)^2]}$	$\dfrac{C_L(\phi - \beta c_n)^2}{\beta[8C_L - \beta(\delta - A)^2]}$	$\dfrac{4C_L^2(\phi - \beta c_n)^2}{\beta[6C_L - \beta(\delta - A)^2]^2}$ $-\dfrac{(\delta - A)^2(\phi - \beta c_n)^2}{[6C_L - \beta(\delta - A)^2]^2}$
Π^*	$\dfrac{3C_L(\phi - \beta c_n)^2}{4\beta[4C_L - \beta(\delta - A)^2]}$	$\dfrac{12C_L^2(\phi - \beta c_n)^2}{\beta[8C_L - \beta(\delta - A)^2]^2}$ $-\dfrac{\beta(\delta - A)^2(\phi - \beta c_n)^2}{\beta[8C_L - \beta(\delta - A)^2]^2}$	$\dfrac{8C_L^2(\phi - \beta c_n)^2}{\beta[6C_L - \beta(b - A)^2]^2}$ $-\dfrac{(\delta - A)^2(\phi - \beta c_n)^2}{[6C_L - \beta(b - A)^2]^2}$

3.5　集中式与分散式决策闭环供应链的决策效率对比分析

结论 3.1　三种不同权力结构下制造商的最优利润满足 $\Pi_M^{d2*} < \Pi_M^{d3*} < \Pi_M^{d1*}$，零售商的最优利润满足 $\Pi_R^{d1*} < \Pi_R^{d3*} < \Pi_R^{d2*}$，闭环供应链的系统最优利润满足 $\Pi^{d2*} < \Pi^{d1*} < \Pi^{d3*}$。

证明：首证三种不同权力结构下制造商最优利润之间的关系：$\Pi_M^{d2*} < \Pi_M^{d3*} < \Pi_M^{d1*}$；

由 $\Pi_M^{d2*} - \Pi_M^{d3*} = -\dfrac{16C_L^3[7C_L - \beta(\delta - A)^2](\phi - \beta c_n)^2}{\beta[8C_L - \beta(\delta - A)^2][6C_L - \beta(\delta - A)^2]^2} < 0$，可得 $\Pi_M^{d2*} < \Pi_M^{d3*}$；

由 $\Pi_M^{d3*} - \Pi_M^{d1*} = -\dfrac{C_L[2C_L - \beta(\delta - A)^2]^2(\phi - \beta c_n)^2}{2\beta[4C_L - \beta(\delta - A)^2][6C_L - \beta(\delta - A)^2]^2} < 0$,可得

$\Pi_M^{d3*} < \Pi_M^{d1*}$;

综上可得 $\Pi_M^{d2*} < \Pi_M^{d3*} < \Pi_M^{d1*}$。

再证三种不同权力结构下零售商最优利润之间的关系:$\Pi_R^{d1*} < \Pi_R^{d3*} < \Pi_R^{d2*}$;

由 $\Pi_R^{d1*} - \Pi_R^{d3*} = -\dfrac{C_L[28C_L^2 - 20C_L\beta(\delta - A)^2 + 3\beta^2(\delta - A)^4](\phi - \beta c_n)^2}{4\beta[4C_L - \beta(\delta - A)^2][6C_L - \beta(\delta - A)^2]^2}$

< 0,可得 $\Pi_R^{d1*} < \Pi_R^{d3*}$;

由 $\Pi_R^{d3*} - \Pi_R^{d2*} = -\dfrac{4C_L^3(\phi - \beta c_n)^2}{\beta[8C_L - \beta(\delta - A)^2][6C_L - \beta(\delta - A)^2]^2} < 0$,可得

$\Pi_R^{d3*} < \Pi_R^{d2*}$;

综上可得 $\Pi_R^{d1*} < \Pi_R^{d3*} < \Pi_R^{d2*}$。

最后证三种不同权力结构下闭环供应链系统最优利润之间的关系:$\Pi^{d2*} < \Pi^{d1*} < \Pi^{d3*}$;

由 $\Pi^{d1*} - \Pi^{d3*} = -\dfrac{C_L[20C_L^2 - 12C_L\beta(\delta - A)^2 + \beta^2(\delta - A)^4](\phi - \beta c_n)^2}{4\beta[4C_L - \beta(\delta - A)^2][6C_L - \beta(\delta - A)^2]^2}$

< 0,可得 $\Pi^{d1*} < \Pi^{d3*}$;

由 $\Pi^{d2*} - \Pi^{d1*} = -\dfrac{C_L[16C_L - \beta(\delta - A)^2](\delta - A)^2(\phi - \beta c_n)^2}{4[4C_L - \beta(\delta - A)^2][8C_L - \beta(\delta - A)^2]^2} < 0$,可得

$\Pi^{d2*} < \Pi^{d1*}$;

综上可得 $\Pi^{d2*} < \Pi^{d1*} < \Pi^{d3*}$。

结论 3.1 得证。

结论 3.1 表明,制造商的利润在制造商领导的市场结构中最高,在零售商领导的市场结构中最低;而零售商的利润在零售商领导的市场结构中最高,在制造商领导的市场结构中最低。因此考虑市场结构的情形,市场领导者总是能够获得更多利润。

从整个闭环供应链获得的总利润来看,闭环供应链系统总利润按照市场

中无领导者时闭环供应链、制造商领导的闭环供应链、零售商领导的闭环供应链的顺序依次变小。无论是行业还是消费者个人都会受益于无领导者时的闭环供应链。但该种市场模式总是会因为制造商或者零售商成为市场领导者而被打破。在市场中存在领导者的两种权力结构下，制造商领导时的闭环供应链系统总利润比零售商领导时的闭环供应链系统总利润高，因而闭环供应链在市场结构选择时总是更贴近于制造商领导的情况。

结论 3.2　集中式决策以及三种不同权力下分散式决策的闭环供应链中最优回收率的关系满足 $\tau^{d2*} < \tau^{d1*} < \tau^{d3*} < \tau^{c*}$，最优单位销售价格的关系满足 $p^{c*} < p^{d3*} < p^{d1*} < p^{d2*}$，系统最优利润满足 $\Pi^{d2*} < \Pi^{d1*} < \Pi^{d3*} < \Pi^{c*}$。

证明：首证四种情况下最优回收率之间满足的关系：$\tau^{d2*} < \tau^{d1*} < \tau^{d3*} < \tau^{c*}$；

由 $\tau^{d2*} - \tau^{d1*} = -\dfrac{\beta(\delta - A)^3(\phi - \beta c_n)}{2[8C_L - \beta(\delta - A)^2][4C_L - \beta(\delta - A)^2]} < 0$，可得 $\tau^{d2*} < \tau^{d1*}$；

由 $\tau^{d1*} - \tau^{d3*} = -\dfrac{[2C_L - \beta(\delta - A)^2](\delta - A)(\phi - \beta c_n)}{2[4C_L - \beta(\delta - A)^2][6C_L - \beta(\delta - A)^2]} < 0$，可得 $\tau^{d1*} < \tau^{d3*}$；

由 $\tau^{d3*} - \tau^{c*} = -\dfrac{2C_L(\phi - \beta c_n)(\delta - A)}{[4C_L - \beta(\delta - A)^2][6C_L - \beta(\delta - A)^2]} < 0$，可得 $\tau^{d3*} < \tau^{c*}$；

综上可得 $\tau^{d2*} < \tau^{d1*} < \tau^{d3*} < \tau^{c*}$。

再证四种情况下最优单位销售价格之间满足的关系：$p^{c*} < p^{d3*} < p^{d1*} < p^{d2*}$；

由 $p^{c*} - p^{d3*} = -\dfrac{4C_L^2(\phi - \beta c_n)}{\beta[4C_L - \beta(\delta - A)^2][6C_L - \beta(\delta - A)^2]} < 0$，可得 $p^{c*} < p^{d3*}$；

由 $p^{d3*} - p^{d1*} = -\dfrac{C_L[2C_L - \beta(\delta - A)^2](\phi - \beta c_n)}{\beta[4C_L - \beta(\delta - A)^2][6C_L - \beta(\delta - A)^2]} < 0$，可得 $p^{d3*} <$

p^{d1*}；

由 $p^{d1*} - p^{d2*} = -\dfrac{C_L(\delta - A)^2(\phi - \beta c_n)}{[4C_L - \beta(\delta - A)^2][8C_L - \beta(\delta - A)^2]} < 0$，可得 $p^{d1*} <$

p^{d2*}；

综上可得 $p^{c*} < p^{d3*} < p^{d1*} < p^{d2*}$。

最后证四种情况下闭环供应链系统最优利润之间满足的关系：$\Pi^{d2*} <$

$\Pi^{d1*} < \Pi^{d3*} < \Pi^{c*}$；

由 $\Pi^{d3*} - \Pi^{c*} = -\dfrac{4C_L^3(\phi - \beta c_n)^2}{\beta[4C_L - \beta(\delta - A)^2][6C_L - \beta(\delta - A)^2]^2} < 0$，可得

$\Pi^{d3*} < \Pi^{c*}$；

由结论 3.1 可知，三种不同权力结构下闭环供应链的系统最优利润之间的关系满足：$\Pi^{d2*} < \Pi^{d1*} < \Pi^{d3*}$；

故综上可得 $\Pi^{d2*} < \Pi^{d1*} < \Pi^{d3*} < \Pi^{c*}$。

结论 3.2 得证。

结论 3.2 表明，三种不同权力结构下闭环供应链的分散式决策下产品销售价格均高于闭环供应链集中式决策下的产品销售价格；不同权力结构下闭环供应链的分散式决策的废旧品回收率均低于闭环供应链集中式决策的废旧品回收率。这就表明分散式决策下的闭环供应链，无论是在正向供应链上，还是在逆向供应链中，都存在"双重边际效应"，这导致分散式决策下可获得的闭环供应链系统最优利润低于闭环供应链集中式决策可获得的系统最优利润，即产生系统效率损失。

3.6 不同权力结构下分散式决策闭环供应链的契约协调研究

不同权力结构下的分散式决策的闭环供应链中"双重边际效应"问题会导致系统产生效率损失，所以本节需要给出可协调分散式决策闭环供应链的契约，并通过设置合理的参数，引导制造商和零售商制定的决策结果达到集

中式决策的水平，避免闭环供应链效率的损失。因此，本节将以制造商作为 Stackelberg 领导者的分散式决策闭环供应链（以下简称分散式决策闭环供应链）为研究对象，重点介绍如何采用数量折扣契约、两部收费契约以及收益费用共享契约协调分散式决策下的闭环供应链。Cachon 关于契约协调供应链的定义如下：

定义 3.1　若存在某个契约可以使供应链系统最优决策形成供应链各成员之间的 Nash 均衡，且其中的任一成员都没有偏离此均衡的意愿，那这个契约就视为可以协调供应链。

基于定义 3.1 并结合本书的有关概念，从而得到闭环供应链契约协调的引理 3.1。

引理 3.1　若通过设计契约能使得闭环供应链集中式决策的最优解满足闭环供应链分散式决策中各参与成员决策结果的 Nash 均衡解，并且其中的任一成员不会为了获取更多的效益而去损害对方的利益，那这个契约就视为可以协调闭环供应链的分散式决策。

引理 3.1 表明，若契约可以协调分散式决策的闭环供应链，在该契约的协调下与消费者直接交易关系的供应链参与成员的最优决策可以达到闭环供应链集中式决策的最优决策水平（在本节中即表示零售商的产品销售以及销售价格、废旧品回收率等决策）。因此，通过对引理 3.1 的进一步探究，可得闭环供应链契约协调的一个充分条件。

引理 3.2　若契约协调后的零售商利润函数是一个闭环供应链集中式决策利润函数的线性函数，即 $\Pi_r = \eta \Pi^c + A$，则说明该契约成功协调了这个分散式决策的闭环供应链。其中，$0 < \eta < 1, A$ 为任意常数。

以下的各章节设计闭环供应链分散式决策下的协调契约，将立足于以上两个引理的内容。

本节在用于传统供应链中的数量折扣契约、两部收费契约以及收益共享契约等契约协调机理的基础上，分别设计出可协调分散式决策的闭环供应链数量折扣契约、两部收费契约和收益费用的共享契约。

3.6.1 数量折扣契约协调策略

本节设计协调供应链的数量折扣契约 $(w_1, w_2, q^{c^*}, b_1, b_2, \tau^{c^*}, \eta)$ 协调机理为:在正向供应链中,制造商会引导零售商订购数量为 q^{c^*} 的产品,所以当制造商收到零售商订购产品的数量不少于 q^{c^*} 时,制造商提供给零售商的单位产品批发价格为 w_2,当订购数量少于 q^{c^*} 时,制造商提供给零售商的单位产品批发价格为 $w_1(w_1 > w_2)$;在逆向供应链中,制造商会引导零售商以回收率 τ^{c^*} 回收废旧品,所以当零售商回收废旧品的回收率不小于 τ^{c^*} 时,制造商以 b_2 的单位废旧品回收价格从零售商处转移废旧品,当废旧品回收率小于 τ^{c^*} 时,制造商以 $b_1(b_1 < b_2)$ 的单位废旧品回收价格从零售商处转移废旧品。在数量折扣契约的协调下,制造商期望获取 $\eta\Pi^{c^*}$ 的利润,零售商期望获取 $(1-\eta)\Pi^{c^*}$ 的利润,其中,$0 < \eta < 1$。在上述所描述的数量折扣契约 $(w_1, w_2, q^{c^*}, b_1, b_2, \tau^{c^*}, \eta)$ 的协调下,制造商利润函数、零售商的利润函数为:

$$\Pi_M^q(w, b, \eta) = (w - c_n)q + (\delta - b)\tau\eta \tag{3.12}$$

$$\Pi_R^q(q, \tau, \eta) = \frac{\phi - q}{\beta}q - wq + (b - A)q\tau - C_L\tau^2 \tag{3.13}$$

其中,$\Pi_{MF}^q(w, b, \eta) = (w - c_n)q$ 与 $\Pi_{RR}^q(w, b, \eta) = (\delta - b)q\tau$ 这两项表示制造商分别在正向供应链、逆向供应链上的利润;$\Pi_{rF}^q(q, \tau, \eta) = \frac{\phi - q}{\beta}q - wq$ 和 $\Pi_{rR}^q(q, \tau, \eta) = (b - A)q\tau - C_L\tau^2$ 这两项表示零售商分别在正向供应链、逆向供应链上的利润。

命题 3.2 若数量折扣契约 $(w_1, w_2, q^{c^*}, b_1, b_2, \tau^{c^*}, \eta)$ 的参数分别满足 $w_1^{q^*} >$

$$\frac{\phi}{\beta} - \sqrt{(1-\eta)\frac{(\phi - \beta c_n)}{\beta}}, w_2^{q^*}(\eta) = c_n + \eta\frac{(\phi - \beta c_n)[2C_L - \beta(\delta - A)^2]}{\beta[4C_L - \beta(\delta - A)^2]}, b_1^{q^*} <$$

$$\sqrt{(1-\eta)\frac{(\phi - \beta c_n)(\delta - A)}{\phi - \beta w_1^{q^*}}} + A \text{ 和 } b_2^{q^*}(\eta) = \delta - \frac{\eta(\delta - A)}{2} \text{ 等条件时,数量折}$$

扣契约可以协调分散式决策的闭环供应链,契约参数 $\eta(0 < \eta < 1)$ 为何值由制

造商与零售商讨价还价来决定,即双方可通过讨论决定闭环供应链中关于系统最优利润的分配比例。

证明:函数 $\Pi_R^q(q,\tau,\eta)$ 海塞矩阵是负定的,即该函数关于 (q,τ) 决策变量是严格的凹函数。因此,由唯一的最优订购数量 q^{q^*} 和回收率 τ^{q^*},可以使得在数量折扣契约的协调之下零售商可获取最优利润。

情况一:在数量折扣契约 $(x_1,w_2,q^{c^*},b_1,b_2,\tau^{c^*},\eta)$ 协调下,若零售商处订购数量低于 q^{c^*},并且回收率低于 τ^{c^*} 时,零售商的利润函数为:

$$\Pi_R^d(q,\tau,\eta) = \left(\frac{\phi-q}{\beta} - w_1\right)q + (b_1 - A)q\tau - C_L\tau^2 \qquad (3.14)$$

并满足约束: $q - q^{c^*} < 0, \tau - \tau^{c^*} < 0$。

设 K–T 点为 $(q_1^{q^*}, \tau_1^{q^*})$,引用广义的拉格朗日乘子 γ_1^q, γ_2^q,得 $\Pi_R^d(q,\tau,\eta)$ K–T 条件为:

$$\begin{cases} \dfrac{\phi}{\beta} - \dfrac{2q_1^{q^*}}{\beta} - w_1 + (b_1 - A)\tau_1^{q^*} - \gamma_1^q = 0 \\ (b_1 - A)q_1^{q^*} - 2C_L\tau_1^{q^*} - \gamma_2^q = 0 \\ \gamma_1^q(q_1^{q^*} - q^{c^*}) = 0 \\ \gamma_2^q(\tau_1^{q^*} - \tau^{c^*}) = 0 \\ q^{c^*} > q_1^{q^*} > 0, \tau^{c^*} > \tau_1^{q^*} \geqslant 0, \gamma_1^q, \gamma_2^q \geqslant 0 \end{cases} \qquad (3.15)$$

求解可得:

$$q_1^{q^*}(w_2,b_1) = \frac{2C_L(\phi - \beta w_1)}{4C_L - \beta(b_1 - A)^2} \qquad (3.16)$$

$$\tau_1^{q^*}(w_1,b_1) = \frac{(b_1 - A)(\phi - \beta w_1)}{4C_L - \beta(b_1 - A)^2} \qquad (3.17)$$

此时,为使零售商订购 q^{c^*} 数量的产品,应使零售商从正向链中获得的最优利润小于其从集中式决策下闭环供应链的正向链中获得的最优利润,即 $\Pi_{RF}^q[q_1^{q^*}(w_1,b_1), \tau_1^{q^*}(w_1,b_1), \eta] < (1-\eta)\Pi_F^c(q^{c^*}, \tau^{c^*})$。同时,为使零售商以回收率 τ^{c^*} 回收废旧品,应使零售商从逆向链中获得的最优利润小于其从集中式决策的闭环供应链的逆向供应链里获取最优利润,即 $\Pi_{RR}^q[q_1^{q^*}(w_1,b_1),$

$\tau_1^{q*}(w_1, b_1), \eta] < (1 - \eta) \Pi_R^c(q^{c*}, \tau^{c*})$。由此,可得到制造商的最优决策变量应满足的条件:

$$w_1^{q*} > \frac{\phi}{\beta} - \sqrt{1 - \eta} \frac{\phi - \beta c_n}{\beta} \qquad (3.18)$$

$$b_1^{q*} < \sqrt{1 - \eta} \frac{(\phi - \beta c_n)(\delta - A)}{\phi - \beta w_1^{q*}} + A \qquad (3.19)$$

情况二:在数量折扣契约 $(w_1, w_2, q^{c*}, b_1, b_2, \tau^{c*}, \eta)$ 的协调下,当零售商产品的订购数量不少于 q^{c*} 且回收率不小于 τ^{c*} 时,零售商的利润函数为:

$$\Pi_R^q(q, \tau, \eta) = \left(\frac{\phi - q}{\beta} - w_2 \right) q + (b_2 - A) q\tau - C_L \tau^2 \qquad (3.20)$$

满足约束: $q^{c*} - q \leq 0, \tau^{c*} - \tau \leq 0, \tau - 1 < 0$。

设 K - T 点为 (q_2^{q*}, τ_2^{q*}),引入广义的拉格朗日乘子 $\gamma_3^q, \gamma_4^q, \gamma_5^q$,得 $\Pi_R^q(q, \tau, \eta)$ 的 K - T 条件为:

$$\begin{cases} \dfrac{\phi}{\beta} - \dfrac{2q_2^{q*}}{\beta} - w_2 + (b_2 - A)\tau_2^{q*} + \gamma_3^q - 0 \\[2mm] (b_2 - A)q_2^{q*} - 2C_L\tau_2^{q*} + \gamma_4^q - \gamma_5^q = 0 \\[2mm] \gamma_3^q(q^{c*} - q_2^{q*}) = 0 \\[2mm] \gamma_4^q(\tau^{c*} - \tau_2^{q*}) = 0 \\[2mm] \gamma_5^q(\tau_2^{q*} - 1) = 0 \\[2mm] q_2^{q*} > q^{c*}, 1 \geq \tau_2^{q*} \geq \tau^{c*}, \gamma_3^q, \gamma_4^q, \gamma_5^q \geq 0 \end{cases} \qquad (3.21)$$

求解可得:

$$q_2^{q*} = q^{c*} \qquad (3.22)$$

$$\tau_2^{q*} = \tau^{c*} \qquad (3.23)$$

上述最优解满足引理3.1的条件。

此时,零售商的最优决策结果达到了集中式决策的闭环供应链决策水平,且其从正向链和逆向链中获得的最优利润也分别达到了其从集中式决策闭环供应的正向链和逆向链中获得的最优利润水平, 即 $\Pi_{RF}^q(q_2^{q*}, \tau_2^{q*}, \eta) = (1 - \eta) \Pi_F^c(q^{c*}, \tau^{c*})$ 且 $\Pi_{RR}^q(q_2^{q*}, \tau_2^{q*}, \eta) = (1 - \eta) \Pi_R^c(q^{c*}, \tau^{c*})$。由此可得制造商

的最优决策变量应满足的条件为:

$$w_2^{q^*}(\eta) = c_n + \eta \frac{(\phi - \beta c_n)[2C_L - \beta(\delta - A)^2]}{\beta[4C_L - \beta(\delta - A)^2]} > c_n \qquad (3.24)$$

$$b_2^{q^*}(\eta) = \delta - \frac{\eta(\delta - A)}{2} < \delta \qquad (3.25)$$

因为 $1 - \frac{\eta}{2} > \sqrt{1 - \eta}(0 < \eta < 1)$,所以有 $w_1^{q^*}(\eta) - w_2^{q^*}(\eta) =$

$\frac{(\phi - \beta c_n)}{\beta}\left\{1 - \frac{\eta}{2} - \sqrt{1 - \eta} + \frac{\eta\beta(\delta - A)^2}{2[4C_L - \beta(\delta - A)^2]}\right\} > 0$,即 $w_1^{q^*} > w_2^{q^*}(\eta) >$

c_n。并且,$b_2^{q^*}(\eta) - b_1^{q^*}(\eta) = (\delta - A)\left(1 - \frac{\eta}{2} - \sqrt{1 - \eta}\frac{\phi - \beta c_n}{\phi - \beta w_1^{q^*}}\right) > 0$,即 $b_2^{q^*}$

$> b_1^{q^*}$。

因为,数量折扣契约 $[w_1^{q^*}, w_2^{q^*}(\eta), q^{c^*}, b_1^{q^*}, b_2^{q^*}(\eta), \tau^{c^*}, \eta]$ 的协调下制造商利润与零售商利润分别是 $\eta\Pi^{c^*}$ 和 $(1 - \eta)\Pi^{c^*}$,因此,契约参数 η 为何值出制造商与零售商讨价还价来决定,即双方可通过讨论决定闭环供应链中关于系统最优利润的分配比例。

命题 3.2 得证。

由以上分析可知,求解分散式决策下闭环供应链的数量折扣协调契约,与传统供应链中求解数量折扣协调契约一样,知晓产品批发价格 w_2 的前提下,总能找寻一个足够大的产品批发价格 w_1,使在零售商处产品订购数量低于 q^{c^*} 时,零售商获取最优利润总是小于从制造商处订购产品数量为 q^{c^*}、批发价格为 w_2 时的最优利润。

3.6.2　两部收费契约协调策略

本节设计协调供应链的两部收费契约 (w, b, F) 的协调机理为:制造商提供给零售商的单位产品批发价格为 w,且从零售商处以 b 的回收价格回收废旧品;在产品销售后,零售商向制造商支付固定费用 F。因此,在两部收费契约协调 (w, b, F) 下,制造商利润函数、零售商利润函数分别为:

$$\Pi_M^t(w,b,F) = (w - c_n)q + (\delta - b)q\tau + F \tag{3.26}$$

$$\Pi_R^t(q,\tau,F) = \frac{\phi - q}{\beta}q - wq + (b - A)q\tau - C_L\tau^2 - F \tag{3.27}$$

命题3.3　当两部收费契约 (w,b,F) 的参数满足 $w^{t^*} = c_n$ 和 $b^{t^*} = \delta$ 的条件时,两部收费契约可以协调分散式决策的闭环供应链,转移固定费用 F 为何值由制造商与零售商讨价还价来决定,即双方可通过讨论决定闭环供应链中关于系统最优利润的分配比例。

证明:在两部收费契约 (w,b,F) 的协调下,零售商利润函数为:

$$\Pi_R^t(q,\tau,F) = \frac{\phi - q}{\beta}q - wq + (b - A)q\tau - C_L\tau^2 - F \tag{3.28}$$

满足约束: $0 \leq \tau \leq 1$。

因为 $\dfrac{\partial^2 \Pi_R^t(q,\tau,F)}{\partial q^2} = -\dfrac{2}{\beta}$、$\dfrac{\partial^2 \Pi_R^t(q,\tau,F)}{\partial q \partial \tau} = b - A$、$\dfrac{\partial^2 \Pi_R^t(q,\tau,F)}{\partial \tau^2} = -2C_L$,

可知,$\dfrac{\partial \Pi_R^t(q,\tau,F)}{\partial q^2} < 0$、$\dfrac{\partial^2 \Pi_R^t(q,\tau,F)}{\partial q^2}\dfrac{\partial^2 \Pi_R^t(q,\tau,F)}{\partial \tau^2} - \left[\dfrac{\partial^2 \Pi_R^t(q,\tau,F)}{\partial q \partial \tau}\right]^2 =$

$\dfrac{4C_L}{\beta} - (b - A)^2 > 0$。函数 $\Pi_R^t(q,\tau,F)$ 海塞矩阵是负定的,即该函数关于 (q,τ) 决策变量是严格的凹函数。因此,由唯一的最优订购数量 q^{t^*} 和回收率 τ^{t^*},可以使得在两部收费契约的协调之下零售商可获取最优利润。

设 K - T 点为 (q^{t^*}, τ^{t^*}),引入广义的拉格朗日乘子 γ^t,可得 $\Pi_R^t(q,\tau,F)$ 的 K - T 条件为:

$$\begin{cases} \dfrac{\phi}{\beta} - \dfrac{2q^{t^*}}{\beta} - w + (b - A)\tau^{t^*} = 0 \\[2mm] (b - A)q^{t^*} - 2C_L\tau^{t^*} - \gamma^t = 0 \\[2mm] \gamma^t(\tau^{t^*} - 1) = 0 \\[2mm] q^{t^*} > 0, 1 \geq \tau^{t^*} \geq 0, \gamma^t \geq 0 \end{cases} \tag{3.29}$$

求解可得:

1. 当 $4C_L > (\phi - \beta w)(b - A) + \beta(b - A)^2$ 时,有 $q^{t^*}(w) = \dfrac{2C_L(\phi - \beta w)}{4C_L - \beta(b - A)^2}$,$\tau^{t^*}(w) = \dfrac{(\phi - \beta w)(b - A)}{4C_L - \beta(b - A)^2}$;

2. 当 $4C_L \leqslant (\phi - \beta w)(b - A) + \beta(b - A)^2$ 时，有 $q^{t^*}(w) = \dfrac{\phi - \beta w + \beta(b - A)}{2}, \tau^{t^*}(w) = 1$。

因为 $A \leqslant b \leqslant \delta$，且依据传统正向供应链的两部收费协调契约可得 $w \geqslant c_n$。因此，可得 $4C_L \leqslant (\phi - \beta w)(b - A) + \beta(b - A)^2 < (\phi - \beta c_n)(\delta - A) + \beta(\delta - A)^2$，但不满足条件 $4C_L > (\phi - \beta c_n)(\delta - A) + \beta(\delta - A)^2$。故解 2 不成立，只能取解 1。此时，由引理 3.2 可知，需有 $q^{t^*}(w) = q^{c^*}$、$\tau^{t^*}(w) = \tau^{c^*}$，进而可解得：

$$w^{t^*} = c_n \qquad (3.30)$$

$$b^{t^*} = \delta \qquad (3.31)$$

两部收费契约 (w^{t^*}, b^{t^*}, F) 协调下的制造商和零售商的利润函数分别为：

$$\Pi_M^d(w^{t^*}, b^{t^*}, F) = F \qquad (3.32)$$

$$\Pi_R^d(q^{t^*}, \tau^{t^*}, F) = \frac{\phi - q^{c^*}}{\beta} q^{c^*} - c_n q^{c^*} + (\delta - A) q^{c^*} \tau^{c^*} - C_L(\tau^{c^*})^2 -$$

$$F = \Pi^c(q^{c^*}, \tau^{c^*}) - F \qquad (3.33)$$

通过上述两式可以看出，制造商和零售商可通过讨价还价的方式确定转移固定费用 F 的取值，即双方可通过讨论决定闭环供应链可获得的系统最优利润的分配比例。

命题 3.3 得证。

3.6.3 收益费用共享契约协调策略

本节设计协调供应链的两收益费用共享契约 (w, b, η) 协调机理为：制造商提供给零售商的单位产品批发价格为 w，且从零售商处以 b 的回收价格回收废旧品。在产品销售后，零售商向制造商支付 $(1 - \eta) \dfrac{(\phi - q)q}{\beta}$ 数额的销售收益。因此，在收益费用共享契约协调 (w, b, η) 下，制造商利润函数、零售商利润函数分别为：

$$\Pi_M^{re}(w, b, \eta) = (w - c_n)q + (\delta - b)q\tau + (1 - \eta)\frac{(\phi - q)}{\beta}q - (1 - \eta)(Aq\tau +$$

$C_L\tau^2)$ （3.34）

$$\Pi_R^{re}(q,\tau,\eta) = \eta\frac{(\phi - q)}{\beta}q - wq + bq\tau - \eta(Aq\tau + \eta C_L\tau^2) \quad (3.35)$$

命题 3.4　当收益费用共享契约 (w,b,η) 的参数满足 $w^{re*}(\eta) = \eta c_n$ 和 $b^{re*}(\eta) = \eta\delta$ 的条件时，收益费用共享契约可以协调分散式决策的闭环供应链，收益费用共享比例 $\eta(0 < \eta < 1)$ 为何值由制造商与零售商讨价还价来决定，即双方可通过讨论决定闭环供应链中关于系统最优利润的分配比例。

证明：当收益费用共享契约 (w,b,η) 的参数满足 $w^{re*}(\eta) = \eta c_n$ 和 $b^{re*}(\eta) = \eta\delta$ 的条件时，收益费用共享契约协调下的零售商利润函数为：

$$\Pi_R^{re}(q,\tau,\eta) = \eta\left[\left(\frac{\phi}{\beta} - c_n\right)q - \frac{q^2}{\beta} + (\delta - A)q\tau - C_L\tau^2\right] = \eta\Pi^c(q,\tau)$$

（3.36）

由以上分析可知，零售商利润函数是闭环供应链集中式决策下利润函数的线性函数。因此，由引理 3.2 可知，分散式决策闭环供应链可以通过收益费用共享契约 $(w^{re*}(\eta), b^{re*}(\eta), \eta)$ 来加以协调，且收益费用共享比例 $\eta(0 < \eta < 1)$ 为何值由制造商与零售商讨价还价来决定，即双方可通过讨论决定闭环供应链中关于系统最优利润的分配比例。

命题 3.4 得证。

3.7　数值算例分析

为说明本章构建的闭环供应链模型的正确性，以及设计的数量折扣契约、两部收费契约、收益费用共享契约协调分散式决策闭环供应链的有效性，下面通过数值算例仿真进行验证分析。

结合本章模型所提出的基本假设以及符号说明中变量在取值中需要满足的条件（如 $c_r < c_n$、$A < \delta$ 和 $4C_L > [(\phi - \beta c_n) + \beta(\delta - A)](\delta - A)$），在本节算例分析中各变量的取值情况如下：制造商运用原材料生产产品的成本

$c_n = 3$；制造商运用回收的废旧品生产产品的成本 $c_r = 2$；市场对该产品的最大规模 $\phi = 50$；价格的敏感系数 $\beta = 1$；零售商从消费者处回收废旧品价格 $A = 0.8$；零售商回收努力成本的系数 $C_L = 7$。表 3-2 和表 3-3 给出了闭环供应链在集中式决策下的最优决策及闭环供应链系统的最优利润，制造商作为市场领导者时闭环供应链的分散式决策下各成员的最优决策及闭环供应链系统的最优利润。

对比分析表 3-2 和表 3-3 中闭环供应链分散式决策下的最优回收率、最优单位回收价格和系统最优利润发现，其结果和结论 3.2 一致。这就验证了本章所构建的闭环供应链定价决策模型的正确性。

表 3-2　　　　集中式决策闭环供应链的最优决策和利润仿真数据

参数	单位销售价格 p^{c*}	市场需求 q^{c*}	回收率 τ^{c*}	总利润 Π^{c*}
最优值	26.47	23.53	0.34	553.04

表 3-3　　　　制造商领导的分散式决策闭环供应链最优决策和利润仿真数据

参数	单位批发价格 w^{d1*}	单位回收价格 b^{d1*}	单位销售价格 p^{d1*}	市场需求 q^{d1*}	回收率 τ^{d1*}	制造商利润 Π_M^{d1*}	零售商利润 Π_R^{d1*}	总利润 Π^{d1*}
最优取值	26.50	1	38.23	11.77	0.17	276.52	138.26	414.78

下面验证分析本章设计的数量折扣契约、两部收费契约、收益费用共享契约三种协调契约分别协调分散式决策的闭环供应链的有效性。

1. 数量折扣契约的有效性分析

命题 3.2 设计的数量折扣契约的具体实施情况如下：

设制造商与零售商综合当前市场权力状况，讨价还价后确定了系统利润的分配比例为 $\eta = 0.6$。那么，在正向供应链中，当零售商订购产品的数量少于 $q^{c*} = 23.53$ 时，制造商会以大于 20.27 的单位批发价格 w_1^{q*} 向零售商批发产品，当零售商订购产品的数量不少于 $q^{c*} = 23.53$ 时，制造商会以单位批

发价格 $w_2^{q^*} = 17.08$ 向零售商批发产品;在逆向供应链中,当零售商的废旧品回收率小于 $\tau^{c^*} = 0.34$ 时,制造商会以小于0.94的单位回收价格 $b_1^{q^*}$ 从零售商处回收废旧品,当零售商的废旧品回收率不小于 $\tau^{c^*} = 0.34$ 时,制造商以 $b_2^{q^*} = 0.94$ 的回收价格从零售商处回收废旧品。同时,零售商以 $p^{q^*} = 26.47$ 的销售价格面向消费者销售产品,且销售数量为 $q^{q^*} = 23.53$,并以 $\tau^{q^*} = 0.34$ 的回收率回收废旧品。此时制造商利润为 $\Pi_M^{q^*} = 331.82$,零售商利润为 $\Pi_R^{q^*} = 221.22$。

通过对比闭环供应链在数量折扣契约协调前后的闭环供应链系统及其参与成员的最优决策与最优利润,可知经过数量折扣契约协调分散式决策的闭环供应链,闭环供应链系统及其参与成员的最优决策、最优利润均达到了闭环供应链在集中式决策的结果,且无论是制造商还是零售商,经过契约协调后的最优利润都高于契约协调前利润($\Pi_R^{q^*} > \Pi_R^{d^*} = 138.26$, $\Pi_M^{q^*} > \Pi_M^{d^*} = 276.52$)。故命题3.2中所设计的数量折扣契约协调的有效性得以验证。

从制造商和零售商理性约束可以满足的数量折扣契约的协调,制造商和零售商在讨价还价后两者的最优利润不可低于契约协调前两者分别决策时的利润。故下文中将研究分析数量折扣的契约协调在不同的制造商与零售商之间利润分配 η 下制造商及零售商利润变化情况,如图3-2所示。

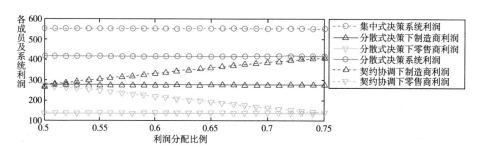

图3-2 数量折扣的契约实施前后闭环供应链系统及各参与成员利润比

由图 3 - 2 可知,当制造商与零售商之间利润分配的比例 η 上升时,制造商利润相应上升,零售商利润下降。当制造商与零售商之间利润分配的比例 η 属于 $[0.5,0.75]$ 范围时,制造商与零售商经过折扣契约协调后的利润不低于契约协调前两者分别决策时的利润。所以,若制造商、零售商经过讨价还价后保证利润分配比例 η 属于 $[0.5,0.75]$ 范围时,可以获取帕累托改善的利润。

2. 两部收费契约的有效性分析

命题 3.3 设计的两部收费协调契约的具体实施情况如下:

设制造商与零售商综合当前市场权力状况,讨价还价后确定了固定转移的费用为 $F = 300$。那么,制造商会以批发价格 $w_2^{t^*} = 3$ 批发产品给零售商,并从零售商处以 $b_2^{t^*} = 1$ 的回收价格回收废旧品;零售商以 $p^{t^*} = 26.47$ 的单位销售价格对消费者进行销售,产品销售数量为 $q^{t^*} = 23.53$,同时零售商回收废旧品,回收率为 $\tau^{t^*} = 0.34$。此时制造商获取利润 $\Pi_M^{t^*} = 300$,零售商获取利润 $\Pi_R^{t^*} = 253.04$。

通过对比闭环供应链在两部收费契约协调前后的闭环供应链系统及其参与成员的最优决策与最优利润,可知经过两部收费契约协调分散式决策的闭环供应链,闭环供应链系统及其参与成员的最优决策、最优利润均达到了闭环供应链在集中式决策的结果,且无论是制造商还是零售商,经过契约协调后的最优利润都高于契约协调前利润($\Pi_R^{t^*} > \Pi_R^{d^*} = 138.26, \Pi_M^{t^*} > \Pi_M^{d^*} = 276.52$)。故命题 3.3 中所设计的两部收费契约协调的有效性得以验证。

从制造商和零售商理性约束可以满足的两部收费契约的协调,制造商和零售商在讨价还价后两者的最优利润不可低于契约协调前两者分别决策时的利润。故下文中将研究分析两部收费的契约协调在不同的制造商与零售商之间固定转移费用 F 下制造商及零售商利润变化情况,如图 3 - 3 所示。

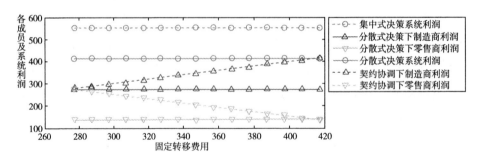

图 3 - 3　两部收费的契约实施前后闭环供应链系统及各参与成员利润比较

由图 3 - 3 可知,当制造商与零售商之间固定转移费用 F 上升时,制造商利润相应上升,零售商利润下降。当制造商与零售商之间固定转移费用 F 属于 [276.52,414.78] 范围时,制造商与零售商经过两部收费契约协调后的利润不低于契约协调前两者分别决策时的利润。所以,若制造商、零售商经过讨价还价后保证固定转移费用 F 属于 [276.52,414.78] 范围时,可以获取帕累托改善的利润。

3. 收益费用共享契约的有效性分析

命题 3.4 设计的收益费用共享协调契约的具体实施情况如下:

设制造商与零售商综合当前市场权力状况,讨价还价后确定了收益费用共享的比例 $\eta = 0.4$。那么,制造商会以批发价格 $w_2^{re^*} = 1.2$ 批发产品给零售商,并从零售商处以 $b_2^{re^*} = 0.4$ 的回收价格回收废旧品;零售商以 $p^{re^*} = 26.47$ 的单位销售价格对消费者进行销售,产品销售数量为 $q^{re^*} = 23.53$,同时零售商回收废旧品,回收率为 $\tau^{re^*} = 0.34$。此时制造商获取利润 $\Pi_M^{re^*} = 331.82$,零售商获取利润 $\Pi_R^{re^*} = 221.22$。

通过对比闭环供应链在收益费用共享契约协调前后的闭环供应链系统及其参与成员的最优决策与最优利润,可知经过收益费用共享契约协调分散式决策的闭环供应链,闭环供应链系统及其参与成员的最优决策、最优利润均达到了闭环供应链在集中式决策的结果,且无论是制造商还是零售商,经过契约协调后的最优利润都高于契约协调前利润($\Pi_R^{t^*} > \Pi_R^{d^*} = 138.26$,$\Pi_M^{t^*} > \Pi_M^{d^*} = 276.52$)。故命题 3.4 中所设计的两部收费契约协调的有效性得以验证。

从制造商和零售商理性约束可以满足的收益费用共享契约的协调，制造商和零售商在讨价还价后两者的最优利润不可低于契约协调前两者分别决策时的利润。故下文中将研究分析该契约协调在不同的制造商与零售商之间共享比例 η 下利润的变化情况，如图 3-4 所示。

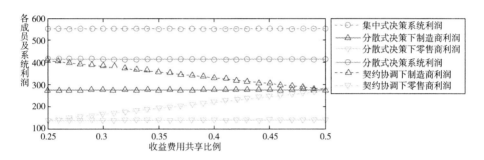

图 3-4 收益费用共享的契约实施前后闭环供应链系统及各参与成员利润比较

由图 3-4 可知，当制造商与零售商之间共享比例 η 上升时，制造商利润相应下降，零售商利润相应上升。当制造商与零售商之间费用共享比例 η 属于 $[0.25,0.5]$ 范围时，制造商与零售商经过收益费用共享的契约协调利润不低于契约协调前两者分别决策时的利润。所以，若制造商、零售商经过讨价还价后保证费用共享比例 η 属于 $[0.25,0.5]$ 范围时，可以获取帕累托改善的利润。

3.8 本章小结

本章以零售商回收模式闭环供应链为对象，分别研究了集中式决策闭环供应链、不同权力结构下（制造商领导的 Stackelberg 博弈、零售商领导的 Stackelberg 博弈以及制造商和零售商 Nash 均衡博弈）分散式决策闭环供应链定价决策，和分散式决策闭环供应链的契约协调问题。通过本章的研究得到以下几点结论：

1. 从整个闭环供应链获得的总利润来看，市场上无领导者时闭环供应链系统利润最大，零售商作为市场领导者时闭环供应链系统利润最小。但由于市场领导者总可以获得更多利润，因此市场中无领导者的结构总是会被打破。由于闭环供应链系统总利润在制造商领导下比零售商领导下高，因此，闭环供应链的市场结构往往会倾向于制造商的领导。

2. 通过比较闭环供应链决策模型中集中式决策下的闭环供应链最优决策与不同权力结构下分散式决策的闭环供应链最优决策，可见在分散式决策下的闭环供应链总是存在"双重边际效应"问题，从而导致闭环供应链产生系统效率损失。为解决该问题，本章在制造商领导的情形下针对分散式决策的闭环供应链，设计了数量折扣契约、两部收费契约和收益费用共享契约三种契约以协调分散式决策下的闭环供应链，从而提高闭环供应链的系统效益。

3. 数值仿真算例结果表明：数量折扣契约、两部收费契约和收益费用共享契约在协调分散式决策下闭环供应链中的"双重边际效应"都是十分有效的。此外，在协调契约中的对应参数处于某一范围中时，闭环供应链系统及其参与成员将获取更高的最优利润，达到帕累托改进，因此，通过契约的协调对闭环供应链中的各成员以及整个系统均是有益的。

第4章

差别定价闭环供应链
定价及契约协调研究

4.1 问题概述

本书第 3 章假设制造商利用原材料生产的新产品和利用废旧品生产的再造品不存在差异，且市场消费者认可度也相同。然而在实际中，由于法律法规的要求（如："以旧换再"试点实施方案规定，推广企业及其产品授权方应在特约经销商处设立特殊标志，使用明确的再制造标志）和人们对再造品的认知存在偏见，以及再制造技术本身的不成熟，使得新产品和再制造产品在市场销售中存在价格差异。

近年来，面向再制造的设计（design for remanufacturing，DFR）和实施再制造管理技术（remanufacturing management，RMM）的进步使得废旧品的再制造过程能够充分利用原产品的附加值，且再制造成本会大大降低，所以市场上再造品的销售价格会比新产品的销售价格低。因此，研究差别定价闭环供应链的定价决策及契约协调问题是非常合理且符合市场实际情况的。

目前，德博等（Debo et al.）基于消费者对于再造品和新产品价值感知上的差异和偏好，研究了再造品和新产品差别定价的问题，并且考虑了新产品和再造品联合定价的问题以及是否再制造的技术选择问题。费雷尔等跨越了对产品单周期闭环供应链研究的界限，重点考虑两个周期、多个周期和无线周期几种情形，并在此基础上考虑了新产品和再造品差别定价的情况。郑克俊等研究发现，单个制造商和单个零售商组成的差别定价闭环供应链中存在双重边际效应，并通过两部收费契约实现了协调。王文宾等研究了不同市场权力结构下闭环供应链差别定价的情形，分别研究了制造商 Stackelberg 博弈领导、零售商 Stackelberg 博弈领导以及制造商零售商 Nash 均衡下的三种分散决策差别定价模型，同时以制造商零售商集中决策模型为基准，采用两部定价契约（也即两部收费契约）协调了分散决策模型中存在的双重边际效应，实现了供应链成员利润的帕累托改进。

通过以上文献综述不难发现，目前研究新产品再造品差别定价的文献并不多，多为基础性的定价研究。而关于差别定价分散决策中存在的双重边际效应，多以两部定价契约来协调。在第 3 章中，我们运用数量折扣契约和收益共享契约实现了闭环供应链的完美协调，在本章中将采用这两种契约实现对差别定价闭环供应链的协调。具体开展工作如下：

1. 构建由单一制造商和单一零售商组成的差别定价闭环供应链，运用运筹学中的 K–T 条件以及博弈论中的逆向归纳法，对集中式决策和分散式决策下的差别定价闭环供应链进行了最优定价决策研究；

2. 比较分析集中式决策和不同市场权力结构分散式决策下差别定价闭环供应链的决策结果和利润水平，并探讨分散式决策差别定价闭环供应链系统效益产生损失的原因；

3. 研究设计数量折扣契约和收益费用共享契约以改善差别定价闭环供应链中存在的"双重边际效应"问题，此外，研究设计数量折扣契约、收益费用共享契约，并将其应用于协调闭环供应链中去，从而增加可协调闭环供应链的契约种类；

4. 参考现有研究中的仿真数据，使用 Matlab 等仿真软件，以验证所构建的差别定价闭环供应链模型正确性以及验证所设计的数量折扣契约和收益共享契约是否可以协调差别定价分散式决策闭环供应链，解决双重边际效应问题。

4.2　模型假设及符号说明

本节的研究是基于单个制造商与单个零售商组成的闭环供应链系统展开的。其中制造商采用原材料、回收的废旧品生产新产品和再造品，再通过零售商将产品面向消费者售卖。同时，制造商委托零售商以一定的回收价格从消费者处将废旧品回收，再以合适的转移价格将废旧品回收至制造商处。由于新产品和再造品在功能上基本一致，在市场中表现为伯川德价格竞争。差别定价闭环供应链的运营结构如图 4−1 所示。

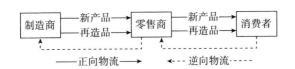

图 4−1　差别定价闭环供应链的运营结构

在第 3 章基本假设及符号说明的基础上，结合现实情况与模型构建的简化处理，将本研究进行了如下的基本假设。

假设 1：制造商与零售商都是理性且风险中性的，并分别以自身利润最大化为目标进行相关决策。

假设 2：制造商与零售商总是了解彼此的制造成本、市场需求、回收量等信息，即两者是信息对称的，且可以预测市场需求分布函数。

假设 3：本研究建立在已有足够多消费者购买和使用的产品市场基础上，当前已经有了足够多的废旧品，回收过程中总是能达到回收的期望数目。

假设 4：制造商和零售商之间存在着 Stackelberg 博弈关系，且制造商是领导者，零售商是跟随者。

假设 5：制造商使用原材料生产新产品并且使用废旧品进行再制造加工为再造品。假设所有收回的废旧品都可以加工成再造品，并且再制造率等于 1，也就是以 1 单位的废旧品能且仅能生产出 1 单位的再造品。新产品和再造品分别制定不同的价格,在市场上表现为伯川德价格竞争。

差别定价闭环供应链模型中变量符号定义如下:

制造商运用原材料、回收的废旧品生产新产品和再造品的成本分别为 c_n 和 c_r。结合实际情况,制造再造品成本低于制作新产品成本,即 $c_r < c_n$,记 $c_n - c_r = \delta$,表示再制造成本优势。

零售商回收废旧品的单位回收价格为 A,假设对于消费者废旧品的唯一用途就是回收,而回收的废旧品残值很低且不存在二级销售市场,可将 A 设为外生变量。考虑实际情况,为确保再制造商回收废旧品的经济可行性,应满足 $A \leq \delta$。

零售商将回收的废旧品以转移价格 b 回收给制造商。为确保零售商有回收废旧品的意愿,应使制造商给予零售商的转移价格大于零售商从消费者处回收废旧品的价格,即 $A \leq b$。此外,为了确保制造商回收再制造活动的经济可行性,应使单位再制造活动节约成本大于给予零售商的单位废旧品转移价格,即有 $b \leq \delta$。

制造商面向零售商批发新产品、再造品单位价格为 w_n 和 w_r,零售商面向消费者销售新产品、再造品的价格为 p_n 和 p_r,结合实际应满足 $w_r < w_n$,$p_r < p_n$。

参考微观经济学中关于伯川德价格竞争下两个寡头竞争者的市场需求函数表现形式,将新产品和再造品的市场需求分别表示为 $q_n = \phi_n - \beta p_n + \mu p_r$ 和 $q_r = \phi_r - \beta p_r + \mu p_n$。其中 β 的值并不会影响到最终结论,考虑到模型求解的易处理性和展示的方便性,由上可知,令 $\beta = 1$。因此,可以得到新产品和再造品的市场需求函数为 $q_n = \phi_n - p_n + \mu p_r$ 和 $q_r = \phi_r - p_r + \mu p_n$。其中,$\phi_n$ 和 ϕ_r 分别表示新产品和再造品的最大市场需求规模(考虑到我国消费者对于再造品的接受程度不高,假设再造品的最大市场需求较小,令 $\phi_n > \phi_r$),$\mu(0 < \mu < 1)$ 为新产品和再造品的替代系数,分别表示了两者相互替代的程度。

本章中差别定价闭环供应链系统及参与成员的决策变量、闭环供应链的利润函数 Π_D^j、制造商的利润函数 Π_{MD}^j 和零售商的利润函数 Π_{RD}^j 等标注上标 j

$\in \{c,d,r,q\}$，则表示集中式决策差别定价闭环供应链、分散式决策差别定价闭环供应链、收益共享契约的差别定价闭环供应链、数量折扣契约协调的差别定价闭环供应链；上述决策变量和利润函数中进一步标注上标"*"时，表示其为对应的最优决策。

4.3　集中式决策差别定价闭环供应链的定价决策研究

差别定价闭环供应链集中决策模型中，制造商和零售商共同决策新产品和再造品的单位销售价格以最大化整体闭环供应链的利润。基于上述假设和符号说明差别定价闭环供应链集中式决策下利润函数为：

$$\Pi_D^c(p_n,p_r) = (p_n - c_n)(\phi_n - p_n + \mu p_r) + (p_r - c_r - A)(\phi_r - p_r + \mu p_n)$$

$$(4.1)$$

因 $\dfrac{\partial^2 \Pi_D^c(p_n,p_r)}{\partial p_n^2} = -2$、$\dfrac{\partial^2 \Pi_D^c(p_n,p_r)}{\partial p_n \partial p_r} = \dfrac{\partial^2 \Pi_D^c(p_n,p_r)}{\partial p_r \partial p_n} = 2\mu$、$\dfrac{\partial^2 \Pi_D^c(p_n,p_r)}{\partial p_r^2}$

$= -2$，所以有 $\dfrac{\partial^2 \Pi_D^c(p_n,p_r)}{\partial p_n^2} < 0$、$\dfrac{\partial^2 \Pi_D^c(p_n,p_r)}{\partial p_r^2} < 0$、$\dfrac{\partial^2 \Pi_D^c(p_n,p_r)}{\partial p_n^2} \dfrac{\partial^2 \Pi_D^c(p_n,p_r)}{\partial p_r^2} -$

$\left[\dfrac{\partial^2 \Pi_D^c(p_n,p_r)}{\partial p_n \partial p_r} \right]^2 = 4 - 4\mu^2 > 0$。故函数 $\Pi_D^c(p_n,p_r)$ 的海塞矩阵负定，其为关于决策变量 (p_n,p_r) 的严格凹函数。所以，存在唯一新产品销售最优价格 p_n^{c*} 和再造品销售最优价格 p_r^{c*}，可以使得集中式决策差别定价闭环供应链获得最优利润。

通过对式（4.1）求 p_n 和 p_r 的一阶偏导可得新产品最优销售价格和再造品最优销售价格分别为：

$$p_n^{c*} = \frac{\phi_n + \mu\phi_r}{2(1 - \mu^2)} + \frac{c_n}{2}$$

$$(4.2)$$

$$p_r^{c*} = \frac{\phi_r + \mu\phi_n}{2(1 - \mu^2)} + \frac{c_r + A}{2}$$

$$(4.3)$$

由 $q_n = \phi_n - \beta p_n + \mu p_r$ 和 $q_r = \phi_r - \beta p_r + \mu p_n$ 可得：

$$q_n^{c*} = \frac{\phi_n - c_n + \mu c_r + \mu A}{2} \tag{4.4}$$

$$q_r^{c*} = \frac{\phi_r + \mu c_n - c_r - A}{2} \tag{4.5}$$

故可得如下命题4.1。

命题4.1 在差别定价闭环供应链集中式决策模型中，当新产品的销售价格为 $p_n^{c*} = \frac{\phi_n + \mu\phi_r}{2(1-\mu^2)} + \frac{c_n}{2}$、销售数量为 $q_n^{c*} = \frac{\phi_n - c_n + \mu c_r + \mu A}{2}$、再造品的销售价格为 $q_r^{c*} = \frac{\phi_r + \mu\phi_n}{2(1-\mu^2)} + \frac{c_r + A}{2}$、销售数量为 $q_r^{c*} = \frac{\phi_r + \mu c_n - c_r - A}{2}$ 时，差别定价闭环供应链集中式模型中整体可获得最优利润为 $\Pi_D^{c*} = \frac{[\phi_n + \mu\phi_r - (1-\mu^2)c_n](\phi_n - c_n + \mu c_r + \mu A)}{4(1-\mu^2)} + \frac{[\phi_r + \mu\phi_n - (1-\mu^2)(c_r + A)](\phi_r - c_r - A + \mu c_n)}{4(1-\mu^2)}$。

4.4 分散式决策差别定价闭环供应链的定价决策研究

基于4.1节中的基本假设和符号说明，可得差别定价闭环供应链分散式决策模型中制造商和零售商的利润函数为：

$$\Pi_{MD}^d(w_n, w_r) = (w_n - c_n)(\phi_n - p_n + \mu p_r) + (w_r - c_r - b)(\phi_r - p_r + \mu p_n) \tag{4.6}$$

$$\Pi_{RD}^d(p_n, p_r) = (p_n - w_n)(\phi_n - p_n + \mu p_r) + (p_r - w_r + b - A)(\phi_r - p_r + \mu p_n) \tag{4.7}$$

本节中再制造闭环供应链在差别定价分散式决策的顺序如下：制造商首先决策出新产品、再造品的批发价格，零售商根据制造商的决策确定新产品和再造品的销售价格和销售数量。通过逆向归纳法求解，上述决策问题可表示为：

$$\max \Pi_{MD}^d(w_n, w_r) = (w_n - c_n)(\phi_n - p_n + \mu p_r) + (w_r - c_r - b)(\phi_r - p_r + \mu p_n)$$

$$s.t. \ \Pi_{RD}^d(p_n, p_r) = (p_n - w_n)(\phi_n - p_n + \mu p_r) + (p_r - w_r + b - A)(\phi_r - p_r + \mu p_n)$$

$$(4.8)$$

因为 $\dfrac{\partial^2 \Pi_{RD}^d(p_n, p_r)}{\partial p_n^2} = -2$、$\dfrac{\partial^2 \Pi_{RD}^d(p_n, p_r)}{\partial p_n \partial p_r} = \dfrac{\partial^2 \Pi_{RD}^d(p_n, p_r)}{\partial p_r \partial p_n} = 2\mu$、

$\dfrac{\partial^2 \Pi_{RD}^d(p_n, p_r)}{\partial p_r^2} = -2$，可知，$\dfrac{\partial^2 \Pi_{RD}^d(p_n, p_r)}{\partial p_n^2} < 0$、$\dfrac{\partial^2 \Pi_{RD}^d(p_n, p_r)}{\partial p_r^2} < 0$、

$\dfrac{\partial^2 \Pi_{RD}^d(p_n, p_r)}{\partial p_n^2} \dfrac{\partial^2 \Pi_{RD}^d(p_n, p_r)}{\partial p_r^2} - \left[\dfrac{\partial^2 \Pi_{RD}^d(p_n, p_r)}{\partial p_n \partial p_r} \right]^2 = 4 - 4\mu^2 > 0$。故函数

$\Pi_{RD}^d(p_n, p_r)$ 的海塞矩阵负定，其为关于决策变量 (p_n, p_r) 的严格凹函数。所以，存在唯一新产品最优单位销售价格 p_n^{d*} 和再造品最优单位销售价格 p_r^{d*}，使得零售商获得最优利润。

通过对式（4.7）求 p_n 和 p_r 的一阶偏导可得新产品最优销售价格和再造品最优销售价格分别为：

$$p_n^{d*}(w_n) = \frac{\phi_n + \mu \phi_r}{2(1 - \mu^2)} + \frac{w_n}{2} \tag{4.9}$$

$$p_r^{d*}(w_r) = \frac{\phi_r + \mu \phi_n}{2(1 - \mu^2)} + \frac{w_r + A - b}{2} \tag{4.10}$$

下面基于零售商销售新产品和再造品的单位销售价格决策 $\left[p_n^{d*}(w_n), p_r^{d*}(w_n) \right]$ 分析制造商的决策。

将 $p_n^{d*}(w_n)$ 和 $p_r^{d*}(w_n)$ 代入式（4.6）中，得到制造商的最优利润为：

$$\max \Pi_{MD}^d(w_n, w_r) = (w_n - c_n)\left[\phi_n - \frac{\phi_n + \mu \phi_r}{2(1 - \mu^2)} - \frac{w_n}{2} + \mu \frac{\phi_r + \mu \phi_n}{2(1 - \mu^2)} + \mu \frac{w_r + A}{2} \right]$$

$$+ (w_r - c_r - b)\left[\phi_r - \frac{\phi_r + \mu \phi_n}{2(1 - \mu^2)} - \frac{w_r + A}{2} + \mu \frac{\phi_n + \mu \phi_r}{2(1 - \mu^2)} + \mu \frac{w_n}{2} \right] \tag{4.11}$$

因为 $\dfrac{\partial^2 \Pi_{MD}^d(w_n, w_r)}{\partial w_n^2} = -1$、$\dfrac{\partial^2 \Pi_{MD}^d(w_n, w_r)}{\partial w_n \partial w_r} = \dfrac{\partial^2 \Pi_{MD}^d(w_n, w_r)}{\partial w_r \partial w_n} = \mu$、

$\dfrac{\partial^2 \Pi_{MD}^d(w_n, w_r)}{\partial w_r^2} = -1$，可知，$\dfrac{\partial^2 \Pi_{MD}^d(w_n, w_r)}{\partial w_n^2} < 0$、$\dfrac{\partial^2 \Pi_{MD}^d(w_n, w_r)}{\partial w_r^2} < 0$、

$$\frac{\partial^2 \Pi_{MD}^d(w_n, w_r)}{\partial w_n^2} \frac{\partial^2 \Pi_{MD}^d(w_n, w_r)}{\partial w_r^2} - \left[\frac{\partial^2 \Pi_{MD}^d(w_n, w_r)}{\partial w_n \partial w_r}\right]^2 = 1 - \mu^2 > 0$$ 。故函数

$\Pi_{MD}^d(w_n, w_r)$ 的海塞矩阵负定，其为关于决策变量 (w_n, w_r) 的严格凹函数。所以，存在唯一新产品最优单位批发价格 w_n^{d*} 和再造品最优单位批发价格 w_r^{d*}，使得制造商获得最优利润。

通过对式（4.11）求 w_n 和 w_r 的一阶偏导可得新产品最优单位批发价格和再造品最优单位批发价格分别为：

$$w_n^{d*} = \frac{\phi_n + \mu\phi_r}{2(1-\mu^2)} + \frac{c_n}{2} \tag{4.12}$$

$$w_r^{d*} = \frac{\phi_r + \mu\phi_n}{2(1-\mu^2)} + \frac{c_r}{2} + b - \frac{A}{2} \tag{4.13}$$

将式（4.12）和式（4.13）分别代入式（4.9）和式（4.10）中，分别可得：

$$p_n^{d*} = \frac{3(\phi_n + \mu\phi_r) + (1-\mu^2)c_n}{4(1-\mu^2)} \tag{4.14}$$

$$p_r^{d*} = \frac{3(\phi_r + \mu\phi_n) + (1-\mu^2)(c_r + A)}{4(1-\mu^2)} \tag{4.15}$$

由 $q_n = \phi_n - \beta p_n + \mu p_r$ 和 $q_r = \phi_r - \beta p_r + \mu p_n$ 可得：

$$q_n^{d*} = \frac{\phi_n - c_n + \mu c_r + \mu A}{4} \tag{4.16}$$

$$q_r^{d*} = \frac{\phi_r + \mu c_n - c_r - A}{4} \tag{4.17}$$

故而可得命题4.2。

命题4.2　在差别定价闭环供应链分散式决策模型中，当制造商以 $w_n^{d*} = \frac{\phi_n + \mu\phi_r}{2(1-\mu^2)} + \frac{c_n}{2}$ 的新产品批发价格和 $w_r^{d*} = \frac{\phi_r + \mu\phi_n}{2(1-\mu^2)} + \frac{c_r}{2} + b - \frac{A}{2}$ 的再造品批发价格向零售商批发新产品和再造品时，零售商订购 $q_n^{d*} = \frac{\phi_n - c_n + \mu c_r + \mu A}{4}$ 数量的新产品和 $q_r^{d*} = \frac{\phi_r + \mu c_n - c_r - A}{4}$ 数量的再造品，并

以单位新产品销售价格 $p_n^{d*} = \dfrac{3(\phi_n + \mu\phi_r) + (1-\mu^2)c_n}{4(1-\mu^2)}$ 和单位再造品销售价

格 $p_r^{d*} = \dfrac{3(\phi_r + \mu\phi_n) + (1-\mu^2)(c_r + A)}{4(1-\mu^2)}$ 进行销售。此时，制造商可获得的

最优利润、零售商可获得的最优利润以及整个分散式决策差别定价闭环供应链可获得最优系统利润分别为

$$\Pi_{MD}^{d*} = \frac{[\phi_n + \mu\phi_r - (1-\mu^2)c_n][\phi_n + \mu(c_r + A) - c_n] + [\phi_r + \mu\phi_n - (1-\mu^2)(c_r + A)][\phi_r + \mu c_n - (c_r + A)]}{8(1-\mu^2)}$$

$$\Pi_{RD}^{d*} = \frac{[\phi_n + \mu\phi_r - (1-\mu^2)c_n][\phi_n + \mu(c_r + A) - c_n] + [\phi_r + \mu\phi_n - (1-\mu^2)(c_r + A)][\phi_r + \mu c_n - (c_r + A)]}{16(1-\mu^2)}$$

$$\Pi_D^{d*} = \Pi_{MD}^{d*} + \Pi_{RD}^{d*} = \frac{3}{4}\left\{ \frac{[\phi_n + \mu\phi_r - (1-\mu^2)c_n](\phi_n - c_n + \mu c_r + \mu A)}{4(1-\mu^2)} + \frac{[\phi_r + \mu\phi_n - (1-\mu^2)(c_r + A)](\phi_r - c_r - A + \mu c_n)}{4(1-\mu^2)} \right\}$$

结论4.1　由命题4.1和命题4.2可知，差别定价闭环供应链分散式决策模型中的最优决策和利润与差别定价闭环供应链集中式决策模型中的最优决策和利润存在以下关系：$p_n^{d*} > p_n^{c*}$，$q_n^{d*} < q_n^{c*}$，$p_r^{d*} > p_r^{c*}$，$q_r^{d*} < q_r^{c*}$，$\Pi_D^{d*} < \Pi_D^{c*}$。

该结论表明：考虑新产品再产品差别定价时，再制造闭环供应链分散式决策下新产品、再造品销售价格均比再制造闭环供应链集中式决策下销售价格高，分散式决策下新产品、再造品市场需求均比再制造闭环供应链集中式决策下市场需求低，从而再制造闭环供应链分散式决策下系统最优利润比再制造品闭环供应链集中式决策最优利润低。这就表明差别定价分散式决策闭环供应链上存在着"双重边际效应"问题。那么通过契约协调来提高系统效益，解决分散式决策中存在的双重边际效应，供应链成员利润实现帕累托改进，将是差别定价下闭环供应链管理的重要问题。

4.5　分散式决策差别定价闭环供应链的契约协调分析

本节在可协调传统正向供应链的数量折扣契约和收益共享契约等典型契约协调机理的基础上，分别设计可协调差别定价闭环供应链的数量折扣契约

和收益共享契约。

4.5.1 数量折扣契约协调策略

本节设计协调差别定价闭环供应链的数量折扣契约 $(w_{n1}, w_{n2}, q_n^{c^*}, w_{r1}, w_{r2},$ $q_r^{c^*}, \eta)$ 协调机理为：制造商会引导零售商订购数量为 $q_n^{c^*}$ 的新产品，所以当制造商收到零售商订购新产品的数量不少于 $q_n^{c^*}$ 时，制造商提供给零售商的单位新产品批发价格为 w_{n2} ，当订购数量少于 $q_n^{c^*}$ 时，制造商提供给零售商的单位新产品批发价格为 $w_{n1}(w_{n1} > w_{n2})$ ；同理，制造商会引导零售商订购数量为 $q_r^{c^*}$ 的再造品，所以当制造商收到零售商订购再造品的数量不少于 $q_r^{c^*}$ 时，制造商提供给零售商的单位再造品批发价格为 w_{r2} ，当订购数量少于 $q_r^{c^*}$ 时，制造商提供给零售商的单位新产品批发价格为 $w_{r1}(w_{r1} > w_{r2})$ ；在数量折扣契约协调下，制造商期望获得的利润为 $\eta \Pi_D^{c^*}$ ，零售商期望获得的利润为 $(1 - \eta) \Pi_D^{c^*}$ ，其中，$0 < \eta < 1$ 。因为，通过上节的分析可知，运用数量折扣契约协调分散式决策闭环供应链时，总存在足够大的 w_1 ，使得当零售商订购产品的数量少于制造商期望的最优数量 q^* 时，零售商可获得的最优利润总小于以批发价格 w_2 从制造商处订购不少于 q^* 数量的产品时所获的最优利润。所以，为简化分析，在求解数量折扣契约 $(w_{n1}, w_{n2}, q_n^{c^*}, w_{r1}, w_{r2}, q_r^{c^*}, \eta)$ 中的参数值时，认为足够大的 w_{n1} 和 w_{r1} 总是存在的，将只对 w_{n2} 和 w_{r2} 进行求解。

在设计的数量折扣契约 $(w_{n1}, w_{n2}, q_n^{c^*}, w_{r1}, w_{r2}, q_r^{c^*}, \eta)$ 的协调下，制造商和零售商的利润函数分别为：

$$\Pi_{MD}^q(w_n, w_r, \eta) = (w_n - c_n)q_n + (w_r - c_r - b)q_r \tag{4.18}$$

$$\Pi_{RD}^q(q_n, q_r, \eta) = \left[\frac{\phi_n - q_n + \mu(\phi_r - q_r)}{1 - \mu^2} - w_n\right]q_n + \left[\frac{\phi_r - q_r + \mu(\phi_n - q_n)}{1 - \mu^2} - w_r + b - A\right]q_r$$

$$\tag{4.19}$$

命题4.3 若数量折扣契约 $(w_{n1}, w_{n2}, q_n^{c^*}, w_{r1}, w_{r2}, q_r^{c^*}, \eta)$ 的参数取值满足

$$w_{n2}^{q^*}(\eta) = \eta \frac{\phi_n - q_n^{c^*} + \mu(\phi_r - q_r^{c^*})}{1 - \mu^2} + (1 - \eta)c_n \quad 和 \quad w_{r2}^{q^*}(\eta) = \eta$$

$\dfrac{\phi_r - q_r^{c^*} + \mu(\phi_n - q_n^{c^*})}{1 - \mu^2} + (1 - \eta)c_r + b - \eta A$ 等条件时，数量折扣契约能够协调分散式决策差别定价闭环供应链，契约参数 $\eta(0 < \eta < 1)$ 为何值由制造商与零售商讨价还价来确定，即双方可通过讨论决定差别定价闭环供应链可获得的系统最优利润的分配比例。

证明：当数量折扣契约 $(w_{n1}, w_{n2}, q_n^{c^*}, w_{r1}, w_{r2}, q_r^{c^*}, \eta)$ 的参数满足 $w_{n2}^q(\eta)$

$= \eta \dfrac{\phi_n - q_n + \mu(\phi_r - q_r)}{1 - \mu^2}$ 和 $w_{r2}^q(\eta) = \eta \dfrac{\phi_r - q_r + \mu(\phi_n - q_n)}{1 - \mu^2} + (1$

$- \eta)c_r + b - \eta A$ 等条件时，数量折扣契约协调下的零售商的利润函数为：

$$\Pi_{RD}^q(q_n, q_r, \eta) = (1 - \eta)\left\{ \begin{matrix} \left[\dfrac{\phi_n - q_n + \mu(\phi_r - q_n)}{1 - \mu^2} - c_n\right]q_n + \\ \left[\dfrac{\phi_r - q_r + \mu(\phi_n - q_n)}{1 - \mu^2} - c_r - A\right]q_r \end{matrix} \right\} = (1 - \eta)\Pi_D^{c^*}(q_n, q_r) \tag{4.20}$$

由以上分析可知，零售商的利润函数是差别定价集中式决策闭环供应链利润函数的线性函数。因此，由引理3.1和引理3.2可知，零售商订购新产品和再造品的最优订货量应分别为 $q_2^{q^*} = q^{c^*}$ 和 $\tau_2^{q^*} = \tau^{c^*}$。进而可得：$w_{r2}^{q^*}(\eta) = \eta \dfrac{\phi_r - q_r^{c^*} + \mu(\phi_n - q_n^{c^*})}{1 - \mu^2} + (1 - \eta)c_r + b - \eta A$，$w_{r2}^{q^*}(\eta) = \eta$

$\dfrac{\phi_r - q_r^{c^*} + \mu(\phi_n - q_n^{c^*})}{1 - \mu^2} + (1 - \eta)c_r + b - \eta A$。此时，总存在足够大的 $w_{n1}^{q^*}$ 和 $w_{r1}^{q^*}$，使得当零售商订购新产品和再造品的订购数量分别少于制造商期望的最优数量 $q_n^{c^*}$ 和 $q_r^{c^*}$ 时，零售商可获得的最优利润总小于分别以批发价格 $w_{n2}^{q^*}(\eta)$ 和 $w_{r2}^{q^*}(\eta)$ 从制造商处订购不少于 $q_n^{c^*}$ 和 $q_r^{c^*}$ 数量的新产品和再造品时所获的最优利润。所以，数量折扣契约能够协调分散式决策差别定价闭环供应链，契约参数 $\eta(0 < \eta < 1)$ 为何值由制造商与零售商讨价还价来确定，即双方可通过讨论决定差别定价闭环供应链可获得的系统最优利润的分配比例。

命题4.3得证。

4.5.2 收益共享契约协调策略

本节设计协调供应链的收益共享契约 (w_n, w_r, η) 协调机理为：制造商向零售商分别提供单位新产品和再造品批发价格 w_n 和 w_r。在将产品销售后，零售商分别向制造商支付 $(1 - \eta)p_n(\phi_n - q_n + \mu p_r)$ 数额的新产品销售收益和 $(1 - \eta)p_r(\phi_r - q_r + \mu p_n)$ 数额的再造品销售收益，其中，$\eta(0 < \eta < 1)$ 为收益共享比例。因此，在收益共享契约 (w_n, w_r, η) 的协调下，制造商和零售商的利润函数分别为：

$$\Pi^r_{MD}(w_n, w_r, \eta) = \left\{ (1 - \eta)\left[\frac{\phi_n - q_n + \mu(\phi_r - q_r)}{1 - \mu^2} \right] + w_n - c_n \right\}q_n +$$

$$\left\{ (1 - \eta)\left[\frac{\phi_r - q_r + \mu(\phi_n - q_n)}{1 - \mu^2} \right] + w_r - c_r - b \right\}q_r \tag{4.21}$$

$$\Pi^r_{RD}(q_n, q_r, \eta) = \left\{ \eta\left[\frac{\phi_n - q_n + \mu(\phi_r - q_r)}{1 - \mu^2} \right] - w_n \right\}q_n +$$

$$\left\{ \eta\left[\frac{\phi_r - q_r + \mu(\phi_n - q_n)}{1 - \mu^2} \right] - w_r + b - A \right\}q_r \tag{4.22}$$

命题 4.4 当收益共享契约 (w_n, w_r, η) 的参数满足 $w_n^{r^*}(\eta) = \eta c_n$ 和 $w_r^{r^*}(\eta) = b - (1 - \eta)A + \eta c_r$ 等关系时，收益共享契约能够协调分散式决策差别定价闭环供应链，且收益费用共享比例 $\eta(0 < \eta < 1)$ 的取值由制造商和零售商讨价还价确定，即双方可通过讨论决定差别定价闭环供应链可获得的系统最优利润的分配比例。

证明：当收益共享契约 (w_n, w_r, η) 中的参数满足 $w_n^{r^*}(\eta) = \eta c_n$ 和 $w_r^{r^*}(\eta) = b - (1 - \eta)A + \eta c_r$ 等条件时，收益共享契约协调下的零售商的利润函数为：

$$\Pi^r_{RD}(q_n, q_r, \eta) = \eta\left\{ \left[\frac{\phi_n - q_n + \mu(\phi_r - q_r)}{1 - \mu^2} - c_n \right]q_n + \left[\frac{\phi_r - q_r + \mu(\phi_n - q_n)}{1 - \mu^2} - c_r - A \right]q_r \right\}$$

$$= \eta\Pi^c_D(q_n, q_r) \tag{4.23}$$

通过以上分析可知，零售商的利润函数是差别定价集中式决策闭环供应链利润函数的线性函数，所以满足引理 3.2 的协调条件。所以，分散式决策差别定价闭环供应链可以通过收益共享契约 $\left[w_n^{r^*}(\eta), w_r^{r^*}(\eta), \eta\right]$ 来实现协调，且收益费用共享比例 $\eta(0 < \eta < 1)$ 的取值由制造商和零售商讨价还价确定，即双方可通过讨论决定差别定价闭环供应链可获得的系统最优利润的分配比例。

命题 4.4 得证。

4.6　数值算例分析

为说明本节构建的差别定价闭环供应链模型的正确性，以及设计的数量折扣契约和收益共享契约协调分散式决策差别定价闭环供应链的有效性，下面通过数值算例仿真进行验证分析。

参考 3.6 节相关参数的取值，在本节算例分析中各变量的取值情况如下：制造商利用原材料生产新产品的单位生产成本 $c_n = 3$；制造商利用废旧品生产再造品的单位生产成本 $c_r = 2$；市场对新产品的最大需求规模 $\phi_n = 50$；市场对再造品的最大需求规模 $\phi_r = 40$；价格敏感系数 $\beta = 1$；新产品和再造品的替代系数 $\mu = 0.6$；零售商设定的单位废旧品回收价格 $A = 0.8$；制造商给予零售商的单位废旧品转移价格 $b = 1$。

在命题 4.1 和命题 4.2 的前提下，表 4-1 和表 4-2 分别给出差别定价集中式决策决策闭环供应链的最优决策和系统最优利润，以及差别定价分散式决策闭环供应链的最优决策、各成员和系统利润。

表 4-1　集中式决策差别定价闭环供应链的最优决策和利润仿真数据

参数	再造品单位销售价格 $p_n^{c^*}$	新产品单位销售价格 $p_r^{c^*}$	再造品市场需求 $q_n^{c^*}$	新产品市场需求 $q_r^{c^*}$	总利润 $\Pi_D^{c^*}$
最优值	56.09	59.31	19.50	24.34	2409.75

表 4 - 2   分散式决策差别定价闭环供应链的最优决策和利润仿真数据

参数	再造品单位批发价格 w_n^{d*}	新产品单位批发价格 w_r^{d*}	再造品单位销售价格 p_n^{d*}	新产品单位销售价格 p_r^{d*}	再造品市场需求 q_n^{d*}	新产品市场需求 q_r^{d*}	零售商利润 Π_{MD}^{d*}	制造商利润 Π_{RD}^{d*}	总利润 Π_D^{d*}
最优值	56.29	59.31	82.73	87.47	9.75	12.17	600.48	1206.83	1807.31

对比分析表 4 - 1 和表 4 - 2 中差别定价分散式决策闭环供应链和差别定价集中式决策闭环供应链的新产品和再造品的最优单位销售价格、订购数量和利润发现，其结果与结论 4.1 一致。这就验证了本章构建的差别定价闭环供应链理论模型的正确性。

下面验证分析本章设计的数量折扣契约、收益共享契约两种协调契约分别协调分散式决策差别定价闭环供应链的有效性。

1. 数量折扣契约的有效性分析

命题 4.3 设计的数量折扣契约的具体实施过程如下：

设制造商与零售商综合当前市场权力结构，讨价还价确定了系统利润的分配比例为 $\eta = 0.6$。制造商向零售商分别以 $w_{n2}^{q*} = 36.79$ 和 $w_{r2}^{q*} = 34.97$ 的批发价格销售新产品以及再造品，此时，零售商根据批发价格分别制定 $p_{nD}^{q*} = 59.31$ 和 $p_{rD}^{q*} = 56.09$ 的单位产品销售价格，并分别产生 $q_{nD}^{q*} = 24.34$ 数量的新产品需求量和 $q_{rD}^{q*} = 19.50$ 数量的再造品需求量。此时，零售商可以获得的利润为 $\Pi_{RD}^{q*} = 963.90$，制造商可以获得的利润为 $\Pi_{MD}^{q*} = 1445.85$。通过对比差别定价闭环供应链在数量折扣契约协调前后的闭环供应链系统及其参与成员的最优决策与最优利润，可知经过数量折扣契约协调分散式决策的闭环供应链，闭环供应链系统及其参与成员的最优决策、最优利润均达到了闭环供应链在集中式决策的结果，且无论是制造商还是零售商经过契约协调后的最优利润都高于契约协调前利润（$\Pi_{RD}^{q*} > \Pi_{RD}^{d*} = 600.48$，$\Pi_{MD}^{q*} > \Pi_{MD}^{d*} = 1206.83$）。故命题 4.3 中所设计的数量折扣契约协调的有效性得以验证。

从制造商和零售商理性约束可以满足的数量折扣契约的协调，制造商和零售商在讨价还价后两者的最优利润不可低于契约协调前两者分别决策时的利润。故下文中将研究分析数量折扣的契约协调在不同的制造商与零售商之间利润分配 η 下制造商及零售商利润变化情况，如图4-2所示。

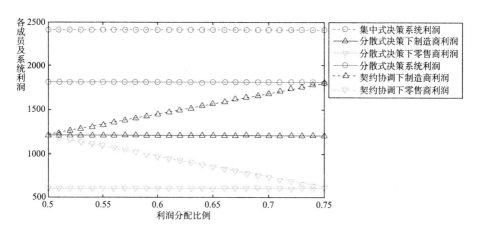

图4-2 数量折扣契约实施前后差别定价闭环供应链中各成员及系统利润比较

由图4-2可知，当制造商与零售商之间利润分配的比例 η 上升时，制造商利润相应上升，零售商利润下降。当制造商与零售商之间的利润分配的比例 η 属于 $[0.5, 0.75]$ 范围时，制造商与零售商经过折扣契约协调后的利润不低于契约协调前两者分别决策时的利润。所以，若制造商、零售商经过讨价还价后保证利润分配比例 η 属于 $[0.5, 0.75]$ 范围时，可以获取帕累托改善的利润。

2. 收益共享契约的有效性分析

命题4.4设计的收益共享契约的具体实施过程如下：

设制造商与零售商综合市场权力结构，讨价还价确定了收益共享比例的值 $\eta = 0.4$。制造商向零售商分别以 $w_{n2}^{r^*} = 1.2$ 和 $w_{r2}^{r^*} = 1.32$ 的单位批发价格批发新产品和再造品。同时，零售商根据批发价格分别设定 $p_{nD}^{r^*} = 59.31$ 和 $p_{rD}^{r^*} = 56.09$ 的单位销售价格，并产生 $q_{nD}^{r^*} = 24.34$ 数量的新产品市场需求量和 $q_{rD}^{r^*} = 19.50$ 数量的再造品市场需求量。那么，零售商可以获得的利润为 $\Pi_{RD}^{r^*} = 963.90$，制造商可以获得的利润为 $\Pi_{MD}^{r^*} = 1445.85$。通过对比闭环供应链在收益共享契约协调前后的闭环供应链系统及其参与成员的最优决策与最优利润，可知经过收益共享契约协调分散式决策的闭环供应链，闭环供应链系统及其参与成员的最优决策、最优利润均达到了闭环供应链在集中式决策的结果，且无论是制造商还是零售商经过契约协调后的最优利润都高于契约协调前利润（ $\Pi_{RD}^{r*} > \Pi_{RD}^{d*} = 600.48$ ， $\Pi_{MD}^{r*} > \Pi_{M}^{d*} = 1206.83$ ）。故命题 4.4 中所设计的两部收费契约协调的有效性得以验证。

从制造商和零售商理性约束可以满足的收益共享契约的协调，制造商和零售商在讨价还价后两者的最优利润不可低于契约协调前两者分别决策时的利润。故下文中将研究分析该契约协调在不同的制造商与零售商之间共享比例 η 下利润的变化情况，如图 4 - 3 所示。

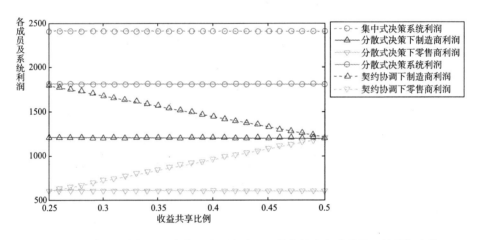

图 4 - 3　收益共享契约实施前后差别定价闭环供应链中各成员及系统利润比较

从图 4 - 3 可知，当制造商与零售商之间共享比例 η 上升时，制造商利润相应下降，零售商利润相应上升。当制造商与零售商之间收益共享比例 η 属于 [0.25，0.5] 范围时，制造商与零售商经过收益共享的契约协调利润不低于契约协调前两者分别决策时的利润。所以，若制造商、零售商经过讨价还价后保证收益共享比例 η 属于 [0.25，0.5] 范围时，可以获取帕累托改善的利润。

4.7 本章小结

本章以单一制造商与单一零售商组成的闭环供应链为研究对象，考虑到利用原材料生产的新产品与利用废旧品生产的再造品具有不同的消费者接受度而差别定价的情况，分别研究了差别定价闭环供应链分散式决策和集中式决策下的定价决策以及契约协调问题。通过本章的研究得到以下几点结论：

1. 本章的研究表明：与理想化的集中式决策差别定价闭环供应链的最优结果相比，分散式决策差别定价闭环供应链中存在的"双重边际效应"问题会使得其效益产生损失。

2. 为了解决分散式决策差别定价闭环供应链中的"双重边际效应"问题，弥补闭环供应链的效益损失，本章运用契约设计理论分别设计了可协调分散式决策差别定价闭环供应链的收益共享契约和数量折扣契约，使分散式决策差别定价闭环供应链的决策结果和系统利润达到了集中式决策的水平，提高了系统效益。

3. 数值仿真算例分析发现：本章设计的数量折扣契约和收益共享契约均可协调解决分散式决策闭环供应链中的"双重边际效应"问题，提高系统效益；闭环供应链中的成员可通过讨价还价契约中的相应参数值来分配整体闭环供应链可获得的最优利润。并且，当契约的相应参数值位于一定范围内时，系统中各成员可获得的利润会高于无契约协调时获得的利润，实现帕累托改进，因此，通过契约的协调对闭环供应链中的各成员以及整个系统均是有益的。

第 5 章

政府奖惩下闭环供应链
定价及契约协调研究

5.1 问题概述

随着技术的进步和人民生活水准的提高，越来越多的汽车和家用电器等进入报废期，目前家用电器的每年理论报废量达到 5000 万台。一方面，大量丢弃的废旧品如果不能妥善处理，会造成严重的环境污染和资源浪费；另一方面，数量庞大的废旧产品为再制造业的快速发展创造了有利条件，随着再制造技术的日渐成熟，废旧产品这座隐藏的城市矿山必将成为我国新的经济增长点之一。

由于废旧品回收渠道不完善，大量废旧产品流入了不正规渠道，被随意拆解和处理，造成了严重的资源浪费和环境污染。为了促进废旧品回收渠道的正规化和废旧品回收规模化，美国、欧盟、日本等各国政府纷纷制定法规要求制造商负责废旧产品的回收，即生产者延伸责任制。而我国作为一个制造大国，家用电器的更新换代速度越来越快，由此产生了大量的废旧产品。我国自 2003 年对电子电器产品生产企业规定了其应对自己生产的产品负责回收。2006 年，商务部等联合制定了《电子信息产品污染防治管理办法》，指出电子产品的污染防治应从产品设计的源头开始，规定电子电器企业在产品设计、生产制造和包装设计等环节中要充分考虑废旧品回收再制造活动。2009 年，相关部门在国务院督导下出台了"以旧换新"政策和家电下乡活动，促进了废旧家电回收渠道的正规化，也刺激了农村家电市场。2011 年，国家发改委印发了《废弃电器电子产品回收处理管理条例》，条例中指出对电子产品制造商征收一定的税费，以补贴回收商的废旧品回收活动。这些法律法规的出台，极大地刺激了我国废旧品回收渠道的正规化和规模化，促进了我国废旧品再制造行业进入一个新的发展阶段。

近年来，越来越多的学者开展了关于政府废旧品回收奖惩方面的研究。熊中楷等研究了有无政府回收奖惩对于三种回收模式（制造商负责回收、零售商负责回收和第三方负责回收）的定价决策影响问题，发现政府对供应链成员的回收行为进行财政补贴时，可以实现成员的利润提高，但只是考虑了对回收行为的正向激励作用，并没有考虑逆向的惩罚机制。在上文基础上，张曙红等进一步考虑了逆向处罚机制，分析研究了政府对制造商实施废旧品回收奖惩的干预影响，以及政府对制造商奖惩下闭环供应链的契约协调问题。王文宾等研究了多制造商且制造商间存在竞争的闭环供应链奖惩问题，指出政府废旧品回收奖惩对实现环保效益促进废品回收具有重要意义。同时，王文宾等将政府决策考虑到闭环供应链中，研究了政府不同决策目标下的废旧品奖惩对闭环供应链最优决策的影响，发现当政府考虑全社会福利加环境效益最大化时，政府的废旧品回收奖惩干预最为有效，最能刺激废旧品的回收和再制造活动。

然而上述文献中，多是针对制造商和第三方回收商回收行为的奖惩研究，少有文献考虑政府对零售商回收废旧品的行为进行奖惩的影响。此外，以往涉及废旧品回收奖惩的文献中，大多假设新产品和再造品是同质的，两者以相同的价格在市场上销售，而实际上消费者对于新产品和再造品的偏好不一样，自然不愿意支付相同的价格，因此研究差别定价下政府废旧品回收奖惩闭环供应链就很有意义。针对以上不足，在第 4 章研究的基础上考虑政府对废旧品回收量的奖惩干预，具体开展工作如下：

1. 构建由单一制造商和单一零售商组成的差别定价政府奖惩闭环供应链，运用运筹学中的 K – T 条件以及博弈论中的逆向归纳法，对集中式决策和分散式决策下的差别定价政府废旧品回收量奖惩闭环供应链进行了最优定价决策研究，并研究了政府奖惩力度对闭环供应链最优决策的影响；

2. 比较分析分散式决策政府奖惩闭环供应链与无政府干预差别定价闭环供应链的决策结果及系统利润，探讨政府废旧品回收量奖惩干预的有效性；

3. 针对分散式决策闭环供应链导致的系统效益损失问题，在第 4 章的基础上，充分研究可以协调传统闭环供应链的两部收费契约和收益共享契约协调机理，分别设计可以实现决策主体利润帕累托改进的收益共享契约和两部收费契约，解决分散决策时出现的双重边际效应；

4. 参考现有研究中的仿真数据，使用 Matlab 等仿真软件，以验证所构建的政府废旧品回收奖惩下差别定价闭环供应链模型的正确性以及验证所设计的两部收费契约和收益共享契约是否可以协调政府奖惩下差别定价分散决策闭环供应链的协调。

5.2　模型假设及符号说明

本章在第 4 章构建的闭环供应链模型以及研究思路的基础上，进一步考虑由单个制造商和零售商构成的零售商回收模式闭环供应链系统。在该系统里，零售商受制造商的委托回收废旧品，然后制造商再以一定的转移支付价格从零售商处回收废旧品。制造商同时采用原材料和废旧品材料生产产品，且使用废旧品材料所制造的再造品和使用原材料所制造的新产品都具有同等的性能和质量，但具有不同顾客接受认可度的产品，两者在销售市场中表现为价格竞争。随后，制造商通过零售商将产品投放到市场中。政府为了激励企业进行废旧品回收再制造，对零售商实施奖励惩罚机制来激励其回收废旧品。政府奖惩机制的机制为：对零售商设置最低回收率，若零售商的废旧品实际回收率高于政府设置的最低回收门槛，零售商将获相应的奖励；否则，零售商将受到惩罚。政府对零售商实施奖惩的零售商回收模式闭环供应链如图 5-1 所示。

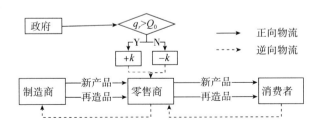

图 5-1 政府对零售商进行奖惩的闭环供应链决策结构

在第 4 章模型假设的基础上,进一步考虑政府鼓励企业进行回收再制造活动,政府对零售商进行 $k(q_r - Q_0)$ 的奖惩,其中 $k(k \geqslant 0)$ 为奖惩力度,$Q_0(Q_0 \geqslant 0)$ 为政府设置的最低回收量,$k(q_r - Q_0)$ 表示当零售商的废旧品回收量高于 Q_0 时将会获得政府的奖励,低于 Q_0 时将会受到政府的惩罚。

本章在第 4 章中设定的决策变量、各成员的利润函数和系统的利润函数的基础上,进一步标注上标"g"来表示政府奖惩下闭环供应链模型的决策变量、各成员的利润函数和系统利润函数,标注上标"t"时表示两部收费契约下的政府奖惩机制闭环供应链协调模型,标注上标"$*$"表示最优决策结果。

5.3 政府奖惩机制下集中式决策闭环
供应链的定价决策研究

政府奖惩干预下集中式决策差别定价闭环供应链中,零售商和制造商两者通过共同决策新产品和再造品的单位销售价格,来获得整体闭环供应链系统利润的最大化。根据上述假设和符号说明可得政府奖惩机制下集中式决策差别定价闭环供应链利润函数为:

$$\Pi_D^{gc}(p_n, p_r) = (p_n - c_n)(\phi_n - p_n + \mu p_r) + (p_r - c_r - A + k)(\phi_r - p_r + \mu p_n) + kQ_0$$

$$(5.1)$$

因为 $\dfrac{\partial^2 \Pi_D^{gc}(p_n, p_r)}{\partial p_n^2} = -2$、$\dfrac{\partial^2 \Pi_D^{gc}(p_n, p_r)}{\partial p_n \partial p_r} = \dfrac{\partial^2 \Pi_D^{gc}(p_n, p_r)}{\partial p_r \partial p_n} = 2\mu$、

$\dfrac{\partial^2 \Pi_D^{gc}(p_n, p_r)}{\partial p_r^2} = -2$，所以 $\dfrac{\partial^2 \Pi_D^{gc}(p_n, p_r)}{\partial p_n^2} < 0$、$\dfrac{\partial^2 \Pi_D^{gc}(p_n, p_r)}{\partial p_r^2} < 0$、$\dfrac{\partial^2 \Pi_D^{gc}(p_n, p_r)}{\partial p_n^2}$

$\dfrac{\partial^2 \Pi_D^{gc}(p_n, p_r)}{\partial p_r^2} - \left[\dfrac{\partial^2 \Pi_D^{gc}(p_n, p_r)}{\partial p_n \partial p_r} \right]^2 = 4 - 4\mu^2 > 0$。故函数 $\Pi_D^{gc}(p_n, p_r)$ 的海塞矩

阵负定，它为关于决策变量 (p_n, p_r) 的严格凹函数。所以，存在唯一新产品销售最优价格 p_n^{gc*} 和再造品销售最优价格 p_r^{gc*}，使得集中式决策差别定价闭环供应链获得最优利润。

通过对式（5.1）求 p_n 和 p_r 的一阶偏导可得新产品最优销售价格和再造品最优销售价格分别为：

$$p_n^{gc*} = \frac{\phi_n + \mu \phi_r}{2(1 - \mu^2)} + \frac{c_n}{2} \tag{5.2}$$

$$p_r^{gc*} = \frac{\phi_r + \mu \phi_n}{2(1 - \mu^2)} + \frac{c_r + A - k}{2} \tag{5.3}$$

由 $q_n = \phi_n - p_n + \mu p_r$ 和 $q_r = \phi_r - p_r + \mu p_n$ 可得：

$$q_n^{gc*} = \frac{\phi_n - c_n + \mu c_r + \mu A - \mu k}{2} \tag{5.4}$$

$$q_r^{gc*} = \frac{\phi_r + \mu c_n - c_r - A + k}{2} \tag{5.5}$$

故可得如下命题5.1。

命题5.1　在政府奖惩干预下集中式决策差别定价闭环供应链中，当生产

$q_n^{gc*} = \dfrac{\phi_n - c_n + \mu c_r + \mu A - \mu k}{2}$ 数量的新产品以单位销售价格 $p_n^{gc*} = \dfrac{\phi_n + \mu \phi_r}{2(1 - \mu^2)}$

$+ \dfrac{c_n}{2}$ 进行销售，生产 $q_r^{gc*} = \dfrac{\phi_r + \mu c_n - c_r - A + k}{2}$ 数量的再造品以单位销售价

格 $p_r^{gc*} = \dfrac{\phi_r + \mu \phi_n}{2(1 - \mu^2)} + \dfrac{c_r + A - k}{2}$ 进行销售时，整体闭环供应链可获得最优

利润:

$$\Pi_D^{gc*} = \frac{[\phi_n + \mu\phi_r - (1 - \mu^2)c_n](\phi_n - c_n + \mu c_r + \mu A - \mu k)}{4(1 - \mu^2)} +$$

$$\frac{[\phi_r + \mu\phi_n - (1 - \mu^2)(c_r + A - k)](\phi_r - c_r - A + k + \mu c_n)}{4(1 - \mu^2)} - kQ_0。$$

5.4　政府奖惩机制下分散式决策闭环供应链的定价决策研究

基于以上假设和符号说明可得分散式决策差别定价闭环供应链中制造商和零售商的利润函数分别为:

$$\Pi_{MD}^{gd}(w_n, w_r) = (w_n - c_n)(\phi_n - p_n + \mu p_r) + (w_r - c_r - b)(\phi_r - p_r + \mu p_n)$$

$$(5.6)$$

$$\Pi_{RD}^{gd}(p_n, p_r) = (p_n - w_n)(\phi_n - p_n + \mu p_r) + (p_r - w_r + b - A + k)(\phi_r - p_r + \mu p_n) - kQ_0$$

$$(5.7)$$

本节政府奖惩下分散式决策差别定价闭环供应链中各成员的决策顺序为:制造商率先做出新产品和再造品的单位批发价格决策;零售商在观测到制造商的上述决策结果后,综合分析政府制定的废旧品回收量奖惩机制,做出新产品和再造品的销售数量或单位销售价格决策。因此,基于逆向归纳法可将决策问题表述为:

$$\max \Pi_{MD}^{gd}(w_n, w_r) = (w_n - c_n)(\phi_n - p_n + \mu p_r) + (w_r - c_r - b)(\phi_r - p_r + \mu p_n)$$

$$s.t. \ \Pi_{RD}^{gd}(p_n, p_r) = (p_n - w_n)(\phi_n - p_n + \mu p_r) + (p_r - w_r + b - A + k)(\phi_r - p_r + \mu p_n) - kQ_0$$

$$(5.8)$$

因为 $\dfrac{\partial^2 \Pi_{RD}^{gd}(p_n, p_r)}{\partial p_n^2} = -2$、$\dfrac{\partial^2 \Pi_{RD}^{gd}(p_n, p_r)}{\partial p_n \partial p_r} = \dfrac{\partial^2 \Pi_{RD}^{gd}(p_n, p_r)}{\partial p_r \partial p_n} = 2\mu$、

$\dfrac{\partial^2 \Pi_{RD}^{gd}(p_n, p_r)}{\partial p_r^2} = -2$,可知,$\dfrac{\partial^2 \Pi_{RD}^{gd}(p_n, p_r)}{\partial p_n^2} < 0$、$\dfrac{\partial^2 \Pi_{RD}^{gd}(p_n p_r)}{\partial p_r^2} < 0$、

$$\frac{\partial^2 \prod_{RD}^{gd}(p_n,p_r)}{\partial p_n^2} \frac{\partial^2 \prod_{RD}^{gd}(p_n,p_r)}{\partial p_r^2} - \left[\frac{\partial^2 \prod_{RD}^{gd}(p_n,p_r)}{\partial p_n \partial p_r}\right]^2 = 4 - 4\mu^2 > 0 。故 函$$

数 $\prod_{RD}^{gd}(p_n,p_r)$ 的海塞矩阵负定，其为关于决策变量 (p_n,p_r) 的严格凹函数。所以，存在唯一新产品最优单位销售价格 p_n^{gd*} 和再造品最优单位销售价格 p_r^{gd*}，使得零售商获得最优利润。

通过对式（5.7）求 p_n 和 p_r 的一阶偏导可得新产品最优销售价格和再造品最优销售价格分别为：

$$p_n^{gd*}(w_n) = \frac{\phi_n + \mu\phi_r}{2(1 - \mu^2)} + \frac{w_n}{2} \tag{5.9}$$

$$p_r^{gd*}(w_r) = \frac{\phi_r + \mu\phi_n}{2(1 - \mu^2)} + \frac{w_r + A - k - b}{2} \tag{5.10}$$

下面基于零售商销售新产品和再造品的单位销售价格决策 $[p_n^{gd*}(w_n),$ $p_r^{gd*}(w_r)]$ 分析制造商的决策。

将 $p_n^{gd}(w_n)$ 和 $p_r^{gd}(w_r)$ 代入式（5.6）中，得到制造商的最优利润为：

$$\max \prod_{MD}^{gd}(w_n,w_r) = (w_n - c_n)\left[\phi_n - \frac{\phi_n + \mu\phi_r}{2(1 - \mu^2)} - \frac{w_n}{2} + \mu\frac{\phi_r + \mu\phi_n}{2(1 - \mu^2)} + \mu\frac{w_r + A - b - k}{2}\right] +$$

$$(w_r - c_r - b)\left[\phi_r - \frac{\phi_r + \mu\phi_n}{2(1 - \mu^2)} - \frac{w_r + A - k - b}{2} + \mu\frac{\phi_n + \mu\phi_r}{2(1 - \mu^2)} + \mu\frac{w_n}{2}\right] \tag{5.11}$$

因为 $\dfrac{\partial^2 \prod_{MD}^{gd}(w_n,w_r)}{\partial w_n^2} = -1$、$\dfrac{\partial^2 \prod_{MD}^{gd}(w_n,w_r)}{\partial w_n \partial w_r} = \dfrac{\partial^2 \prod_{MD}^{gd}(w_n,w_r)}{\partial w_r \partial w_n} = \mu$、

$\dfrac{\partial^2 \prod_{MD}^{gd}(w_n,w_r)}{\partial w_r^2} = -1$，可知，$\dfrac{\partial^2 {}^{gd}_{MD}(w_n,w_r)}{\partial w_n^2} < 0$、$\dfrac{\partial^2 \prod_{MD}^{gd}(w_n,w_r)}{\partial w_r^2} < 0$、

$$\frac{\partial^2 \prod_{MD}^{gd}(w_n,w_r)}{\partial w_n^2} \frac{\partial^2 \prod_{MD}^{gd}(w_n,w_r)}{\partial w_r^2} - \left[\frac{\partial^2 \prod_{MD}^{gd}(w_n,w_r)}{\partial w_n \partial w_r}\right]^2 = 1 - \mu^2 > 0 。故 函数$$

$\prod_{MD}^{gd}(w_n,w_r)$ 的海塞矩阵负定，其为关于决策变量 (w_n,w_r) 的严格凹函数。所以，存在唯一新产品最优单位批发价格 w_n^{gd*} 和再造品最优单位批发价格 w_r^{gd*}，使得制造商获得最优利润。

通过对式（5.11）求 w_n 和 w_r 的一阶偏导可得新产品最优单位批发价格和再造品最优单位批发价格分别为：

$$w_n^{gd*} = \frac{\phi_n + \mu\phi_r}{2(1-\mu^2)} + \frac{c_n}{2} \tag{5.12}$$

$$w_r^{gd*} = \frac{\phi_r + \mu\phi_n}{2(1-\mu^2)} + \frac{c_r - A + k}{2} + b \tag{5.13}$$

将式（5.12）和式（5.13）分别代入式（5.9）和式（5.10）中，可得：

$$p_n^{gd*} = \frac{3(\phi_n + \mu\phi_r) + (1-\mu^2)c_n}{4(1-\mu^2)} \tag{5.14}$$

$$p_r^{gd*} = \frac{3(\phi_r + \mu\phi_n) + (1-\mu^2)(c_r + A - k)}{4(1-\mu^2)} \tag{5.15}$$

由 $q_n = \phi_n - p_n + \mu p_r$ 和 $q_r = \phi_r - p_r + \mu p_n$ 可得：

$$q_n^{gd*} = \frac{\phi_n - c_n + \mu c_r + \mu A - \mu k}{4} \tag{5.16}$$

$$q_r^{gd*} = \frac{\phi_r - c_r + \mu c_n - A + k}{4} \tag{5.17}$$

故而可得命题5.2。

命题 5.2　在分散式决策差别定价闭环供应链中，当制造商向零售商批发新产品和再造品的单位价格分别为 $w_n^{gd*} = \dfrac{\phi_n + \mu\phi_r}{2(1-\mu^2)} + \dfrac{c_n}{2}$ 和 $w_r^{gd*} = \dfrac{\phi_r + \mu\phi_n}{2(1-\mu^2)}$ $+ \dfrac{c_r - A + k}{2} + b$ 时，零售商会订购 $q_n^{gd*} = \dfrac{\phi_n - c_n + \mu c_r + \mu A - \mu k}{4}$ 数量的新产品并以单位销售价格 $p_n^{gd*} = \dfrac{3(\phi_n + \mu\phi_r) + (1-\mu^2)c_n}{4(1-\mu^2)}$ 进行销售，同时订购 $q_r^{gd*} = \dfrac{\phi_r - c_r + \mu c_n - A + k}{4}$ 数量的再造品并以单位销售价格 $p_r^{gd*} = \dfrac{3(\phi_r + \mu\phi_n) + (1-\mu^2)(c_r + A - k)}{4(1-\mu^2)}$ 进行销售。此时，制造商可获得的最优利润、零售商可获得的最优利润以及整个分散式决策闭环供应链可获得最优系统利润分别为：

$$\Pi_{MD}^{gd*} = \frac{[\phi_n + \mu\phi_r - (1-\mu^2)c_n][\phi_n + \mu(c_r + A - k) - c_n] + [\phi_r + \mu\phi_n - (1-\mu^2)(c_r + A - k)][\phi_r + \mu c_n - (c_r + A - k)]}{8(1-\mu^2)}$$
$$\tag{5.18}$$

$$\Pi_{RD}^{gd*} = \frac{[\phi_n + \mu\phi_r - (1-\mu^2)c_n][\phi_n + \mu(c_r + A - k) - c_n] + [\phi_r + \mu\phi_n - (1-\mu^2)(c_r + A - k)][\phi_r + \mu c_n - (c_r + A - k)]}{16(1-\mu^2)}$$

$$- kQ_0 \tag{5.19}$$

$$\Pi_D^{gd*} = \frac{3}{4} \left\{ \frac{[\phi_n + \mu\phi_r - (1-\mu^2)c_n](\phi_n - c_n + \mu c_r + \mu A - \mu k)}{4(1-\mu^2)} + \frac{[\phi_r + \mu\phi_n - (1-\mu^2)(c_r + A - k)](\phi_r - c_r - A + k + \mu c_n)}{4(1-\mu^2)} \right\}$$

$$kQ_0 \tag{5.20}$$

结论 5.1　由命题 5.1 和命题 5.2 可知，政府奖惩干预下分散式差别定价决策闭环供应链的最优决策和利润与政府奖惩干预下集中式差别定价决策闭环供应链的最优决策和利润存在以下关系：$p_n^{gd*} > p_n^{gc*}$、$q_n^{gd*} > q_n^{gc*}$、$p_r^{gd*} > p_r^{gc*}$、$q_r^{gd*} < q_r^{gc*}$、$\Pi_D^{gd*} > \Pi_D^{gc*}$。

该结论表明：政府奖惩机制下分散式差别定价决策闭环供应链中新产品和再造品的最优单位销售价格均分别高于政府奖惩机制下集中式差别定价决策闭环供应链中两种产品各自的单位销售价格，这会使得这两种产品的市场需求均分别低于政府奖惩机制下集中式决策差别定价闭环供应链中两种产品各自的市场需求，从而使得闭环供应链可获得的最优收益利润低于政府奖惩机制下集中式决策差别定价闭环供应链可获得的最优利润。这就表明政府奖惩机制下分散式决策差别定价闭环供应链上会出现"双重边际效应"问题，如何采用契约协调的办法来解决这一问题，提高系统效益，就成为政府奖惩机制下差别定价闭环供应链管理的重要问题。

5.5　与无资源回收政策差别定价闭环供应链定价决策的比较研究

本节将比较分析有无政府奖惩机制下差别定价闭环供应链最优决策与成员及系统利润，目的在于分析政府废旧品回收量奖惩机制的有效性及其对闭环供应链系统及其参与成员最优决策及利润的影响。

结论 5.2　与差别定价闭环供应链相比，政府奖惩干预差别定价闭环供应链集中式决策下的最优产品销售价格和最优产品需求量满足关系：$p_n^{c*} = p_n^{gc*}$、

$p_r^{c*} > p_r^{gc*}$、$q_n^{c*} > q_n^{gc*}$、$q_r^{c*} < q_r^{gc*}$。

证明：易证得 $p_n^{c*} - p_n^{gc*} = 0$、$p_r^{c*} - p_r^{gc*} = \dfrac{k}{2} > 0$；$q_n^{c*} - q_n^{gc*} = \dfrac{\mu k}{2} > 0$、

$q_r^{c*} - q_r^{gc*} = -\dfrac{k}{2} < 0$。

结论 5.2 得证。

结论 5.2 表明，政府奖惩下集中决策闭环供应链的新产品销售价格不会发生改变，但相对无政府奖惩干预的情形，再造品的销售价格会降低；新产品的市场需求量会降低，再造品的市场需求量会增大，表明政府废旧品回收量奖惩干预实现了促进再造品销售和促进废旧品回收的作用。闭环供应链系统为了获取政府的再造品回收量奖励，会降低再造品的销售价格，从而使得再造品对新产品产生一定的冲击，降低了新产品的市场需求量。

结论 5.3　与差别定价闭环供应链相比，政府奖惩干预差别定价闭环供应链分散式决策下的最优产品批发价格、最优产品销售价格和最优产品市场需求量满足关系为：$w_n^{d*} = w_n^{gd*}$、$w_r^{d*} < w_r^{gd*}$、$p_n^{d*} = p_n^{gd*}$、$p_r^{d*} > p_r^{gd*}$、$q_n^{d*} > q_n^{gd*}$、$q_r^{d*} < q_r^{gd*}$。

证明：易证得 $w_n^{d*} - w_n^{gd*} = 0$、$w_r^{d*} - w_r^{gd*} = -\dfrac{k}{2} < 0$；$p_n^{d*} - p_n^{gd*} = 0$、

$p_r^{d*} - p_r^{gd*} = \dfrac{k}{4} > 0$；$q_n^{d*} - q_n^{gd*} = \dfrac{\mu k}{4} > 0$、$q_r^{d*} - q_r^{gd*} = -\dfrac{k}{4} < 0$。

结论 5.3 得证。

结论 5.3 表明，政府奖惩下分散决策闭环供应链的新产品批发价格和新产品销售价格不会发生变化，但相对无政府奖惩干预的情形，再造品的批发价格会上升，再造品的销售价格会降低；同时新产品的市场需求量会降低，而再造品的市场需求量会上升。该结论表明，在分散决策的情况下，政府的废旧品回收量奖惩仍然可以起到促进废旧品回收和再造品销售的作用。再造品的批发价格上升，是制造商希望能够共享政府提供的回收量奖励，但提高再造品批发价格，会使得零售商的利润受损，可能导致闭环供应链的稳定性下降，这是供应链系统需要关注的问题。

结论5.4　在政府废旧品回收量奖惩干预下，p_r^{gc*}、q_n^{gc*}、q_n^{gd*} 和 p_r^{gd*} 均随着政府奖惩力度 k 的增加而下降；q_r^{gc*}、q_r^{gd*} 和 w_r^{gd*} 均随着政府奖惩力度 k 的增加而上升；w_n^{gd*}、p_n^{gd*} 和 p_n^{gc*} 与政府奖惩力度无关。

证明：易证得 $\dfrac{\partial p_r^{gc*}}{\partial k} = -\dfrac{1}{2} < 0$、$\dfrac{\partial q_n^{gc*}}{\partial k} = -\dfrac{\mu}{2} < 0$、$\dfrac{\partial q_n^{gd*}}{\partial k} = -\dfrac{\mu}{4} < 0$、

$\dfrac{\partial p_r^{gd*}}{\partial k} = -\dfrac{1}{4} < 0$、$\dfrac{\partial q_r^{gc*}}{\partial k} = \dfrac{1}{2} > 0$、$\dfrac{\partial q_r^{gd*}}{\partial k} = \dfrac{1}{4} > 0$、$\dfrac{\partial w_r^{gd*}}{\partial k} = \dfrac{1}{2} > 0$。

结论5.4得证。

结论5.4表明，无论是集中式决策还是分散式决策，政府废旧品回收量奖惩可有效降低再造品的价格，提高再造品的市场需求量。因再造品与新产品存在替代效应，政府奖惩会导致新产品的市场需求量下降。而对于分散决策下的制造商，政府奖惩力度越大，制造商在再造品批发价格上的提高比例会越大。这不仅会有损于零售商销售再造品，还会严重影响新产品的市场需求量，所以政府奖惩力度并非越大越好，找到一个合适的政府奖惩力度至关重要。

5.6　政府奖惩干预下差别定价闭环供应链契约协调分析

从结论5.1中得到，政府奖惩机制下差别定价闭环供应链分散式决策存在"双重边际效应"，并由此导致分散式决策供应链存在效益损失。本节在可协调差别定价闭环供应链的收益共享契约和两部收费契约等典型契约协调机理的基础上，分别设计可以协调政府奖惩干预差别定价闭环供应链的收益风险共享契约和两部收费契约。

5.6.1　收益风险共享契约协调策略

本章设计的废旧品回收量奖惩机制针对的是零售商，当零售商回收的废

旧品数量超过政府制定的基础回收量时,零售商可以得到政府的奖励;但是当零售商回收的废旧品数量少于政府制定的基准回收量时,零售商将接受政府的惩罚,此时由于废旧品减少造成的惩罚对于零售商是一种风险。为弥补政府奖惩机制下分散式决策产生的效益损失,本节设计的收益风险共享契约 (w_n, w_r, η) 的协调机理为:制造商分别以单位批发价格 w_n 和 w_r 向零售商批发新产品和再造品。零售商出售这两种产品之后,分别向制造商转移 $(1 - \eta)p_n(\phi_n - q_n + \mu p_r)$ 部分的新产品销售收益和 $(1 - \eta)p_r(\phi_r - q_r + \mu p_n)$ 部分的再造品销售收益,其中,$(0 < \eta < 1)$ 为收益共享比例。同时,零售商向制造商转移废旧品回收产生的政府奖励和惩罚 $(1 - \eta)k(\phi_r - q_r + \mu p_n - Q_0)$。因此,在收益风险共享契约 (w_n, w_r, η) 的协调下,制造商和零售商的利润函数分别为:

$$\Pi_{MD}^{gr}(w_n, w_r, \eta) = \left\{ (1 - \eta)\left[\frac{\phi_n - q_n + \mu(\phi_r - q_r)}{1 - \mu^2} \right] + w_n - c_n \right\} q_n +$$

$$\left\{ w_r - c_r - b + (1 - \eta)\left[\frac{\phi_r - q_r + \mu(\phi_n - q_n)}{1 - \mu^2} \right] \right\} q_r + (1 - \eta)k(q_r - Q_0)$$

$$(5.21)$$

$$\Pi_{RD}^{gr}(q_n, q_r, \eta) = \left\{ \eta\left[\frac{\phi_n - q_n + \mu(\phi_r - q_r)}{1 - \mu^2} \right] - w_n \right\} q_n +$$

$$\left\{ \eta\left[\frac{\phi_r - q_r + \mu(\phi_n - q_n)}{1 - \mu^2} \right] - w_r + b - A \right\} q_r + \eta k(q_r - Q_0) \quad (5.22)$$

命题 5.3　收益风险共享契约 (w_n, w_r, η) 中的参数取值满足 $w_n^{gr*}(\eta) = \eta c_n$ 和 $w_r^{gr*}(\eta) = b - (1 - \eta)A + \eta c_r$ 等关系时,其能够协调政府奖惩下分散式决策差别定价闭环供应链,且制造商和零售商可通过讨价还价的方式确定收益风险共享比例 $\eta(0 < \eta < 1)$ 的取值,即双方可通过讨论决定闭环供应链可以获得的系统最优利润的分配比例。

证明:收益风险共享契约 (w_n, w_r, η) 中的参数取值满足 $w_n^{gr*}(\eta) = \eta c_n$ 和 $w_r^{gr*}(\eta) = b - (1 - \eta)A + \eta c_r$ 等条件时,这种契约协调下零售商的收益利润函数为:

$$\Pi_{RD}^{gr}(q_n, q_r, \eta) = \eta\left\{ \left[\frac{\phi_n - q_n + \mu(\phi_r - q_r)}{1 - \mu^2} - c_n \right]q_n + \left[\frac{\phi_r - q_r + \mu(\phi_n - q_n)}{1 - \mu^2} - c_r - A \right]q_r + k(q_r - Q_0) \right\} =$$

$$\eta \Pi_D^{gc}(q_n, q_r) \tag{5.23}$$

通过式（5.23）可得，零售商的收益利润函数是政府奖惩下集中式决策差别定价闭环供应链收益利润函数的仿射函数，满足引理 3.2 的协调条件。所以，分散式决策差别定价闭环供应链在风险收益共享契约（$w_n^{gr^*}(\eta)$，$w_r^{gr^*}(\eta)$，η）下实现了协调，且制造商和零售商可通过协商讨论的方式确定收益风险共享比例 η 的取值，即双方可通过讨论决定闭环供应链可得到的系统最优利润的分配比例。

命题 5.3 得证。

5.6.2 两部收费契约协调策略

本节设计的两部收费契约 (w_n, w_r, F) 的协调机理如下：制造商提供给零售商的新产品单位批发价格为 w_n，再造品单位批发价格为 w_r；零售商销售产品后向制造商支付固定费用 F。因而，在两部收费契约下，制造商与零售商的收益利润函数分别为：

$$\Pi_{MD}^{gt}(w_n, w_r, F) = (w_n - c_n)q_n + (w_r - c_r - b)q_r + F \tag{5.24}$$

$$\Pi_{RD}^{gt}(q_n, q_r, F) = \left(\frac{\phi_n - q_n + \mu(\phi_r - q_r)}{1 - \mu^2} - w_n \right) q_n + \left(\frac{\phi_r - q_r + \mu(\phi_n - q_n)}{1 - \mu^2} \right.$$

$$\left. - w_r + b - A + k \right) q_r - F - kQ_0 \tag{5.25}$$

命题 5.4 两部收费契约 (w_n, w_r, F) 中的参数取值符合 $w_n^{gt^*} = c_n$ 和 $w_r^{gt^*} = c_r + b$ 的关系时，它能够调节政府奖惩机制下分散式无差别定价决策闭环供应链，同时制造商和零售商能通过协商讨价还价的方式确定转移固定费用 F 的取值，即双方可通过讨论决定闭环供应链可获取的系统最优利润的分配比例。

证明：两部收费契约 (w_n, w_r, F) 中的参数取值满足 $w_n^{gt^*} = c_n$ 和 $w_r^{gt^*} = b + c_r$ 等条件时，该契约协调下的零售商的利润函数为：

$$\Pi_{RD}^{gt}(q_n, q_r, F) = \left[\frac{\phi_n - q_n + \mu(\phi_r - q_r)}{1 - \mu^2} - c_n \right] q_n + \left[\frac{\phi_r - q_r + \mu(\phi_n - q_n)}{1 - \mu^2} - c_r - A + k \right]$$

$$q_r - kQ_0 - F = \Pi_D^{gc}(q_n, q_r) - F \tag{5.26}$$

通过式（5.26）可得，零售商的利润函数是政府奖惩下集中式决策差别定价闭环供应链利润函数的仿射函数，满足引理 3.2 的协调条件。所以，分散式决策差别定价闭环供应链在两部收费契约 $(w_n^{gt*}, w_r^{gt*}, F)$ 下实现了协调，且制造商和零售商可通过讨价还价确定固定转移费用 F 的取值，即双方可通过讨论决定闭环供应链可获得的系统最优利润的分配情况。

命题 5.4 得证。

5.7　数值算例分析

为说明本章构建的政府奖惩干预下差别定价闭环供应链的正确性，以及设计的两部收费契约和收益风险共享契约协调政府奖惩机制下分散式决策差别定价闭环供应链的有效性，下面通过数值算例仿真进行验证分析。

参考第 4 章有关参数的取值，给出政府奖惩下差别定价模式下闭环供应链的参数取值：利用原材料生产新产品的单位生产成本 $c_n = 3$；利用废旧品生产再造品的单位生产成本 $c_r = 2$；新产品的最大市场需求规模 $\phi_n = 50$；再造品的最大市场需求规模 $\phi_r = 40$；价格敏感系数 $\beta = 1$；两种产品的替代系数 $\mu = 0.6$；零售商回收废旧品的单位回收价格 $A = 0.8$；制造商从零售商处回收废旧品的单位回收价格 $b = 1$。政府对零售商实施废旧品回收量奖惩，设定基准回收量 $Q_0 = 18$，并设定单位奖惩力度 $k = 1$。

基于命题 5.1 和命题 5.2 可得政府奖惩下集中式决策差别定价决策闭环供应链的最优决策和系统最优利润，以及政府奖惩下分散式决策差别定价闭环供应链的最优决策、各成员和系统利润，分别如表 5 - 1 和表 5 - 2 所示。

表 5 - 1　政府奖惩机制下集中式决策闭环供应链的最优决策和利润仿真数据

参数	新产品的销售价格 p_n^{gc*}	再造品的销售价格 p_r^{gc*}	新产品的市场需求 q_n^{gc*}	再造品的市场需求 q_r^{gc*}	总利润 Π_D^{gc*}
最优值	59.31	55.59	24.04	20.00	2411.49

表 5-2　政府奖惩机制下分散式决策闭环供应链的最优决策和利润仿真数据

参数	新产品的批发价格 w_n^{gd*}	再造品的批发价格 w_r^{gd*}	新产品的销售价格 p_n^{gd*}	再造品的销售价格 p_r^{gd*}	新产品的市场需求 q_n^{gd*}	再造品的市场需求 q_r^{gd*}	制造商的利润 Π_{MD}^{gd*}	零售商的利润 Π_{RD}^{gd*}	总利润 Π_D^{gd*}
最优值	59.31	56.79	87.47	82.48	12.02	10.00	1214.75	599.38	1814.13

　　表 5-1 和表 5-2 中，政府奖惩下分散式决策差别定价闭环供应链和集中式决策差别定价闭环供应链的新产品和再造品的最优单位销售价格、订购数量和利润的比较结果与结论 5.1 完全一致，这就验证了前面构建的政府奖惩下差别定价闭环供应链理论模型的有效性。

　　基于给定的参数取值，下面用数值算例分析验证本章设计的两部收费契约和收益风险共享契约协调政府奖惩下分散式差别定价决策闭环供应链的正确性。

5.7.1　两部收费契约的有效性分析

　　命题 5.3 设计的两部收费契约的实施过程如下：

　　设制造商与零售商结合自身的市场权力状况，讨价还价确定了固定转移费用的值为 $F = 1600$。那么，制造商以单位批发价格 $w_n^{gd*} = 3$ 和 $w_r^{gd*} = 3$ 分别向零售商批发新产品和再造品，并以单位回收价格 $b^{gt*} = 1$ 从零售商处收集废旧品；与此同时，零售商以单位销售价格 $p_n^{gd*} = 87.47$ 向消费者销售 $q_n^{gd*} = 12.02$ 数量的新产品，以单位销售价格 $p_r^{gd*} = 82.48$ 向消费者销售 $q_r^{gd*} = 10$ 数量的再造品。此时，制造商可获得的利润为 $\Pi_{MD}^{gd*} = 1600$，零售商可获得的利润为 $\Pi_{RD}^{gd*} = 811.49$。

　　通过对两部收费契约协调前后闭环供应链系统及各成员的最优决策结果与系统最优利润后发现：在两部收费契约协调下，政府奖惩干预下分散式决策闭环供应链中各成员的最优决策结果与系统总利润均达到了集中式决策闭环供应链的水平，且制造商和零售商各自可获得的最优利润均大于契约协调前分散式决策下两者分别可获得的最优利润（ Π_{RD}^{gt*} > Π_{RD}^{gd*} = 1214.75 ， Π_{MD}^{gt*} > Π_{MD}^{gd*} = 599.38 ），这就验证了命题 5.3 设计的两部收费契约的有效性。

在两部收费契约协调下，为符合制造商和零售商双方的理性约束，两者通过协商讨论后可获得的利润不能少于无契约协调时制造商和零售商独立决策时分别可得到的最优收益利润。因而，下面将分析固定转移费用 F 的不同取值对两部收费契约协调下的制造商和零售商收益利润的影响，结果如图5－2所示。

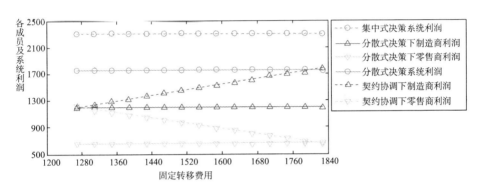

图 5－2　两部收费契约实施前后政府奖惩下差别定价闭环供应链中各成员及系统利润比较

从图 5－2 可以看出，制造商的收益利润和固定转移费用 F 呈现正相关，零售商的利润和固定转移费用 F 反相关。当 F 的取值在范围［1214.75，1812.11］内变化时，两部收费契约协调下制造商和零售商可获得的收益利润都不小于无契约协调下的两者独立决策时能获得的收益利润。因而，当制造商和零售商讨价还价后确定固定转移费用 F 的值应位于区间［1214.75，1812.11］内时，两者均能获得帕累托改进的收益利润。

5.7.2　收益风险共享契约的有效性分析

命题 5.4 设计的收益风险共享契约的实施过程如下：
设制造商与零售商结合自身的市场结构协商讨论确定了收益共享比例的

值 η =0.4。那么，制造商可以分别以单位批发价格 $w_n^{gr\,*}$ = 1.2 和 $w_r^{gr\,*}$ = 1.32 向零售商销售新产品和再造品。此时，零售商可以分别以单位销售价格 $p_n^{gr\,*}$ = 59.31 和 $p_r^{gr\,*}$ = 56.79 向消费者出售 $q_n^{gr\,*}$ = 12.02 数量的新产品和 $q_r^{gr\,*}$ = 10 数量的再造品。那么，制造商可得到的收益利润为 $\Pi_{MD}^{gr\,*}$ = 1446.89，零售商可得到的收益利润为 $\Pi_{RD}^{gr\,*}$ = 964.60。收益风险共享契约协调的制造商和零售商双方所得的利润都大于契约实施前两者单独决策时能得到的最优利润（$\Pi_{RD}^{gr\,*} > \Pi_{RD}^{gd\,*}$ = 599.38，$\Pi_{MD}^{gr\,*} > \Pi_{MD}^{gd\,*}$ = 1214.75）。在收益风险共享契约调节下，政府奖惩下分散式差别定价决策闭环供应链中各成员的最优决策和总收益利润都和集中式决策差别定价闭环供应链的最优决策和收益利润相同，这就验证了命题 5.4 的收益风险共享契约的可靠性。

在收益风险共享契约协调下，为符合制造商和零售商各自的理性约束，两者通过协商讨价还价后可获得的利润不能少于缺乏契约协调下的制造商和零售商单独决策时能得到的最优利润。因而，下面分析收益共享比例 η 的变化对收益风险共享契约协调下的制造商和零售商收益利润的影响，结果如图 5 - 3 所示。

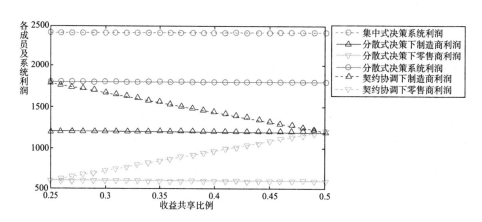

图 5 - 3 收益共享契约实施前后政府奖惩下差别定价闭环供应链中各成员及系统利润比较

从图 5 - 3 可以看出，制造商的收益利润随着 η 的增加而减少，零售商的利润随着 η 的增加而增加。当 η 在范围 [0.25, 0.5] 内变化时，在收益风险共享契约协调下，制造商和零售商能得到的收益利润都不小于无契约协调下的分散式决策时可获得的收益利润。因而，制造商和零售商应协商确定的收益共享比例 η 的值应位于区间 $[0.25, 0.5]$，那么，两者均能获得帕累托改进的收益利润。

5.8　本章小结

本章在第 4 章的基础上考虑了政府在引导企业实施闭环供应链中发挥的作用，分别研究了政府奖惩下集中式决策闭环供应链、制造商领导的 Stackelberg 博弈分散式闭环决策供应链的定价决策及契约协调问题。通过本章的研究得到以下几点结论：

1. 政府奖惩下集中决策闭环供应链的新产品销售价格不会发生改变，但相对缺乏政府奖惩干预的情形，再造品的销售价格会降低；新产品的市场需求量会降低，再造品的市场需求量会增大。表明政府废旧品回收量奖惩干预实现了促进再造品销售和促进废旧品回收的作用。

2. 政府奖惩下分散决策闭环供应链的新产品批发价格和新产品销售价格不会发生变化，但相对无政府奖惩干预的情形，再造品的批发价格会上升，再造品的销售价格会降低；同时新产品的市场需求量会降低，而再造品的市场需求量会上升。所以政府奖惩力度并非越大越好，找到一个合适的政府奖惩力度至关重要。

3. 在政府奖惩下的闭环供应链决策模型中，相比较理想化的集中式决策闭环供应链的最优结果，分散式决策闭环供应链中均存在"双重边际效应"问题，导致闭环供应链系统产生效率损失。为此，本章在制造商领导的情形下，设计了可协调分散式决策闭环供应链的两部收费契约和收益风险共享契约，使分散式决策的决策结果和系统利润达到了集中式决策的水平，提高了系统效益。

4. 数值仿真算例结果表明：本章设计的两部收费契约和收益风险共享契

约可解决分散式决策闭环供应链中的"双重边际效应"问题，提高系统效益；闭环供应链中的成员可通过自身市场结构的规模协商讨价还价契约中的收益利润分享比例，来分配闭环供应链可获得的系统最优利润。并且，当契约的参数值处于一定范围内时，系统中各成员可获得的利润会高于无契约协调时获得的利润，实现帕累托改进，因此，通过契约的协调对闭环供应链中的各成员以及整个系统均是有益的。

第6章

税收补贴机制下闭环供应链
定价决策研究

6.1 问题概述

政府对闭环供应链参与成员的奖惩在发展循环经济、促进废旧资源回收再制造的有效性在第 5 章得以证明。与此同时，明确废旧资源回收及其再制造责任的 EPR 制度（extended producer responsibility，生产者延伸责任制），是符合当前经济可持续发展、真正意义上实现废旧资源的回收再利用的有效抉择。

EPR 明确了产品消费的环境责任由生产者负担，也就是说生产者在产品造成的环境影响问题上是负责主体。长期以来，政府执行 EPR 最直接的体现即是通过宏观手段（如税收、补贴、奖惩等）作用于产品的生产者。随着废旧资源的回收再利用成为政府部门高度重视的发展理念以来，EPR 相关的各项法规政策相继出台，其中由财政部、生态环境部、发改委等部门联合下发的《废弃电器电子产品处理基金征收使用管理办法》，合理地将 EPR 与政府补贴再制造相结合。在这个管理办法中说明了废弃电器电子产品的处理基金（本章节中简称"基金"）设立的目的是促进废弃电器电子产品的回收再制造，根据电器电子产品生产者的销售数量、电器电子产品进口的收货人的进口数量定额进行征收（本章节中简称"环境税"），且依据废弃电器电子产品在处理企业处所完成的拆解数量进行补贴（本章节中简称"回收处理补贴"）。

税收与补贴组合政策的实质就是在闭环供应链中同时存在的缴税和补贴行为，回收再制造的成员可以通过回收废旧品并进行处理而获取政府补贴，闭环供应链中的其他成员将定期缴税。在学术研究中涉及税收与补贴组合政策在闭环供应链中应用的探究并不少见。其中洪等构建了以政府作为市场结构领导者的闭环供应链模型，探究了回收的费用以及政府补贴在社会福利最大化条件下对闭环供应链的决策的影响情况，并进一步研究了正向供应链与逆向供应链之间存在竞争时的情形。阿塔苏等立足于差异化利益相关者，分别就制造商依据产品销售数量纳税、依据回收率的两种不同机制探索闭环供应链的最优决策。史等分别构建是否考虑政府税收及补贴时的集中式、分散式决策闭环供应链，研究产品质量、废旧品回收率对闭环供应链系统的影响。曹柬等在闭环供应链中设计了制造商为新产品的生产赋税，通过废旧品制造再造品予以补贴的方式，结合了激励理论构建针对制造商的激励。高举红等分别探究了闭环供应链在分散式决策下分别考虑政府补贴、税收、政府补贴与税收相结合的最优决策，并通过对比分析验证了补贴和碳税政策的有效性。肖丹等分别探索了回收中不采取激励措施、进行回收再制造—投资双补贴、设定回收量的奖惩机制情形下政府针对废旧品回收处理的激励机制。

本章将基于政府基金政策，在政府向制造商征收环境税的同时，补贴再制造商对废旧品的回收处理，构建差别定价再制造闭环供应链，通过探究不同的环境税与回收处理补贴比例对闭环供应链系统及其参与成员的最优决策、最优利润影响情况，探索政府基金政策在实施过程中对废旧资源回收再利用有效的条件。本章主要内容有：

1. 构建税收补贴机制下闭环供应链的定价决策模型，运用博弈论中的逆向归纳法研究集中式和分散式决策闭环供应链的定价决策问题；

2. 比较分析集中式决策和分散式决策下闭环供应链的决策结果和系统利

润水平，探讨政府基金政策下分散式决策差别定价闭环供应链系统效益产生损失的原因；

3. 与无资源回收政策差别定价闭环供应链定价决策结果进行对比分析，探究环境税收与处理补贴比值对再制造闭环供应链系统及其参与成员的最优决策、最优利润影响情况；

4. 借鉴已有文献中的数值，运用 Matlab 数据仿真软件，分析验证了所构建税收补贴机制下再制造闭环供应链定价决策模型及对比分析所得结论的正确性。

6.2　模型假设及符号说明

本章的再制造闭环供应链模型是由制造商、再制造商、零售商构成的，其中制造商、再制造商分别采用原材料、回收的废旧品生产相应的新产品和再造品，再通过零售商将两类产品面向消费者售卖，同时，再制造商以一定的回收价格从消费者处将废旧品回收进行再制造。政府为促进资源回收再利用，通过设立废旧品处理基金，根据制造商的产品销售数量收取环境税，同时根据再制造商回收再制造的再造品数量予以处理补贴。构建的税收补贴机制下闭环供应链的模型如图 6 - 1 所示。

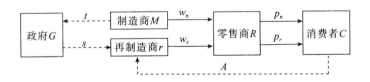

图 6 - 1　税收补贴机制下的闭环供应链模型

在前几章基本假设和符号说明的基础上，税收补贴机制下闭环供应链模型的基本假设和符号说明如下：

假设 1、假设 2 与第 3 章基本假设 1、假设 2 相同。

假设 3：制造商、再制造商均与零售商存在 Stackelberg 博弈关系，且制造商与再制造商是领导者，零售商是跟随者，制造商与再制造商之间不存在博弈关系，两者决策互相独立。闭环供应链中的制造商和零售商均以自身利润最大化为原则进行决策，且两者均是理性和风险中性的。

假设 4：本研究建立在已有足够多消费者购买和使用的产品市场基础上，当前已经有了足够多的废旧品，再制造商在回收过程中总是能达到回收的期望数目。所有回收的废旧品都可以加工成为再造品，且再造率为 1。

研究中变量符号定义如下：

制造商和再制造商分别运用原材料、回收的废旧品生产新产品和再造品的成本分别为 c_n 和 c_r。结合实际情况，制造再造品成本低于制作新产品成本，即 $c_r < c_n$，记 $c_n - c_r = \delta$，表示再制造成本优势。

制造商、再制造商面向零售商批发新产品、再造品的单位价格为 w_n 和 w_r，零售商面向消费者销售新产品、再造品的价格为 p_n 和 p_r，结合实际应满足 $w_r < w_n$ 和 $p_r < p_n$。

在市场中新产品与再造品具有一定的替代性，设新产品与再造品的需求函数分别为 $q_n = \phi_n - p_n + \mu p_r$ 和 $q_r = \phi_r - p_r + \mu p_n$，其中 ϕ_n 和 ϕ_r 表示两种产品的市场需求最大规模，结合实际中消费者对新产品和再造品的认可程度存在差异化，令 $\phi_n > \phi_r$；$\mu(0 \leqslant \mu < 1)$ 为新产品和再造品的替代系数，分别表示两者相互替代的程度。

再制造商从消费者处回收废旧品的单位回收价格为 A，为确保再制造商回收废旧品的经济可行性，应满足 $A \leqslant \delta$。

政府对制造商按照产品销售数量定额征收环境税 t，并对再制造商按照回收处理再制造的产品数量给予定额补贴 s。

本章中闭环供应链系统及参与成员的决策变量、闭环供应链的利润函数 Π^j、制造商的利润函数 Π^j_M 和零售商的利润函数 Π^j_R 等标注上标 $j \in \{c, d\}$，则表示集中式决策和分散式决策；变量加上标 "NG" 与 "YG" 分别表示无政府基金政策和有政府基金政策的情形；上述决策变量和利润函数中进一步标注上标 "*" 时，表示其为对应的最优决策。

6.3 税收补贴机制下集中式决策闭环供应链的定价决策研究

税收补贴机制下集中式决策闭环供应链中，制造商、再制造商和零售商共同决策新产品和再造品的单位销售价格以最大化整体闭环供应链的利润。基于上述假设和符号说明可得税收补贴机制下集中式决策闭环供应链的利润函数为：

$$\Pi^c(p_n, p_r) = (p_n - c_n - t)(\phi_n - p_n + \mu p_r) + (p_r - c_r - A + s)(\phi_r - p_r + \mu p_n) \tag{6.1}$$

因为 $\dfrac{\partial^2 \Pi^c(p_n, p_r)}{\partial p_n^2} = -2$、$\dfrac{\partial^2 \Pi^c(p_n, p_r)}{\partial p_n \partial p_r} = \dfrac{\partial^2 \Pi^c(p_n, p_r)}{\partial p_r \partial p_n} = 2\mu$、$\dfrac{\partial^2 \Pi^c(p_n, p_r)}{\partial p_r^2}$

$= -2$，所以有 $\dfrac{\partial^2 \Pi^c(p_n, p_r)}{\partial p_n^2} < 0$、$\dfrac{\partial^2 \Pi^c(p_n, p_r)}{\partial p_r^2} < 0$、$\dfrac{\partial^2 \Pi^c(p_n, p_r)}{\partial p_n^2} \cdot \dfrac{\partial^2 \Pi^c(p_n, p_r)}{\partial p_r^2}$

$- \left[\dfrac{\partial^2 \Pi^c(p_n, p_r)}{\partial p_n \partial p_r} \right]^2 = 4(1 - \mu^2) > 0$。故函数 $\Pi^c(p_n, p_r)$ 的海塞矩阵负定，其为关于决策变量 (p_n, p_r) 的严格凹函数。所以，存在唯一新产品最优价格 p_n^{c*} 及再造品最优价格 p_r^{c*}，可以使得税收补贴机制下闭环供应链在集中式决策下获取最优利润。

通过对式（6.1）求 p_n 和 p_r 的一阶偏导可得新产品最优销售价格和再造品最优销售价格分别为：

$$p_n^{c*} = \frac{\phi_n + \mu \phi_r}{2(1 - \mu^2)} + \frac{c_n + t}{2} \tag{6.2}$$

$$p_r^{c*} = \frac{\phi_r + \mu \phi_n}{2(1 - \mu^2)} + \frac{c_r + A - s}{2} \tag{6.3}$$

由 $q_n = \phi_n - \beta p_n + \mu p_r$ 和 $q_r = \phi_r - \beta p_r + \mu p_n$ 可得：

$$q_n^{c*} = \frac{\phi_n - c_n - t + \mu c_r + \mu A - \mu s}{2} \tag{6.4}$$

$$q_r^{c*} = \frac{\phi_r + \mu c_n + \mu t - c_r - A + s}{2} \tag{6.5}$$

故可得如下命题6.1。

命题6.1 在税收补贴机制下集中式决策的闭环供应链中，当新产品的销售价格为 $p_n^{c*} = \dfrac{\phi_n + \mu \phi_r}{2(1 - \mu^2)} + \dfrac{c_n + t}{2}$、销售数量为 $q_n^{c*} = \dfrac{\phi_n - c_n - t + \mu c_r + \mu A - \mu s}{2}$、再造品的销售价格为 $p_r^{c*} = \dfrac{\phi_r + \mu \phi_n}{2(1 - \mu^2)} + \dfrac{c_r + A - s}{2}$、销售数量为 $q_r^{c*} = \dfrac{\phi_r + \mu c_n + \mu t - c_r - A + s}{2}$ 时，税收补贴机制下集中式决策闭环供应链获得最优利润为

$$\Pi^{c*} = \frac{[\phi_n + \mu \phi_r - (1 - \mu^2)(c_n + t)](\phi_n - c_n - t + \mu c_r + \mu A - \mu s)}{4(1 - \mu^2)}$$

$$+ \frac{[\phi_r + \mu \phi_n - (1 - \mu^2)(c_r + A - s)](\phi_r - c_r - A + s + \mu c_n + \mu t)}{4(1 - \mu^2)}。$$

6.4 税收补贴机制下分散式决策闭环供应链的定价决策研究

基于6.1节中的基本假设，税收补贴机制下再制造闭环供应链分散式决策下制造商、再制造商、零售商利润函数分别为：

$$\Pi_M^d(w_n) = (w_n - c_n - t)(\phi_n - p_n + \mu p_r) \tag{6.6}$$

$$\Pi_r^d(w_r) = (w_r - c_r - A + s)(\phi_r - p_r + \mu p_n) \tag{6.7}$$

$$\Pi_R^d(p_n, p_r) = (p_n - w_n)(\phi_n - p_n + \mu p_r) + (p_r - w_r)(\phi_r - p_r + \mu p_n) \tag{6.8}$$

本节中再制造闭环供应链在税收补贴下分散式决策的顺序如下：制造商与再制造商分别同时决策出新产品、再造品的批发价格，零售商根据制造商和再制造商的决策确定新产品和再造品的销售价格和销售数量。通过逆向归纳法求解，上述决策问题可表示为：

$$\max \Pi_M^d(w_n) = (w_n - c_n - t)(\phi_n - p_n + \mu p_r)$$

$$\max \Pi_r^d(w_r) = (w_r - c_r - A + s)(\phi_r - p_r + \mu p_n)$$

$$s.t. \ \Pi_R^d(p_n, p_r) = (p_n - w_n)(\phi_n - p_n + \mu p_r) + (p_r - w_r)(\phi_r - p_r + \mu p_n)$$

$$(6.9)$$

因为 $\dfrac{\partial^2 \Pi_R^d(p_n, p_r)}{\partial p_n^2} = -2$、$\dfrac{\partial^2 \Pi_R^d(p_n, p_r)}{\partial p_n \partial p_r} = \dfrac{\partial^2 \Pi_R^d(p_n, p_r)}{\partial p_r \partial p_n} = 2\mu$、$\dfrac{\partial^2 \Pi_R^d(p_n, p_r)}{\partial p_r^2}$

$= -2$，可知，$\dfrac{\partial^2 \Pi_R^d(p_n, p_r)}{\partial p_n^2} < 0$、$\dfrac{\partial^2 \Pi_R^d(p_n, p_r)}{\partial p_r^2} < 0$、$\dfrac{\partial^2 \Pi_R^d(p_n, p_r)}{\partial p_n^2} \dfrac{\partial^2 \Pi_R^d(p_n, p_r)}{\partial p_r^2} -$

$\left[\dfrac{\partial^2 \Pi_R^d(p_n, p_r)}{\partial p_n \partial p_r} \right]^2 = 4(1 - \mu^2) > 0$。故函数 $\Pi_R^d(p_n, p_r)$ 的海塞矩阵负定，其为关

于决策变量 (p_n, p_r) 的严格凹函数。所以，存在唯一新产品最优单位销售价格

p_n^{d*} 和再造品最优单位销售价格 p_r^{d*}，使得零售商获得最优利润。

通过对式（6.8）求 p_n 和 p_r 的一阶偏导可得新产品和再造品最优销售价

格为：

$$p_n^{d*}(w_n) = \frac{\phi_n + \mu \phi_r}{2(1 - \mu^2)} + \frac{w_n}{2} \qquad (6.10)$$

$$p_r^{d*}(w_r) = \frac{\phi_r + \mu \phi_n}{2(1 - \mu^2)} + \frac{w_r}{2} \qquad (6.11)$$

下面基于零售商销售新产品和再造品的单位销售价格决策 $[p_n^{d*}(w_n),$

$p_r^{d*}(w_n)]$ 分析制造商的决策。

将 $p_n^{d*}(w_n)$ 和 $p_r^{d*}(w_n)$ 代入式（6.6）和式（6.7）中，可得制造商、再

制造商最优利润分别为：

$$\max \Pi_M^d(w_n, w_r) = \frac{1}{2}(w_n - c_n - t)(\phi_n + \mu w_r - w_n) \qquad (6.12)$$

$$\max \Pi_r^d(w_n, w_r) = \frac{1}{2}(w_r - c_r - A + s)(\phi_r + \mu w_n - w_r) \qquad (6.13)$$

因为 $\dfrac{\partial^2 \Pi_M^d(w_n, w_r)}{\partial w_n^2} = -1$、$\dfrac{\partial^2 \Pi_r^d(w_n, w_r)}{\partial w_r^2} = -1$，可知 $\dfrac{\partial^2 \Pi_M^d(w_n, w_r)}{\partial w_n^2} < 0$、

$\dfrac{\partial^2 \Pi_r^d(w_n, w_r)}{\partial w_r^2} < 0$。二阶条件为负，则制造商和再制造商利润函数都有极大值。

求解新产品与再造品的最优单位批发价格 w_n^{d*} 和 w_r^{d*} :

$$w_n^{d*} = \frac{2(\phi_n + c_n + t) + \mu(\phi_r + c_r + A - s)}{4 - \mu^2} \tag{6.14}$$

$$w_r^{d*} = \frac{\mu(\phi_n + c_n + t) + 2(\phi_r + c_r + A - s)}{4 - \mu^2} \tag{6.15}$$

将式（6.14）和式（6.15）分别代入式（6.10）和式（6.11）中，分别可得：

$$p_n^{d*} = \frac{3(2 - \mu^2)\phi_n + \mu(5 - 2\mu^2)\phi_r + 2(1 - \mu^2)(c_n + t) + \mu(1 - \mu^2)(c_r + A - s)}{2(4 - \mu^2)(1 - \mu^2)}$$
$$\tag{6.16}$$

$$p_r^{d*} = \frac{3(2 - \mu^2)\phi_r + \mu(5 - 2\mu^2)\phi_n + \mu(1 - \mu^2)(c_n + t) + 2(1 - \mu^2)(c_r + A - s)}{2(4 - \mu^2)(1 - \mu^2)}$$
$$\tag{6.17}$$

代入需求函数可得新产品的最优需求、再造品的最优需求为：

$$q_n^{d*} = \frac{2\phi_n + \mu(\phi_r + c_r + A - s) - (2 - \mu^2)(c_n + t)}{2(4 - \mu^2)} \tag{6.18}$$

$$q_r^{d*} = \frac{2\phi_n + \mu(\phi_n + c_n + t) - (2 - \mu^2)(c_r + A - s)}{2(4 - \mu^2)} \tag{6.19}$$

故可得命题6.2。

命题6.2 在税收补贴机制下分散式决策的再制造闭环供应链中，当制造商以 $w_n^{d*} = \dfrac{2(\phi_n + c_n + t) + \mu(\phi_r + c_r + A - s)}{4 - \mu^2}$ 的新产品批发价格将新产品批发给零售商，再制造商以 $w_r^{d*} = \dfrac{\mu(\phi_n + c_n + t) + 2(\phi_r + c_r + A - s)}{4 - \mu^2}$ 的再造品批发价格将再造品批发给零售商，零售商订购 $q_n^{d*} = \dfrac{2\phi_n + \mu(\phi_r + c_r + A - s) - (2 - \mu^2)(c_n + t)}{2(4 - \mu^2)}$ 和 $q_r^{d*} = \dfrac{2\phi_n + \mu(\phi_n + c_n + t) - (2 - \mu^2)(c_r + A - s)}{2(4 - \mu^2)}$ 数量的新产品和再造品，以 $p_n^{d*} = \dfrac{3(2 - \mu^2)\phi_n + \mu(5 - 2\mu^2)\phi_r + 2(1 - \mu^2)(c_n + t) + \mu(1 - \mu^2)(c_r + A - s)}{2(4 - \mu^2)(1 - \mu^2)}$

和 $p_r^{d*} = \dfrac{3(2-\mu^2)\phi_r + \mu(5-2\mu^2)\phi_n + \mu(1-\mu^2)(c_n+t) + 2(1-\mu^2)(c_r+A-s)}{2(4-\mu^2)(1-\mu^2)}$

的销售价格进行销售。此时，制造商获取的最优利润、再制造商可获得的最优利润、零售商可获得的最优利润分别为：

$$\Pi_M^{d*} = \frac{[2\phi_n + \mu(\phi_r + c_r + A - s) - (2-\mu^2)(c_n+t)]^2}{2(4-\mu^2)^2}$$

$$\Pi_r^{d*} = \frac{[2\phi_r + \mu(\phi_n + c_n + t) - (2-\mu^2)(c_r+A-s)]^2}{2(4-\mu^2)^2}$$

$$\Pi_R^{d*} = \frac{(\mu^2+2)\phi_n + 3\mu\phi_r - (1-\mu^2)[2(c_n+t) + \mu(c_r+A-s)]}{2(4-\mu^2)(1-\mu^2)} \times$$

$$\frac{2\phi_n + \mu(\phi_r + c_r + A - s) - (2-\mu^2)(c_n+t)}{2(4-\mu^2)} +$$

$$\frac{3\mu\phi_n + (\mu^2+2)\phi_r - (1-\mu^2)[\mu(c_n+t) + 2(c_r+A-s)]}{2(4-\mu^2)(1-\mu^2)} \times$$

$$\frac{2\phi_r + \mu(\phi_n + c_n + t) - (2-\mu^2)(c_r+A-s)}{2(4-\mu^2)}$$

结论 6.1　由命题 6.1 和命题 6.2 可知，税收补贴机制下闭环供应链分散式决策下的最优决策、最优利润与差别定价闭环供应链集中式决策下的最优决策、最优利润存在以下关系：$p_n^{d*} > p_n^{c*}$、$q_n^{d*} < q_n^{c*}$、$p_r^{d*} > p_r^{c*}$、$q_r^{d*} < q_r^{c*}$、$\Pi_D^{d*} < \Pi_D^{c*}$。

该结论表明：税收补贴机制下，再制造闭环供应链分散式决策下新产品、再造品销售价格均比再制造闭环供应链集中式决策下销售价格高，分散式决策下新产品、再造品市场需求均比再制造闭环供应链集中式决策下市场需求低，从而再制造闭环供应链分散式决策下系统最优利润比再制造品闭环供应链集中式决策最优利润低。这就表明税收补贴机制下分散式决策闭环供应链上存在着"双重边际效应"问题。

6.5　与无资源回收政策差别定价闭环供应链
决策的比较研究

为分析环境税与回收处理补贴的相对大小对闭环供应链最优决策及利润的影响，探讨政府基金政策有效促进废旧品回收再制造的条件，本节将 6.3 节税收补贴机制下分散式决策闭环供应链定价决策与 4.3 节无资源回收政策差别定价闭环供应链决策进行比较分析，以期获得相关的管理启示。下文中变量加上标"NG"表示无政府税收补贴政策的情形；加上标"YG"表示有政府税收补贴政策的情形。

结论 6.2　政府税收补贴政策下，环境税 t 与回收处理补贴 s 满足 $0 < \dfrac{t}{s}$ $\leqslant \dfrac{\mu}{2}$ 的条件时，新产品的批发价格、再造品的批发价格、新产品的销售价格、再造品的销售价格都比无政府税收补贴政策时低。

证明：令 $w_n^{YG*} - w_n^{NG*} = 0$、$p_n^{YG*} - p_n^{NG*} = 0$，可得：$2t - \mu s = 0$，即 $\dfrac{t}{s} = \dfrac{\mu}{2}$，则有：当 $0 < \dfrac{t}{s} \leqslant \dfrac{\mu}{2}$ 时，$w_n^{YG*} \leqslant w_n^{NG*}$、$p_n^{YG*} \leqslant p_n^{NG*}$；当 $\dfrac{t}{s} > \dfrac{\mu}{2}$ 时，$w_n^{YG*} > w_n^{NG*}$、$p_n^{YG*} > p_n^{NG*}$。

令 $w_r^{YG*} - w_r^{NG*} = 0$、$p_r^{YG*} - p_r^{NG*} = 0$，可得：$\mu t - 2s = 0$，即 $\dfrac{t}{s} = \dfrac{2}{\mu}$，则有：当 $0 < \dfrac{t}{s} \leqslant \dfrac{2}{\mu}$ 时，$w_r^{YG*} \leqslant w_r^{NG*}$、$p_r^{YG*} \leqslant p_r^{NG*}$；当 $\dfrac{t}{s} > \dfrac{2}{\mu}$ 时，$w_r^{YG*} > w_r^{NG*}$、$p_r^{YG*} > p_r^{NG*}$。

综上可得：

当 $0 < \dfrac{t}{s} \leqslant \dfrac{\mu}{2}$ 时，$w_n^{YG*} \leqslant w_n^{NG*}$、$w_r^{YG*} < w_r^{NG*}$、$p_n^{YG*} \leqslant p_n^{NG*}$、$p_r^{YG*} < p_r^{NG*}$；

当 $\dfrac{\mu}{2} < \dfrac{t}{s} \leqslant \dfrac{2}{\mu}$ 时，$w_n^{YG*} > w_n^{NG*}$、$w_r^{YG*} \leqslant w_r^{NG*}$、$p_n^{YG*} > p_n^{NG*}$、$p_r^{YG*} \leqslant p_r^{NG*}$；

当 $\frac{t}{s} > \frac{2}{\mu}$ 时,$w_n^{YG*} > w_n^{NG*}$、$w_r^{YG*} > w_r^{NG*}$、$p_n^{YG*} > p_n^{NG*}$、$p_r^{YG*} > p_r^{NG*}$。

结论 6.2 得证。

结论 6.2 表明:政府税收补贴政策在实施过程中,随着环境税收 t 与回收补贴 s 的比值变化,新产品及再造品的批发价格、销售价格也发生相应的变化。在环境税收 t 与回收补贴 s 比值小于 $\frac{\mu}{2}$ 时,新产品的批发价格、再造品的批发价格、新产品的销售价格、再造品的销售价格都比无政府税收补贴政策时低。由此可见,若政府调节环境税收 t 与回收补贴 s 的比值,可以降低制造商和再制造商的产品价格,从而促进再造品的市场需求,消费者也可从中获益。

结论 6.3　政府税收补贴政策下,新产品的市场需求下降,同时再造品的市场需求上升,仅当 $\frac{t}{s} < 1$ 时,市场总需求量上升。

证明:$q_n^{YG*} - q_n^{NG*} = -\frac{(2-\mu^2)t + \mu s}{2(4-\mu^2)} < 0$、$q_r^{YG*} - q_r^{NG*} = \frac{\mu t + (2-\mu^2)s}{2(4-\mu^2)} > 0$,因此,市场总需求量的变化值 $\Delta q = (q_n^{YG*} - q_n^{NG*}) + (q_r^{YG*} - q_r^{NG*}) = \frac{(2-\mu-\mu^2)(s-t)}{2(4-\mu^2)}$,令 $\Delta q > 0$,可得 $t < s$,即 $\frac{t}{s} < 1$。故当 $\frac{t}{s} < 1$ 时,$\Delta q > 0$。

结论 6.3 得证。

结论 6.3 表明:在有无政府税收补贴政策下再制造闭环供应链最优决策的对比分析中可知,通过税收补贴政策,新产品市场需求降低,再造品市场需求量上升,可见政府税收补贴政策能提升再造品市场需求占有量,为废旧资源的回收再利用做出有益贡献。在环境税收 t 与回收补贴 s 比值比 1 小时,再造品的市场需求增加量高于新产品的市场需求减少量,即市场总需求量上升。可见,若政府调节环境税收 t 与回收补贴 s 的比值,可以在提升废旧品回收数的基础上扩大市场总需求,为闭环供应链的规模壮大提供了有效途径。

结论 6.4　政府税收补贴政策下,制造商最优利润下降,再制造商最优利润上升，在环境税收 t 与回收补贴 s 比值低于 $\min\{\beta_1,\beta_2\}$ 时，再制造闭环供应链系统和零售商的利润都上升。

证明：

$$\pi_M^{YG\cdot} - \pi_M^{NG\cdot} = \frac{[2\phi_n + \mu(\phi_r + c_r + A) - (2-\mu^2)c_n - \mu s - (2-\mu^2)t]^2 - [2\phi_n + \mu(\phi_r + c_r + A) - (2-\mu^2)c_n]^2}{2(4-\mu^2)^2} < 0$$

$$\pi_r^{YG\cdot} - \pi_r^{NG\cdot} = \frac{[2\phi_r + \mu(\phi_n + c_n) - (2-\mu^2)(c_r + A) + \mu t + (2-\mu^2)s]^2 - [2\phi_r + \mu(\phi_n + c_n) - (2-\mu^2)(c_r + A)]^2}{2(4-\mu^2)^2} > 0$$

可得制造商的利润下降，再制造商的利润上升。

$$\pi_R^{YG\cdot} - \pi_R^{NG\cdot} = \frac{(4-3\mu^2)(t^2+s^2) + 2\mu^3 st + [8\mu\phi_n + 2(\mu^2+4)\phi_r + 2\mu^3 c_n - 2(4-3\mu^2)(c_r+A)]s}{2(4-\mu^2)^2}$$

$$- \frac{[2(\mu^2+4)\phi_n + 8\mu\phi_r - 2(4-3\mu^2)c_n + 2\mu^3(c_r+A)]t}{2(4-\mu^2)^2}$$

$$\pi_T^{YG\cdot} - \pi_T^{NG\cdot} = \frac{(2-\mu^2)(t^2+s^2) + 2\mu st + [2\mu\phi_n + 4\phi_r + 2\mu c_n - 2(2-\mu^2)(c_r+A)]s}{2(4-\mu^2)}$$

$$- \frac{[4\phi_n + 2\mu\phi_r - 2(2-\mu^2)c_n + 2\mu(c_r+A)]t}{2(4-\mu^2)}$$

令 $F_R(s,t) = \pi_R^{YG*} - \pi_R^{NG*}$，则有 $\dfrac{\partial F_R(s,t)}{\partial s} =$

$$\frac{(4-3\mu^2)s + \mu^3(c_n+t) + 4\mu\phi_n + \mu^2\phi_r + 4(\phi_r - c_r - A) + 3\mu^2(c_r+A)}{(4-\mu^2)^2} > 0,$$

故 $F_R(s,t)$ 是回收处理补贴 s 的增函数。

根据结论 6.2，下面将分别讨论各区间情况：

当 $0 < \dfrac{t}{s} \leqslant \dfrac{\mu}{2}$，即 $s \geqslant \dfrac{2t}{\mu}$ 时，将 $s = \dfrac{2t}{\mu}$ 代入 $F_R(s,t)$，可得 $F_R(s,t) =$

$$\frac{t^2}{2\mu^2} + \frac{\mu(\phi_n + c_n) + 2(\phi_r - c_r - A) + \mu^2(c_r+A)}{\mu(4-\mu^2)}t > 0$$，由增函数的性质，当

$s \geqslant \dfrac{2t}{\mu}$，即 $0 < \dfrac{t}{s} \leqslant \dfrac{\mu}{2}$ 时，$F_R(s,t) > 0$ 恒成立。

当 $\dfrac{t}{s} \geqslant \dfrac{2}{\mu}$，即 $0 < s \leqslant \dfrac{\mu t}{2}$ 时，将 $s = \dfrac{\mu t}{2}$ 代入 $F_R(s,t)$，可得 $F_R(s,t) =$

$$\frac{8\left(\phi_n - c_n - \dfrac{t}{2}\right) + 4\mu(\phi_r + c_r + A) + 4\mu^2 c_n + \mu^2 t}{8(4-\mu^2)}t < 0$$，由增函数的性质，当

$0 < s \leqslant \dfrac{\mu t}{2}$，即 $\dfrac{t}{s} \geqslant \dfrac{2}{\mu}$ 时，$F_R(s,t) < 0$ 恒成立。

综上，必存在 $\beta_1 \in \left(\dfrac{\mu}{2}, \dfrac{2}{\mu} \right)$，使得当 $\dfrac{t}{s} = \beta_1$ 时，$F_R(s,t) = 0$。

即：当 $0 < \dfrac{t}{s} < \beta_1$ 时，$\pi_R^{YG*} > \pi_R^{NG*}$ 恒成立。

同理，必存在 $\beta_2 \in \left(\dfrac{\mu}{2}, \dfrac{2}{\mu} \right)$，使得当 $0 < \dfrac{t}{s} < \beta_2$ 时，$\pi_T^{YG*} > \pi_T^{NG*}$ 恒成立。

故当 $0 < \dfrac{t}{s} < \min\{\beta_1, \beta_2\}$ 时，$\pi_R^{YG*} > \pi_R^{NG*}$、$\pi_T^{YG*} > \pi_T^{NG*}$。

结论 6.4 得证。

结论 6.4 表明：在政府税收补贴政策下，制造商利润总是小于无政府税收补贴政策的情形，再制造商利润总是大于无政府税收补贴政策的情形。可见，在政府税收补贴政策实施过程中，再制造商受益，从而可以提升其回收再制造的积极性，而制造商在此过程中是利益受损的，会激发其对废旧品回收再制造的积极性，故政府税收补贴政策可以从制造商和再制造商的双重角度促进废旧资源的回收再利用。再制造闭环供应链系统及零售商的利润会随着环境税收 t 和回收补贴 s 的比值变化。若政府调节环境税收 t 与回收补贴 s 的比值，可以提升再制造闭环供应链系统及零售商的利润。

综合结论 6.2、6.3、6.4，令 $\theta_1 = \min\{\beta_1, \beta_2\}$，$\theta_2 = \max\{\beta_1, \beta_2\}$，再制造闭环供应链系统最优决策、最优利润随环境税收 t 与回收补贴 s 的比值 t/s 变化情况如表 6-1 所示。

表 6-1 t/s 对闭环供应链的最优决策及最优利润影响汇总

最优决策及利润	t/s								
	$\left(0, \dfrac{\mu}{2}\right)$	$\dfrac{\mu}{2}$	$\left(\dfrac{\mu}{2}, \theta_1\right)$	θ_1	(θ_1, θ_2)	θ_2	$\left(\theta_2, \dfrac{2}{\mu}\right)$	$\dfrac{2}{\mu}$	$\left(\dfrac{2}{\mu}, +\infty\right)$
w_n	$w_n^{YG*} < w_n^{NG*}$	$w_n^{NG*} = w_n^{YG*}$	$w_n^{YG*} > w_n^{NG*}$						

续表

最优决策及利润	t/s								
	$(0, \frac{\mu}{2})$	$\frac{\mu}{2}$	$(\frac{\mu}{2}, \theta_1)$	θ_1	(θ_1, θ_2)	θ_2	$(\theta_2, \frac{2}{\mu})$	$\frac{2}{\mu}$	$(\frac{2}{\mu}, +\infty)$
w_r	$w_r^{YG*} < w_r^{NG*}$							$w_r^{NG*} = w_r^{YG*}$	$w_r^{YG*} > w_r^{NG*}$
p_n	$p_n^{YG*} < p_n^{NG*}$	$p_n^{NG*} = p_n^{YG*}$	$p_n^{YG*} > p_n^{NG*}$						
p_r	$p_r^{YG*} < p_r^{NG*}$							$p_r^{NG*} = p_r^{YG*}$	$p_r^{YG*} > p_r^{NG*}$
q_n	$q_n^{YG*} < q_n^{NG*}$								
q_r	$q_r^{YG*} > q_r^{NG*}$								
π_M	$\pi_M^{YG*} < \pi_M^{NG*}$								
π_r	$\pi_r^{YG*} > \pi_r^{NG*}$								
π_R	$\pi_R^{YG*} > \pi_R^{NG*}$			$\pi_R^{NG*} = \pi_R^{YG*}$	$\pi_R^{YG*} < \pi_R^{NG*}$				
π_T	$\pi_T^{YG*} > \pi_T^{NG*}$			$\pi_T^{NG*} = \pi_T^{YG*}$	$\pi_T^{YG*} < \pi_T^{NG*}$				

由表 6 - 1 可知，环境税收 t 与回收补贴 s 的比值 t/s 处于 $0 < \frac{t}{s} \leqslant \min \{\beta_1, \beta_2\}$ 时，政府税收补贴政策使得与再造品相关联的再制造闭环供应链系统及其参与者均受益，扩大再造品的市场需求，增加废旧品的回收数目，提高再制造商的利润，进一步提升废旧资源回收再利用的有效性。

结论 6.5 政府税收补贴政策下，当 $tq_n^{YG*} \geqslant sq_r^{YG*}$ 时，即当政府的回收处理基金达到收支盈余或平衡时，再制造闭环供应链系统的总利润下降。

证明：

$$tq_n^{YG*} - sq_r^{YG*} = \frac{-(2 - \mu^2)(t^2 + s^2) - 2\mu st - [\mu\phi_n + 2\phi_r + \mu c_n - (2 - \mu^2)(c_r + A)]s}{2(4 - \mu^2)} +$$

$$\frac{[2\phi_n + \mu\phi_r - (2 - \mu^2)c_n + \mu(c_r + A)]t}{2(4 - \mu^2)}$$

$$\pi_T^{YG^*} - \pi_T^{NG^*} = \frac{(2-\mu^2)(t^2+s^2) + 2\mu st + 2[\mu\phi_n + 2\phi_r + \mu c_n - (2-\mu^2)(c_r+A)]s}{2(4-\mu^2)} -$$

$$\frac{[2\phi_n + \mu\phi_r - (2-\mu^2)c_n + \mu(c_r+A)]t}{(4-\mu^2)}$$

故当 $tq_n^{YG^*} \geqslant sq_r^{YG^*}$ 时，可得：

$$[2\phi_n + \mu\phi_r - (2-\mu^2)c_n + \mu(c_r+A)]t - [\mu\phi_n + 2\phi_r + \mu c_n - (2-\mu^2)(c_r+A)]s > 0$$

所以：

$$\pi_T^{YG^*} - \pi_T^{NG^*} = -(tq_n^{YG^*} - sq_r^{YG^*}) + \frac{[\mu\phi_n + 2\phi_r + \mu c_n - (2-\mu^2)(c_r+A)]s}{2(4-\mu^2)}$$

$$-\frac{[2\phi_n + \mu\phi_r - (2-\mu^2)c_n + \mu(c_r+A)]t}{2(4-\mu^2)} < 0$$

结论 6.5 得证。

结论 6.5 表明：政府实施税收补贴政策时，若能满足政府税收补贴收支盈余或平衡的条件，再制造闭环供应链的总利润比无政府税收补贴政策的利润低。政府可以结合当前市场规模、新产品和再造品的制造成本、两类产品的互相替代程度等方面，考虑闭环供应链系统及其参与成员的利润，设置合适的环境税收 t 和回收补贴 s，从而促进废旧资源回收再利用。

结论 6.6　政府税收补贴政策下，如若环境税收 t 增加,新产品销售价格、再造品销售价格、再造品的市场需求、在制造上的利润都相应上升，与此同时，新产品的市场需求、制造商的利润、零售商的利润、闭环供应链系统总利润都相应降低。如若回收处理补贴 s 增加,再造品市场需求、再制造商的利润、零售商的利润、闭环供应链系统总利润都相应上升;新产品销售价格、再造品销售价格、新产品市场需求、制造商的利润相应下降。

证明：易证 $\frac{\partial w_n^{YG^*}}{\partial t} > 0$、$\frac{\partial w_n^{YG^*}}{\partial s} < 0$、$\frac{\partial w_r^{YG^*}}{\partial t} > 0$、$\frac{\partial w_r^{YG^*}}{\partial s} < 0$、$\frac{\partial p_n^{YG^*}}{\partial t} > 0$、$\frac{\partial p_n^{YG^*}}{\partial s}$

< 0、$\frac{\partial p_r^{YG^*}}{\partial t} > 0$、$\frac{\partial p_r^{YG^*}}{\partial s} < 0$、$\frac{\partial q_n^{YG^*}}{\partial t} < 0$、$\frac{\partial q_n^{YG^*}}{\partial s} < 0$、$\frac{\partial q_r^{YG^*}}{\partial t} > 0$、$\frac{\partial q_r^{YG^*}}{\partial s} > 0$ 成立。

$$\frac{\partial \pi_M^{YG^*}}{\partial t} = -\frac{[2\phi_n + \mu(\phi_r + c_r + A - s) - (2-\mu^2)(c_n+t)](2-\mu^2)}{(4-\mu^2)^2} < 0、$$

$$\frac{\partial \pi_M^{YG*}}{\partial s} = -\frac{[2\phi_n + \mu(\phi_r + c_r + A - s) - (2 - \mu^2)(c_n + t)]\mu}{(4 - \mu^2)^2} < 0、\frac{\partial \pi_r^{YG*}}{\partial t} =$$

$$\frac{[2\phi_r + \mu(\phi_n + c_n + t) - (2 - \mu^2)(c_r + A - s)]\mu}{(4 - \mu^2)^2} > 0、\frac{\partial \pi_r^{YG*}}{\partial s} =$$

$$\frac{[2\phi_r + \mu(\phi_n + c_n + t) - (2 - \mu^2)(c_r + A - s)](2 - \mu^2)}{(4 - \mu^2)^2} > 0、\frac{\partial \pi_R^{YG*}}{\partial t} =$$

$$-\frac{\mu^2\phi_n + 4(\phi_n + \mu\phi_r - c_n - t) + 3\mu^2(c_n + t) + \mu^3(c_r + A - s)}{2(4 - \mu^2)^2} < 0、\frac{\partial \pi_R^{YG*}}{\partial s} =$$

$$\frac{4(\mu\phi_n + \phi_r - c_r - A + s) + \mu^2\phi_r + 3\mu^2(c_r + A - s) + \mu^3(c_n + t)}{2(4 - \mu^2)^2} > 0、\frac{\partial \pi_T^{YG*}}{\partial t}$$

$$= -\frac{(12 - 5\mu^2)\phi_n + 2\mu(2 - \mu^2)\phi_r + \mu(8 - 3\mu^2)(c_r + A - s) - (12 + 2\mu^4 - 9\mu^2)(c_n + t)}{2(4 - \mu^2)^2}$$

$$< 0、\frac{\partial \pi_T^{YG*}}{\partial s} = \frac{2\mu(2 - \mu^2)\phi_n + (12 - 5\mu^2)\phi_r + \mu(8 - 3\mu^2)(c_n + t) - (12 + 2\mu^4 - 9\mu^2)(c_r + A - s)}{2(4 - \mu^2)^2}$$

$$> 0。$$

结论 6.6 得证。

结论 6.6 表明：政府在实施税收补贴政策过程中，即使环境税收 t、回收处理补贴 s 分别对新产品与再造品销售价格、新产品与再造品的市场需求、废旧品回收数量、闭环供应链及其参与成员的利润产生影响不一致，但无论是环境税收 t 还是回收处理补贴 s，都能够在再造品市场需求、废旧品的回收数量、再制造商的利润方面有积极的影响。这表明，政府在实施税收补贴政策过程中面向制造商征收环境税，同时予以再制造商回收处理补贴，都是可以促进废旧资源回收再利用的。

6.6　数值算例分析

为了检验政府税收补贴政策下再制造闭环供应链模型是否可行，政府税收补贴政策的实施过程中，随着环境税收 t 与处理补贴 s 比值的变化，该闭环供应链中最优决策及最优利润情况相应的变化情况，在本节中通过算例分析验证上一节中的结论,并进一步探究政府税收补贴政策的作用。

模型中的参数赋值情况如下:$\phi_n = 300$,$\phi_r = 200$,$c_n = 20$,$c_r = 10$,$A = 8$,$\mu = 0.5$,在环境税收 t 与处理补贴 s 均为零时表示不考虑政府税收补贴政策时的情形。新产品及再造品的批发价格、销售价格、市场需求,再制造闭环供应链系统及其参与成员的利润分别随环境税收 t、处理补贴 s 变化如表 6-2 ～ 表6-7 所示。

表6-2　　　　　　　　　　　　产品价格随环境税的变化

最优价格	无政府基金	t							
		2.5	5	10	20	40	60	80	100
		t/s							
		0.125	0.25	0.50	1.00	2.00	3.00	4.00	5.00
p_n	366.53	365.870	366.53	367.87	370.53	375.87	381.20	386.53	391.87
p_r	312.80	307.630	307.80	308.13	308.80	310.13	311.47	312.80	314.13
w_n	199.73	198.400	199.73	202.40	207.73	218.40	229.07	239.73	250.40
w_r	158.93	148.600	148.93	149.60	150.93	153.60	156.27	158.93	161.60

表6-3　　　　　　　　　　　　产品价格随回收处理补贴的变化

最优价格	无政府基金	s							
		2.5	5	10	20	40	60	80	100
		t/s							
		8.00	4.00	2.00	1.00	0.50	0.33	0.25	0.20
p_n	366.53	371.70	371.53	371.20	370.53	369.20	367.87	366.53	365.20
p_r	312.80	313.47	312.80	311.47	308.80	303.47	298.13	292.80	287.47
w_n	199.73	210.07	209.73	209.07	207.73	205.07	202.40	199.73	197.07
w_r	158.93	160.27	158.93	156.27	150.93	140.27	129.60	118.93	108.27

由表6-2 和表6-3 可知:

(1) 在环境税收 t 不断增加时,新产品批发价格、销售价格,再造品批发价格、销售价格也随之增长。与无政府税收补贴政策下再制造闭环供应链的最优决策相比较,当环境税收 t 处于 (0,5) 区间时, $t/s<0.25$,新产品批发价格、销售价格,再造品批发价格、销售价格都比无政府税收补贴政策时低;当环境税收 t 处于 [5,80) 区间时, $0.25 \leqslant t/s < 4$,新产品批发价格、销售价格比无政府税收补贴政策时高,再造品批发价格、销售价格比无政府税收补贴政策时低;当环境税收 t 处于 [80,100) 区间时, $4 \leqslant t/s < 5$,新产品批发价格、销售价格,再造品批发价格、销售价格都比无政府税收补贴政策时高。

(2) 在回收处理补贴 s 不断增加时,新产品批发价格、销售价格,再造品批发价格、销售价格也随之下降。与无政府税收补贴政策下再制造闭环供应链的最优决策相比较,当回收处理补贴 s 处于 (0,5) 区间时, $t/s>4$,新产品批发价格、销售价格,再造品批发价格、销售价格都比无政府税收补贴政策时高;当回收处理补贴 s 处于 [5,80) 区间时, $0.25 < t/s \leqslant 4$,新产品批发价格、销售价格比无政府税收补贴政策时高,再造品批发价格、销售价格比无政府税收补贴政策时低;当回收处理补贴 s 处于 [80,100) 区间时, $t/s \leqslant 0.25$,新产品批发价格、销售价格,再造品批发价格、销售价格都比无政府税收补贴政策时低。

因此,在政府税收补贴政策实施过程中,随着环境税收 t 与处理补贴 s 比值的变化,该闭环供应链中产品的价格也发生了相应的变化,在 $t/s \leqslant 0.25$ 时,新产品批发价格、销售价格,再造品批发价格、销售价格都比无政府税收补贴政策时低,消费者可以从中获益;在 $t/s<4$ 时,再造品批发价格、销售价格比无政府税收补贴政策时低,再造品市场需求比例会因此而增加,故在促进废旧品的回收再制造方面会有很好的效果。

表6-4　　　　　产品市场需求量随环境税的变化

市场需求	无政府基金	t							
		10	20	30	40	50	60	70	80
		t/s							
		0.125	0.25	0.375	0.50	0.625	0.75	0.875	1.00
q_n	89.87	82.200	79.87	77.530	75.20	72.870	70.53	68.200	65.87
q_r	70.47	89.800	90.47	91.130	91.80	92.470	93.13	93.800	94.47

表6-5 产品市场需求量随回收处理补贴的变化

市场需求	无政府基金	s							
		10	20	30	40	50	60	70	80
		t/s							
		1.00	0.50	0.33	0.25	0.20	0.17	0.14	0.13
q_n	89.87	86.87	86.20	85.53	84.87	84.20	83.53	82.87	82.20
q_r	70.47	73.47	75.80	78.13	80.47	82.80	85.13	87.47	89.80

由表6-4和表6-5可知：

（1）在环境税收 t 不断增加时，新产品市场需求不断降低，再造品市场需求不断增加，与无政府税收补贴政策下再制造闭环供应链的最优决策相比较，新产品市场需求比无政府税收补贴政策时低，再造品市场需求比无政府税收补贴政策时高。由于政府的环境税收造成了新产品批发价格、销售价格的上涨，从而相应引起其市场需求的下降。而与新产品有相互替代性的再造品在新产品销售价格上涨的情形下弥补了市场的需求，从而再造品的市场需求也相应增长。同时再造品市场需求的上升，也能在逆向供应链的角度加大对废旧品的需求，故废旧品的回收数量也相应增长。

（2）在回收处理补贴 s 不断增加时，再造品市场需求不断增加，与无政府税收补贴政策下再制造闭环供应链的最优决策相比较，再造品市场需求比无政府税收补贴政策时高。由于再造品销售价格降低引起再造品的市场需求增长，而新产品市场需求下降。

因此，政府实施税收补贴政策时，会促进再造品的市场需求，增加废旧品的回收数量，为促进废旧资源回收再利用目标做贡献。

由表6-6和表6-7可知：

（1）在环境税收 t 不断增加时，制造商利润不断降低，与无政府税收补贴政策下再制造闭环供应链的最优决策相比较，制造商利润比无政府税收补贴政策时低；在回收处理补贴 s 不断增加时，制造商利润不断降低，与无政府税收补贴政策下再制造闭环供应链的最优决策相比较，制造商利润比无政府税收补贴政策时低。由此可见，政府税收补贴政策的实施会降低仅通过原材料生产新产品的制造商利润，影响其生产新产品的积极性，但也可通过该效应引导其加入回收再制造的行业中去。

表6-6　　　　　　　供应链系统及成员利润随环境税的变化

最优利润	无政府基金	t						
		10	20	40	60	80	85	90
		t/s						
		0.125	0.25	0.50	0.75	1.00	1.0625	1.125
π_M	16152.04	13513.680	12757.37	11310.08	9949.90	8676.84	8372.1800	8072.970
π_r	9931.10	16128.080	16368.44	16854.48	17347.64	17847.90	17974.0800	18100.700
π_R	25832.23	29603.250	29050.90	27980.85	26957.03	25979.43	25742.2500	25507.970
π_T	51915.37	59245.010	58176.70	56145.41	54254.57	52504.17	52088.5100	51681.640

表6-7　　　　　　　供应链系统及成员利润随回收处理补贴的变化

最优利润	无政府基金	s						
		10	12	15	20	40	60	80
		t/s						
		1.00	0.83	0.67	0.50	0.25	0.17	0.13
π_M	16152.04	15091.64	15045.34	14976.04	14860.89	14404.70	13955.64	13513.68
π_r	9931.10	10794.70	10932.27	11140.27	11491.28	12949.77	14495.37	16128.08
π_R	25832.23	25766.63	25868.39	26021.90	26280.05	27341.56	28449.30	29603.25
π_T	51915.37	51652.97	51846.01	52138.20	52632.21	54696.04	56900.30	59245.01

（2）在环境税收 t 不断增加时，再制造商利润不断上升，与无政府税收补贴政策下再制造闭环供应链的最优决策相比较，制造商利润比无政府税收补贴政策时高；在回收处理补贴 s 不断增加时，制造商利润不断上升，与无政府税收补贴政策下再制造闭环供应链的最优决策相比较，制造商利润比无政府税收补贴政策时高。由此可见，政府税收补贴政策的实施会增加通过回收废旧品生产再造品的再制造商利润，提高其生产新产品的积极性，有效促进

资源回收再利用。

（3）在环境税收 t 不断增加时，零售商利润不断下降，与无政府税收补贴政策下再制造闭环供应链的最优决策相比较，当 $t \leqslant t_1$，$t_1 \in$（80，85），即 $t/s \leqslant \beta_1$，$\beta_1 \in$（1，1.0625）时，零售商利润比无政府税收补贴政策时高；当 $t > t_1$，即 $t/s > \beta_1$ 时，零售商利润比无政府税收补贴政策时低。在回收处理补贴 s 不断增加时，零售商利润不断上升，与无政府税收补贴政策下再制造闭环供应链的最优决策相比较，当 $s \geqslant s_1$，$s_1 \in$（10，12），即 $t/s \leqslant \beta_2$，$\beta_2 \in$（0.83，1）时，零售商利润比无政府税收补贴政策时高；当 $s < s_1$，即 $t/s > \beta_2$ 时，零售商利润比无政府税收补贴政策时低。由此可见，若政府调节环境税收 t 与回收处理补贴 s 的比值，零售商的利润也可以处于增长状态，从而调动零售商的积极性。

（4）在环境税收 t 不断增加时，闭环供应链系统利润不断下降，与无政府税收补贴政策下再制造闭环供应链的最优决策相比较，当 $t \leqslant t_2$，$t_2 \in$（85，90），即 $t/s \leqslant \beta'_1$，$\beta'_1 \in$（1.0625，1.125）时，闭环供应链系统利润比无政府税收补贴政策时高；当 $t > t_2$，即 $t/s > \beta'_1$ 时，闭环供应链系统利润比无政府税收补贴政策时低。在回收处理补贴 s 不断增加时，闭环供应链系统利润不断上升，与无政府税收补贴政策下再制造闭环供应链的最优决策相比较，当 $s \geqslant s_2$，$s_2 \in$（12，15），即 $t/s \leqslant \beta'_2$，$\beta'_1 \in$（0.67，0.83）时，闭环供应链系统利润比无政府税收补贴政策时高；当 $s < s_2$，即 $t/s > \beta'_2$ 时，闭环供应链系统利润比无政府税收补贴政策时低。由此可见，若政府调节环境税收 t 与回收处理补贴 s 的比值，闭环供应链系统也可以处于增长状态，从而促进闭环供应链整体的利益。

6.7　本章小结

政府为促进资源回收再利用，通过设立废旧品处理基金，根据制造商的产品销售数量收取环境税，同时根据再制造商回收再制造的再造品数量予以处理补贴。为分析环境税与回收处理补贴的相对大小对闭环供应链最优决策及利润的影响，探讨政府基金政策有效促进废旧品回收再制造的条件。本章将税收补贴机制下分散式决策闭环供应链定价决策与无资源回收政策差别定价闭环供应链决策进行了比较分析，得出以下结论：

1. 政府税收补贴政策的实施，会引起再制造闭环供应链中各决策变量的变化，如新产品批发价格、销售价格的上升，再造品批发价格、销售价格的下降，新产品市场需求量下降，再造品市场需求量上升，制造商利润下降、再制造商利润上升等，无一不体现了政府税收补贴政策在促进废旧资源回收再利用中的有效性，能扩大再造品的市场占有率，激励制造商与再制造商的再制造活动，带动再制造行业的积极发展，推进资源回收再利用行业的大力发展。

2. 在政府税收补贴政策实施过程中，随着环境税收 t 与处理补贴 s 比值的变化，闭环供应链中产品价格、市场规模、再制造闭环供应链系统及其参与者的利润也会随之发生变化，故政府若在设置环境税收 t 与处理补贴 s 时结合产品价格引起的市场需求变化，两种产品之间相互替代程度等情况考虑，选取合适的环境税收 t 与处理补贴 s 的大小及比值，可以调节消费者、闭环供应链系统及零售商的利益，全方面促进资源的回收再利用。

第7章

政府再造品置换补贴下闭环供应链定价决策研究

7.1 问题概述

为了贯彻循环经济促进法和"十二五"规划精神，2013 年 7 月国家发展改革委员会等五部委联合出台了《关于印发再制造产品"以旧换再"试点实施方案的通知》，以促进再制造产品的销售和推广，扩大废旧产品的回收再制造力度。通知指出，对于符合"以旧换再"条件的再制造产品，财政部按推广置换价格的一定比例，给予再造品消费者一次性购买补贴，也就是再造品置换补贴。目前，广州市花都全球自动变速箱有限公司、潍柴动力（潍坊）再制造有限公司等试点企业的"以旧换再"工作取得显著效果，汽车行业再造品产量较 2010 年翻了两番。中国政府"以旧换再"补贴政策的出台，再次给遵循循环经济理论，以最大化产品生命周期为目标的包含产品正向生产过程和逆向回收再利用过程的闭环供应链带来了新的研究课题。

遵循循环经济的理论，以最大化产品生命周期为目标的闭环供应链是发展循环经济的有效途径。而废旧品的回收和再制造以及再制造产品的销售和被消费者接受都是一个非常庞大复杂的系统问题，需要政府、学术界、企业界以及消费者的共同参与。近年来，在以往闭环供应链研究的基础上，专家学者开始针对政府干预下的闭环供应链进行更为详细的研究。比如，哈蒙德等（Hammond et al.）研究了 WEEE 立法下的闭环供应链模型，采用了变分不等式方法研究了 WEEE 指令对闭环供应链最优决策的影响。米特拉等关注了政府的补贴主体不同对闭环供应链最优决策的影响，分别研究了对制造商补贴、对回收商补贴和对两者共同补贴的情形。韦帕斯特等（Webster et al.）从不同政府立法的角度出发，探讨了不同政策下的闭环供应链的决策情况和消费者效益、社会效益变化问题。阿塔苏等探讨了政府回收立法的经济和环境影响，并得到了效率最优条件。德尼（Deniz）等构建并求解了支持性政策和立法性政策下政府补贴制造商的闭环供应链模型。马等基于政府以旧换新政策，从消费者、闭环供应链的规模和企业三个视角分析了政府消费补贴如何影响双渠道闭环供应链决策。王文宾等考虑到现实生活中存在双寡头甚至多寡头竞争的情况，对政府奖惩下制造商竞争的闭环供应链的决策问题进行了研究。王玉燕等探讨了政府干涉下双渠道回收废旧品的闭环供应链管理模式问题。黄等研究了政府补贴机制下的电动汽车推广供应链模型。李新然等研究了政府基金政策对再制造闭环供应链的影响。洪等研究了在电子产品逆向供应链中预付费和补贴干预对逆向供应链决策的影响问题，发现通过向制造商征收预付费和向回收商提供回收补贴，可以有效促进回收商回收废旧产品的积极性以及制造商生产再造品的积极性。

通过上述文献综述可以看出，在以往研究政府干预下闭环供应链的文献中，大多仅考虑了政府干预这一背景对闭环供应链最优决策的影响，而少有文献考虑到政府干预对于再造品的销售问题和推广问题的影响。基于此，本章从促进再造品销售、扩大再造品市场份额的角度出发，以政府"以旧换再"政策为基础，考虑有政府补贴下新产品和再造品存在差别定价的再造品销售推广问题。具体开展以下工作：

1. 构建政府再造品置换补贴闭环供应链的定价决策模型，综合运用博弈论中的逆向归纳法以及优化理论中的 K-T 条件等运筹学方法，分别对集中式决策差别定价闭环供应链和分散式决策闭环供应链中的定价决策问题进行求解。

2. 比较分析有无再造品置换补贴政策干预下的差别定价闭环供应链决策结果和利润水平，并探讨分析再造品置换补贴政策对闭环供应链系统的影响作用。

3. 参考现有文献中的仿真数据，使用 Matlab 数据仿真软件，分析验证所构建再造品置换补贴下差别定价闭环供应链模型的正确性，探讨政府再造品置换补贴对引导再造品销售和促进废旧品回收的有效性。

7.2　模型假设及符号说明

本章的再制造闭环供应链是由制造商、零售商构成的，其中制造商分别采用原材料、回收的废旧品生产相应的新产品和再造品，再通过零售商将两类产品面向消费者售卖。同时制造商通过一定的转移价格委托零售商从再造品消费者处回收废旧品。而政府为了提高再造品的市场份额，提高零售商销售再造品的积极性，促进废旧产品的回收再制造活动，对再造品消费者提供再造品置换补贴。构建的政府再造品置换补贴差别定价闭环供应链模型如图 7 – 1 所示。

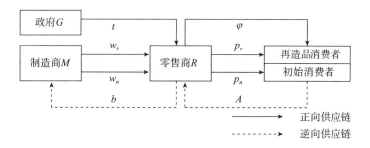

图 7 – 1　政府再造品置换补贴差别定价闭环供应链模型

在第 4 章基本假设及符号说明的基础上，给出再造品置换补贴差别定价闭环供应链模型基本假设和符号说明如下：

假设 1：本文只考虑一种产品。另外，一个家庭只有一个新产品或者一个废旧品，并且不会放弃该产品，废旧品的唯一处理方式是回收处理。并且，废旧品是相同属性的，所有回收的废旧品都可生产成再造品，并且 1 单位的废旧品只能生产 1 单位的再造品，也就是再造率为 1，因此消费者对再造品的需求量和废旧品的回收量相等。

假设 2：制造商与零售商存在 Stackelberg 博弈关系，同时制造商是市场领导者，零售商是市场跟随者，制造商与零售商都是风险中性并且信息完全对称。

假设 3：市场由两类消费者组成——原始消费者和"以旧换再"消费者。原始消费者在购买新产品前没有废旧品，而"以旧换再"消费者在购买再造品前有废旧品。原始消费者可直接购买新产品，"以旧换再"消费者在购买再造品之前必须出售其废旧品。

假设 4：再造品的效用、质量与新产品完全相同，并且两者以相同的方式进入市场。

政府再造品置换补贴下闭环供应链的变量符号定义如下：

制造商利用原材料制造新产品的单位生产成本费用为 c_n。

制造商利用回收的废旧品制造再造品的单位生产成本费用为 c_r。为保证制造商利用废旧品生产再造品能够节约成本、获得利润，制造商利用废旧品制造再造品的单位生产成本应小于利用原材料制造新产品的单位生产成本，即 $c_r < c_n$，记 $c_n - c_r = \delta$。

制造商批发新产品和再造品的单位批发价格分别为 w_n 和 w_r，零售商销售新产品和再造品的单位销售价格分别为 p_n 和 p_r，新产品的单位批发价格和单位销售价格均高于再造品，即 $w_n > w_r, p_n > p_r$。

参考微观经济学中存在价格竞争的两个寡头所面临的市场需求函数的表达，新产品和再造品的市场需求函数分别表示为 $q_n = \phi_n - \beta p_n + \mu p_r$ 和 $q_r = \phi_r - \beta p_r + \mu p_n$。由于 β 的取值并不会影响相关的研究结论，因此为方便模型求解和结果的展示，同参考文献 [89]，令 $\beta = 1$。故新产品和再造品的市场需求

函数可表示为 $q_n = \phi_n - p_n + \mu p_r$ 和 $q_r = \phi_r - p_r + \mu p_n$。其中，$\phi_n$ 和 ϕ_r 分别表示新产品和再造品的最大市场需求规模（针对我国消费者对再造品认可度不足，会使得其最大市场需求规模小的实际情况，令 $\phi_n > \phi_r$），$\mu(0 < \mu < 1)$ 为新产品和再造品的替代系数，其反映了两种产品相互替代的程度。

制造商从零售商处回收废旧品的单位转移价格为 b，为确保回收废旧品再制造活动的经济性，需 $b \leq \delta$。零售商支付给消费者的废旧品单位回收价格为 A，为确保理性零售商回收废旧品不产生效益损失，制造商从零售商处回收废旧品的单位转移价格需不小于零售商回收废旧品的单位回收价格，即 $A \leq b$。

政府开展"以旧换再"补贴，即给予零售商再造品销售补贴和给予"以旧换再"消费者再造品购买补贴。政府给予零售商单位再造品销售补贴 $t(t \geq 0)$，同时规定零售商按推广置换价格的一定比例 $\varphi(0 \leq \varphi < 1)$ 给予"以旧换再"消费者单位再造品购买补贴，并按扣除补贴后的推广置换价格向交回旧件的消费者销售再造品。为确保零售商有销售再造品的积极性，需有单位再造品销售补贴大于单位再造品购买补贴，即 $t \geq \varphi(p_r - A)$。

本章在第 4 章中设定的决策变量、各成员的利润函数和系统的利润函数的基础上，进一步标注上标"Y"和"S"来表示政府再造品置换补贴下单渠道、双渠道闭环供应链模型的决策变量、各成员的利润函数和系统利润函数，标注上标"$*$"表示最优决策结果。

7.3   政府再造品置换补贴下集中式决策闭环供应链定价决策研究

政府再造品置换补贴下集中式闭环供应链决策中，零售商和制造商两者一起决定新产品和再造品的单位零售价格和单位批发价格来最大化整体闭环供应链的利润。根据上述假设和符号说明可得集中式决策再造品置换补贴闭环供应链的利润效益函数为：

$$\pi_D^{YC}(p_n, p_r) = (p_n - c_n)(\phi_n - p_n + \mu p_r) + [(1 - \varphi)(p_r - A) + t - c_r](\phi_r$$

$$- p_r + \mu p_n)) \tag{7.1}$$

因为 $A'' = \dfrac{\partial^2 \pi_D^{YC}(p_n, p_r)}{\partial p_n^2} = -2 < 0$、$B'' = \dfrac{\partial^2 \pi_D^{YC}(p_n, p_r)}{\partial p_n \partial p_r} = \dfrac{\partial^2 \pi_D^{YC}(p_n, p_r)}{\partial p_r \partial p_n} =$

$\mu(2 - \varphi)$、$C'' = \dfrac{\partial^2 \pi_D^{YC}(p_n, p_r)}{\partial p_r^2} = -2(1 - \varphi) < 0$，所以，当 $4(1 - \varphi) - \mu^2(2$

$- \varphi)^2 > 0$ 时，函数 $\pi_D^{YC}(p_n, p_r)$ 的海塞矩阵 $\begin{bmatrix} A'' & B'' \\ B'' & C'' \end{bmatrix}$ 负定，它是关于决策变

量 (p_n, p_r) 的严格凹函数。所以，存在唯一最优解，故由利润最大化的一阶
条件：

$$2p_n - \mu(2 - \varphi)p_r = \phi_n + c_n + \mu[t - c_r - (1 - \varphi)A] \tag{7.2}$$

$$2(1 - \varphi)\phi_r - \mu(2 - \varphi)p_n = (1 - \varphi)\phi_r - \mu c_n - [t - c_r - (1 - \varphi)A] \tag{7.3}$$

得到新产品和再造品的最优销售价格组合为 (p_n^{YC*}, p_r^{YC*})，代入市场需求
函数可求得新产品和再造品的最优市场需求组合为 (q_n^{YC*}, q_r^{YC*})。将最优销售
价格 p_n^{YC*} 和 p_r^{YC*} 代入式（7.1）中，可求得再造品置换补贴下闭环供应链系
统最优利润。由此得到命题7.1。

命题7.1 集中式决策条件下，当 $4(1 - \varphi) - \mu^2(2 - \varphi)^2 > 0$ 时，$\pi_D^{YC}(p_n, p_r)$ 是关于 p_n 和 p_r 的严格凹函数，存在唯一最优解。故有政府补贴差别定价闭
环供应链的最优决策如下：

新产品的最优销售价格：

$$p_n^{YC*} = \frac{2(1 - \varphi)\phi_n + \mu(1 - \varphi)(2 - \varphi)\phi_r + [2(1 - \varphi) - \mu^2(2 - \varphi)]c_n - \mu\varphi[t - c_r - (1 - \varphi)A]}{4(1 - \varphi) - \mu^2(2 - \varphi)^2} \tag{7.4}$$

再造品的最优销售价格：

$$p_r^{YC*} = \frac{\mu(2 - \varphi)\phi_n + 2(1 - \varphi)\phi_r - \mu\varphi c_n - [2 - \mu^2(2 - \varphi)][t - c_r - (1 - \varphi)A]}{4(1 - \varphi) - \mu^2(2 - \varphi)^2} \tag{7.5}$$

此时，可得新产品和再造品的市场需求、废旧品的回收量如下：

新产品的市场需求：

$$q_n^{YC*} = \frac{(1 - \varphi)[2 - \mu^2(2 - \varphi)]\phi_n + \mu\varphi(1 - \varphi)\phi_r - 2(1 - \varphi)(1 - \mu^2)c_n - \mu(2 - \varphi)(1 - \mu^2)[t - c_r - (1 - \varphi)A]}{4(1 - \varphi) - \mu^2(2 - \varphi)^2}$$

$$\tag{7.6}$$

再造品的市场需求，即废旧品的回收量：

$$q_r^{YC^*} = \frac{[2(1-\varphi)-\mu^2(2-\varphi)]\phi_r - \mu\varphi\phi_n + \mu(2-\varphi)(1-\mu^2)c_n + 2(1-\mu^2)[t-c_r-(1-\varphi)A]}{4(1-\varphi)-\mu^2(2-\varphi)^2} \quad (7.7)$$

因此，闭环供应链的最优利润 $\pi_T^{YC^*}$ 如下：

$$\pi_D^{YC^*} = \frac{2(1-\varphi)\phi_n + \mu(1-\varphi)(2-\varphi)\phi_r - (1-\varphi)[2-\mu^2(2-\varphi)]c_n - \mu\varphi[t-c_r-(1-\varphi)A]}{4(1-\varphi)-\mu^2(2-\varphi)^2} \times$$

$$\frac{(1-\varphi)[2-\mu^2(2-\varphi)]\phi_n + \mu\varphi(1-\varphi)\phi_r - 2(1-\varphi)(1-\mu^2)c_n - \mu(2-\varphi)(1-\mu^2)[t-c_r-(1-\varphi)A]}{4(1-\varphi)-\mu^2(2-\varphi)^2} +$$

$$\frac{\mu(1-\varphi)(2-\varphi)\phi_n + 2(1-\varphi)^2\phi_r - \mu\varphi(1-\varphi)c_n + [2(1-\varphi)-\mu^2(2-\varphi)][t-c_r-(1-\varphi)A]}{4(1-\varphi)-\mu^2(2-\varphi)^2} \times$$

$$\frac{[2(1-\varphi)-\mu^2(2-\varphi)]\phi_r - \mu\varphi\phi_n + \mu(2-\varphi)(1-\mu^2)c_n + 2(1-\mu^2)[t-c_r-(1-\varphi)A]}{4(1-\varphi)-\mu^2(2-\varphi)^2} \quad (7.8)$$

7.4　政府再造品置换补贴下分散式决策闭环供应链定价决策研究

基于以上假设和符号说明可得政府再造品置换补贴下分散式决策差别定价闭环供应链中制造商和零售商的利润函数分别为：

$$\pi_{RD}^{Yd}(p_n, p_r) = (p_n - w_n)(\phi_n - p_n + \mu p_r) + [(1-\varphi)(p_r - A) - w_r + t + b](\phi_r - p_r + \mu p_n) \quad (7.9)$$

$$\pi_{MD}^{Yd}(w_n, w_r) = (w_n - c_n)(\phi_n - p_n + \mu p_r) + (w_r - c_r - b)(\phi_r - p_r + \mu p_n) \quad (7.10)$$

本节分散式决策再造品置换补贴闭环供应链中各成员的决策顺序为：制造商率先做出新产品和再造品的单位批发价格决策；零售商在观测到制造商的上述决策结果后，做出新产品和再造品的销售数量或单位销售价格决策。因此，采用逆向归纳法求解闭环供应链的最优决策结果，可得命题7.2。

命题 7.2　分散式决策条件下，当 $4(1-\varphi)-\mu^2(2-\varphi)^2 > 0$ 时，$\pi_R(p_n, p_r)$ 是关于 p_n 和 p_r 的严格凹函数，$\pi_{MD}^{Yd}(w_n, w_r)$ 是关于 w_n 和 w_r 的严格凹函数，均存在唯一最优解。故有政府补贴差别定价闭环供应链的最优决策如下：

新产品的最优销售价格：

$$p_n^{Yd*} = \frac{[(1-\varphi)(6-5\mu^2+\mu^2\varphi)-\mu^2]\phi_n + [2\mu(1-\mu^2)(1-\varphi)(2-\varphi)+2\mu(1-\varphi)-\mu^3(2-\varphi)+\mu\varphi(1-\varphi)]\phi_r}{2(1-\mu^2)\times[4(1-\varphi)-\mu^2(2-\varphi)^2]} +$$

$$\frac{(1-\mu^2)[2(1-\varphi)-\mu^2(2-\varphi)]c_n - \mu\varphi(1-\mu^2)[t-c_r-(1-\varphi)A]}{2(1-\mu^2)\times[4(1-\varphi)-\mu^2(2-\varphi)^2]} \tag{7.11}$$

再造品的最优销售价格：

$$p_r^{Yd*} = \frac{[\mu(2-\varphi)(2-3\mu^2+\mu^2\varphi)+2\mu-3\mu\varphi]\phi_n + [4(1-\varphi)(1-\mu^2)-\mu^2\varphi-\mu^2(1-\varphi)(2-\varphi)+2(1-\varphi)]\phi_r}{2(1-\mu^2)\times[4(1-\varphi)-\mu^2(2-\varphi)^2]} -$$

$$\frac{\mu\varphi(1-\mu^2)c_n + (1-\mu^2)[2-\mu^2(2-\varphi)][t-c_r-(1-\varphi)A]}{2(1-\mu^2)\times[4(1-\varphi)-\mu^2(2-\varphi)^2]} \tag{7.12}$$

新产品的最优批发价格：$w_n^{Yd*} = \dfrac{\phi_n + \mu\phi_r + (1-\mu^2)c_n}{2(1-\mu^2)}$ \hfill (7.13)

再造品的最优批发价格：

$$w_r^{Yd*} = \frac{\mu(1-\varphi)\phi_n + (1-\varphi)\phi_r + (1-\mu^2)[t+c_r+2b-(1-\varphi)A]}{2(1-\mu^2)} \tag{7.14}$$

此时，可得新产品和再造品的市场需求、废旧品的回收量如下：

新产品的市场需求：

$$q_n^{Yd*} = \frac{(1-\varphi)[2-\mu^2(2-\varphi)]\phi_n + \mu\varphi(1-\varphi)\phi_r - 2(1-\varphi)(1-\mu^2)c_n - \mu(2-\varphi)(1-\mu^2)[t-c_r-(1-\varphi)A]}{2[4(1-\varphi)-\mu^2(2-\varphi)^2]}$$

$$\tag{7.15}$$

再造品的市场需求，即废旧品的回收量：

$$q_r^{Yd*} = \frac{[2(1-\varphi)-\mu^2(2-\varphi)]\phi_r - \mu\varphi\phi_n + \mu(2-\varphi)(1-\mu^2)c_n + 2(1-\mu^2)[t-c_r-(1-\varphi)A]}{2[4(1-\varphi)-\mu^2(2-\varphi)^2]} \tag{7.16}$$

因此，制造商利润最优为 π_{MD}^{Yd*} 和零售商的最优利润 π_{RD}^{Yd*} 分别如下：

制造商的最优利润：

$$\pi_{MD}^{Yd*} = \frac{(1-\varphi)[2-\mu^2(2-\varphi)]\phi_n + \mu\varphi(1-\varphi)\phi_r - 2(1-\varphi)(1-\mu^2)c_n - \mu(2-\varphi)(1-\mu^2)[t-c_r-(1-\varphi)A]}{2[4(1-\varphi)-\mu^2(2-\varphi)^2]} \times$$

$$\frac{\phi_n + \mu\phi_r - (1-\mu^2)c_n}{2(1-\mu^2)} + \frac{\mu(1-\varphi)\phi_n + (1-\varphi)\phi_r + (1-\mu^2)[t-c_r-(1-\varphi)A]}{2(1-\mu^2)} \times$$

$$\frac{[2(1-\varphi)-\mu^2(2-\varphi)]\phi_r - \mu\varphi\phi_n + \mu(2-\varphi)(1-\mu^2)c_n + 2(1-\mu^2)[t-c_r-(1-\varphi)A]}{2[4(1-\varphi)-\mu^2(2-\varphi)^2]} \tag{7.17}$$

零售商的最优利润：

$$\pi_{RD}^{Yd*} = \frac{2(1-\varphi)\phi_n + \mu(1-\varphi)(2-\varphi)\phi_r - (1-\varphi)[2-\mu^2(2-\varphi)]c_n - \mu\varphi[t-c_r-(1-\varphi)A]}{2[4(1-\varphi)-\mu^2(2-\varphi)^2]} \times$$

$$\frac{(1-\varphi)[2-\mu^2(2-\varphi)]\phi_n + \mu\varphi(1-\varphi)\phi_r - 2(1-\varphi)(1-\mu^2)c_n - \mu(2-\varphi)(1-\mu^2)[t-c_r-(1-\varphi)A]}{2[4(1-\varphi)-\mu^2(2-\varphi)^2]} +$$

$$\frac{\mu(1-\varphi)(2-\varphi)\phi_n + 2(1-\varphi)^2\phi_r - \mu\varphi(1-\varphi)c_n + [2(1-\varphi)-\mu^2(2-\varphi)][t-c_r-(1-\varphi)A]}{2[4(1-\varphi)-\mu^2(2-\varphi)^2]} \times$$

$$\frac{[2(1-\varphi)-\mu^2(2-\varphi)]\phi_r - \mu\varphi\phi_n + \mu(2-\varphi)(1-\mu^2)c_n + 2(1-\mu^2)[t-c_r-(1-\varphi)A]}{2[4(1-\varphi)-\mu^2(2-\varphi)^2]} \quad (7.18)$$

证明：对式（7.9）求导，可得新产品和再造品的零售价格如下：

$$p_n^{Yd^*} = \frac{2(1-\varphi)\phi_n + \mu(1-\varphi)(2-\varphi)\phi_r + [2(1-\varphi)-\mu^2(2-\varphi)]w_n - \mu\varphi[t+b-w_r-(1-\varphi)A]}{4(1-\varphi)-\mu^2(2-\varphi)^2}$$

$$p_r^{Yd^*} = \frac{\mu(2-\varphi)\phi_n + 2(1-\varphi)\phi_r - \mu\varphi w_n - [2-\mu^2(2-\varphi)][t+b-w_r-(1-\varphi)A]}{4(1-\varphi)-\mu^2(2-\varphi)^2}$$

给定 $p_n^{Yd^*}$ 和 $p_r^{Yd^*}$，代入式（7.10），可得制造商的利润最大化函数如下：

$$\max \pi_{MD}^{Yd}(w_n, w_r) = (w_n - c_n)(\phi_n - p_n^{YD^*} + \mu p_r^{YD^*}) + (w_r - c_r - b)(\phi_r - p_r^{YD^*} + \mu p_n^{YD^*})$$

可求得，对于某个固定的 b，新产品和再造品的批发价格最优组合为 $(w_n^{Yd^*}, w_r^{Yd^*})$，其中，$w_n^{Yd^*} = \dfrac{\phi_n + \mu\phi_r + (1-\mu^2)c_n}{2(1-\mu^2)}$，$w_r^{Yd^*} =$

$$\frac{\mu(1-\varphi)\phi_n + (1-\varphi)\phi_r + (1-\mu^2)[t+c_r+2b-(1-\varphi)A]}{2(1-\mu^2)}。$$

给定 $w_n^{Yd^*}$ 和 $w_r^{Yd^*}$，可求得新产品和再造品最优销售价格组合为 $(p_n^{Yd^*}, p_r^{Yd^*})$，代入市场需求函数可求得最优市场需求组合为 $(q_n^{Yd^*}, q_r^{Yd^*})$。将 $p_n^{Yd^*}$、$p_r^{Yd^*}$、$w_n^{Yd^*}$、$w_r^{Yd^*}$ 分别代入式（7.9）和式（7.10）中，可求得制造商的最优利润 $\pi_M^{YD^*}$ 和零售商的最优利润 $\pi_R^{YD^*}$ 分别为式（7.17）和式（7.18）。

7.5　与无资源回收政策差别定价闭环供应链 定价决策的比较研究

本节将对比分析政府再造品置换补贴下闭环供应链最优决策与无政府干预差别定价闭环供应链最优决策，目的在于分析政府再造品置换补贴的有效性以及其对闭环供应链系统和参与成员最优决策及利润的影响。为保证模型对比的一致性，无政府干预闭环供应链分散式决策选取制造商作为领导者的市场权力结构模型。

结论7.1　有、无政府再造品置换补贴下差别定价闭环供应链的最优销售价格、市场需求及最优利润分别满足关系：$p_n^{d*} > p_n^{c*}$、$p_n^{Yd*} > p_n^{YC*}$、$p_r^{d*} > p_r^{c*}$、$p_r^{Yd*} > p_r^{YC*}$；$q_n^{d*} < q_n^{c*}$、$q_n^{Yd*} < q_n^{YC*}$、$q_r^{d*} < q_r^{c*}$、$q_r^{Yd*} < q_r^{YC*}$；$\pi_M^{d*} + \pi_R^{d*} < \pi^{c*}$、$\pi_M^{Yd*} + \pi_R^{Yd*} < \pi^{YC*}$。

证明：易证得 $p_n^{d*} - p_n^{c*} = \dfrac{\phi_n + \mu\phi_r - (1-\mu^2)c_n}{4(1-\mu^2)} > 0$

$$p_n^{YD\cdot} - p_n^{YC*} = \frac{[2(1-\varphi) - \mu^2(2-2\varphi+\varphi^2)]\phi_n + \mu[(1-\varphi)(2+\varphi) - \mu^2(2-\varphi)]\phi_r}{2(1-\mu^2) \times [4(1-\varphi) - \mu^2(2-\varphi)^2]} -$$

$$\frac{(1-\mu^2)[2(1-\varphi) - \mu^2(2-\varphi)]c_n - \mu\varphi(1-\mu^2)[t - c_r - (1-\varphi)A]}{2(1-\mu^2) \times [4(1-\varphi) - \mu^2(2-\varphi)^2]} > 0$$

$$p_r^{d*} - p_r^{c*} = \frac{\phi_n + \mu\phi_r - (1-\mu^2)(c_r + A)}{4(1-\mu^2)} > 0$$

$$p_r^{Yd*} - p_r^{YC*} = \frac{\mu[(2-3\varphi) - \mu^2(1-\varphi)(2-\varphi)]\phi_n + [2(1-\varphi) - \mu^2(2-2\varphi+\varphi^2)]\phi_r}{2(1-\mu^2) \times [4(1-\varphi) - \mu^2(2-\varphi)^2]} +$$

$$\frac{\mu\varphi(1-\mu^2)c_n + (1-\mu^2)[2 - \mu^2(2-\varphi)][t - c_r - (1-\varphi)A]}{2(1-\mu^2) \times [4(1-\varphi) - \mu^2(2-\varphi)^2]} > 0$$

$q_n^{d*} = \dfrac{1}{2}q_n^{c*} < q_n^{c*}$、$q_n^{Yd*} = \dfrac{1}{2}q_n^{YC*} < q_n^{YC*}$、$q_r^{d*} = \dfrac{1}{2}q_r^{c*} < q_r^{c*}$、$q_r^{Yd*} = \dfrac{1}{2}q_r^{YC*} <$

q_r^{YC*}、$\pi_M^{d*} + \pi_R^{d*} = \dfrac{3}{4}\pi^{c*} < \pi^{c*}$，$\pi_M^{Yd*} + \pi_R^{Yd*} = \dfrac{3}{4}\pi^{YC*} < \pi^{YC*}$

结论7.1得证。

结论7.1表明，无论有、无政府再造品置换补贴，在分散式决策下，新产品和再造品的最优零售价格都高于集中式决策下的最优销售价格，集中式决策下的市场需求都高于新产品和再造品的市场需求，最终造成集中式决策利润高于分散式决策下闭环供应链系统利润。这说明，集中式决策不仅对新产品的销售有影响，而且对再造品的销售有积极影响；并根据假设1，可得分散式决策回收量也低于集中式决策下废旧品的回收量。结论1还表明，制造商和零售商进行分散式决策时，集中式决策零售价格低于闭环供应链新产品和再造品的销售价格，市场需求较集中式决策少，进而系统利润降低。这说明，无论有、无政府置换补贴，分散式决策闭环供应链一定会产生"双重边际效应"问题，产生闭环供应链失调的现象，系统效率下降。

结论7.2　政府再造品置换补贴下，当集中式决策的政府再造品销售补贴大于某一定值 t（$\max\{t_1,t_2,t_0^{YC}\}$），分散式决策的政府再造品销售补贴 t 大于某一定值（$\max\{t_1,t_2,t_3,t_0^{Yd}\}$）时，有 $p_n^{YC*} \leqslant p_n^{c*}$、$p_r^{YC*} \leqslant p_r^{c*}$、$p_n^{Yd*} \leqslant p_n^{d*}$、$p_r^{Yd*}$ $\leqslant p_r^{d*}$、$w_n^{Yd*} = w_n^{d*}$、$w_r^{Yd*} \geqslant w_r^{d*}$。

证明：令 $p_n^{YC*} - p_n^{NC*} = 0$ 和 $p_n^{YD*} - p_n^{ND*} = 0$，均可得：

$$t_1 = \frac{\mu^2\varphi^2\phi_n - \mu\varphi[2(1-\varphi) - \mu^2(2-\varphi)]\phi_r - \mu^2\varphi(1-\mu^2)(2-\varphi)c_n + 2\mu\varphi(1-\mu^2)[c_r + (1-\varphi)A]}{2\mu\varphi(1-\mu^2)}$$

而由 $t \geqslant \varphi(p_r - A)$ 可知，集中式决策和分散式决策的政府再造品销售补贴和再造品购买补贴应分别满足关系：$t \geqslant \varphi(p_r^{YC*} - A)$ 和 $t \geqslant \varphi(p_r^{YD*} - A)$。即：

集中式决策时，需满足条件：

$$t \geqslant t_0^{YC} = \frac{\mu\varphi(2-\varphi)\phi_n + 2\varphi(1-\varphi)\phi_r - \mu\varphi^2 c_n + \varphi[2-\mu^2(2-\varphi)]c_r - \varphi[2(1-\varphi) - \mu^2(2-\varphi)]A}{2(1-\mu^2)(2-\varphi)}$$

分散式决策时，需满足条件：

$$t \geqslant t_0^{YD} = \frac{\varphi[\mu(2-\varphi)(2-3\mu^2+\mu^2\varphi) + 2\mu - 3\mu\varphi]\phi_n + \varphi[4(1-\varphi)(1-\mu^2) - \mu^2 - \mu^2(1-\varphi)(2-\varphi) + 2(1-\varphi)]\phi_r}{(1-\mu^2) \times [2(4-3\varphi) - \mu^2(2-\varphi)(4-\varphi)]} -$$

$$\frac{\mu\varphi^2(1-\mu^2)c_n - \varphi(1-\mu^2)[2-\mu^2(2-\varphi)]c_r - \varphi(1-\mu^2)[\mu^2(2-\varphi)(3-\varphi) - 6(1-\varphi)]A}{(1-\mu^2) \times [2(4-3\varphi) - \mu^2(2-\varphi)(4-\varphi)]}$$

此时，有如下情况出现：

情况一：若 $t_1 > t_0^{YC}$，则有：当 $t_0^{YC} \leqslant t < t_1$ 时，$p_n^{YC*} > p_n^{NC*}$；当 $t \geqslant t_1$ 时，$p_n^{YC*} \leqslant p_n^{NC*}$。

情况二：若 $t_1 \leqslant t_0^{YC}$，则有：当 $t_1 \geqslant t_0^{YC}$ 时，$p_n^{YC*} \leqslant p_n^{NC*}$。

情况三：若 $t_1 > t_0^{YD}$，则有：当 $t_0^{YD} \leqslant t_1 < t$ 时，$p_n^{YD*} \geqslant p_n^{ND*}$；当 $t \geqslant t_1$ 时，$p_n^{YD*} \leqslant p_n^{ND*}$。

情况四：若 $t_1 \leqslant t_0^{YD}$，则有：当 $t \geqslant t_0^{YD}$ 时，$p_n^{YD*} \leqslant p_n^{ND*}$。

同理可得：

情况五：若 $t_2 > t_0^{YC}$ ，则有：当 $t_0^{YC} \leqslant t < t_2$ 时，$p_r^{YC*} > p_r^{NC*}$ ；当 $t \geqslant t_2$ 时，$p_r^{YC*} \leqslant p_r^{NC*}$ 。

情况六：若 $t_2 \leqslant t_0^{YC}$ ，则有：当 $t \geqslant t_0^{YC}$ 时，$p_r^{YC*} \leqslant p_r^{NC*}$ 。

情况七：若 $t_2 > t_0^{YD}$ ，则有：当 $t_0^{YD} \leqslant t < t_2$ 时，$p_r^{YD*} > p_r^{ND*}$ ；当 $t \geqslant t_2$ 时，$p_r^{YD*} \leqslant p_r^{ND*}$ 。

情况八：若 $t_2 \leqslant t_0^{YD}$ ，则有：当 $t \geqslant t_0^{YD}$ 时，$p_r^{YD*} \leqslant p_r^{ND*}$ 。

此时，$t_2 = \dfrac{\mu\varphi[2-\mu^2(2-\varphi)]\phi_n + \mu^2\varphi^2\phi_r - 2\mu\varphi(1-\mu^2)c_n + \varphi(1-\mu^2)[4-\mu^2(2-\varphi)]c_r + \mu^2\varphi(1-\mu^2)(2-\varphi)A}{2(1-\mu^2)[2-\mu^2(2-\varphi)]}$

令 $p_r^{YC*} - p_r^{NC*} = 0$ 和 $p_r^{YD*} - p_r^{ND*} = 0$ 即可。

情况九：若 $t_3 > t_0^{YD}$ ，则有：当 $t_0^{YD} \leqslant t < t_3$ 时，$w_r^{YD*} < w_r^{ND*}$ ；当 $t \geqslant t_3$ 时，$w_r^{YD*} \geqslant w_r^{ND*}$ 。

情况十：若 $t_3 \leqslant t_0^{YD}$ ，则有：当 $t \geqslant t_0^{YD}$ 时，$w_r^{YD*} \geqslant w_r^{ND*}$ 。

此时，$t_3 = \dfrac{\mu\varphi\phi_n + \varphi\phi_r - \varphi(1-\mu^2)A}{(1-\mu^2)}$ ，令 $w_r^{YD*} - w_r^{ND*} = 0$ 即可。

同时可证得 $w_n^{YD*} - w_n^{ND*} = 0$ 。

结论 7.2 得证。

结论 7.2 表明，无论是集中式决策还是分散式决策：（1）当政府再造品销售补贴 t 大于某一定值时，新产品和再造品的销售价格均小于无政府补贴时的情形，使得单个初始消费者和单个"以旧换再"消费者均受益于政府"以旧换再"补贴；再造品的批发价格大于无政府补贴时的情形，这是因为通过调节再造品的批发价格，制造商可从零售商处获取一部分政府补贴收益及再造品销售收益。（2）新产品的批发价格恒等于无政府补贴时的情形。

结论 7.3 政府再造品置换补贴下，当集中式决策和分散决策的政府再造品销售补贴 t 大于某一定值（ $\max\{t_4, t_5, t_0^{YC}, t_0^{YD}\}$ ）时，有 $q_n^{YC*} \leqslant q_n^{NC*}$ 、$q_n^{YD*} \leqslant q_n^{YD*}$ 、$q_r^{YC*} \geqslant q_r^{NC*}$ 、$q_r^{YD*} \geqslant q_r^{ND*}$ 。

证明：令 $q_n^{YC*} - q_n^{NC*} = 0$ 和 $q_n^{YD*} - q_n^{ND*} = 0$ ，均可得：

$$t_4 = \frac{\mu\varphi(2-\varphi)\phi_n + 2\varphi(1-\varphi)\phi_r - \mu\phi^2 c_n + \varphi[2-\mu^2(2-\varphi)]c_r - \varphi[2(1-\varphi)-\mu^2(2-\varphi)]A}{2(1-\mu^2)(2-\varphi)}$$

此时，有如下情况出现：

情况一：因 $t_4 = t_0^{YC}$，故当 $t \geq t_0^{YC}$，即 $t \geq t_4$ 时，$q_n^{YC*} \leq q_n^{NC*}$。

情况二：如 $t_4 > t_0^{YD}$，则有，当 $t_0^{YD} \leq t < t_4$ 时，$q_n^{YD*} > q_n^{ND*}$；当 $t \geq t_4$ 时，有 $q_n^{YD*} \leq q_n^{ND*}$。

情况三：如 $t_4 \leq t_0^{YD}$，则有，当 $t \geq t_0^{YD}$ 时，$q_n^{YD*} \leq q_n^{ND*}$。

同理可知：

情况四：如 $t_5 > t_0^{YC}$，则有，当 $t_0^{YC} \leq t < t_5$ 时，$q_r^{YC*} < q_r^{NC*}$；当 $t \geq t_5$ 时，有 $q_r^{YC*} \geq q_r^{NC*}$。

情况五：如 $t_5 \leq t_0^{YC}$，则有，当 $t \geq t_0^{YC}$ 时，$q_r^{YC*} \geq q_r^{NC*}$。

情况六：如 $t_5 > t_0^{YD}$，则有，当 $t_0^{YD} \leq t < t_5$ 时，$q_r^{YD*} < q_r^{ND*}$；当 $t \geq t_5$ 时，有 $q_r^{YD*} \geq q_r^{ND*}$。

情况七：如 $t_5 \leq t_0^{YD}$，则有，当 $t \geq t_0^{YD}$ 时，$q_r^{YD*} \geq q_r^{ND*}$。

此时，$t_5 = \dfrac{2\mu\varphi\phi_n + \mu^2\varphi(2-\varphi)\phi_r - \mu\varphi[2-\mu^2(2-\varphi)]c_n + \varphi[4-\mu^2(4-\varphi)]c_r - \mu^2\varphi^2 A}{4(1-\mu^2)}$

令 $q_r^{YC*} - q_r^{NC*} = 0$ 和 $q_r^{YD*} - q_r^{ND*} = 0$ 即可。

结论 7.3 得证。

结论 7.3 表明：无论是分散式决策还是集中式决策，当政府再造品销售补贴 t 大于某一定值，而新产品市场需求又小于无政府补贴时，初始消费者群体受损于政府再造品补贴；再造品的市场需求及废旧品的回收量大于无政府补贴时情况下，使得"以旧换再"消费者均受益于政府再造品补贴。这说明，政府再造品销售补贴可有效促进再制造旧件回收和扩大再造品市场份额，使得环保效益受益于政府再造品置换补贴，并在总体上壮大了闭环供应链规模。

结论 7.4　有政府补贴下，当集中式决策的政府再造品销售补贴 t 大于某一定值（$\max\{t_6, t_0^{YC}\}$），分散式决策的政府再造品销售补贴 t 大于某一定值（$\max\{t_6, t_0^{YD}\}$），有 $\pi_T^{YC*} \geq \pi_T^{NC*}$、$\pi_M^{YD*} \geq \pi_M^{ND*}$、$\pi_R^{YD*} \geq \pi_R^{ND*}$。

证明：令 $\pi_T^{YC*} - \pi_T^{NC*} = 0$、$\pi_M^{YD*} - \pi_M^{ND*} = 0$ 和 $\pi_R^{YD*} - \pi_R^{ND*} = 0$，均可

得：

$$t_6 = \sqrt{\frac{F-(1-\mu^2)E^2}{4(1-\mu^2)}} - \frac{E}{2} \text{，其中：}$$

$$E = [2(1-\varphi)-\mu^2(2-\varphi)]\phi_r - \mu\varphi\phi_n + \mu(2-\varphi)c_n - 2c_r - 2(1-\varphi)A$$

$$F = \mu^2\varphi^2\phi_n^2 - 2\mu\varphi[2(1-\varphi)-\mu^2(2-\varphi)]\phi_n\phi_r - 2\mu^2\varphi(2-\varphi)(1-\mu^2)\phi_c c_n$$
$$+ 4\mu\varphi(1-\mu^2)\phi_n c_r + 4\mu\varphi(1-\varphi)(1-\mu^2)\phi_n A - \mu\varphi[4(1-\varphi)-\mu^2(4-3\varphi)]\phi_r^2$$
$$- 4\mu\varphi(1-\varphi)(1-\mu^2)\phi_n c_n + 2\mu^2\varphi(1-\mu^2)\phi_r c_r + 2\varphi[\mu^4(2-\varphi)-\mu^2(6-5\varphi)$$
$$+ 4(1-\varphi)]\phi_r A + \mu^2\varphi^2(1-\mu^2)c_n^2 - 2\mu\varphi[2-\mu^2(2-\varphi)]c_n c_r + 2\mu\varphi(1-\mu^2)[2(1$$
$$-\varphi)-\mu^2(2-\varphi)]c_n A + (1-\mu^2)\varphi[4-\mu^2(4-\varphi)]c_r^2 + 2\mu^2\varphi^2(1-\mu^2)c_r A + (1$$
$$-\mu^2)\varphi[4(1-\varphi)-\mu^2(4-3\varphi)]A^2$$

此时，有如下情况：

情况一：如 $t_6 > t_0^{YC}$，则有，当 $t_0^{YC} \leqslant t < t_6$ 时，$\pi_T^{YC*} < \pi_T^{NC*}$；当 $t \geqslant t_6$ 时，$\pi_T^{YC*} \geqslant \pi_T^{NC*}$。

情况二：如 $t_6 \leqslant t_0^{YC}$，则有，当 $t \geqslant t_0^{YC}$ 时，$\pi_T^{YC*} \geqslant \pi_T^{NC*}$。

情况三：如 $t_6 > t_0^{YD}$，则有，当 $t_0^{YD} \leqslant t < t_6$ 时，$\pi_M^{YD*} < \pi_M^{ND*}$，$\pi_R^{YD*} < \pi_R^{ND*}$；当 $t \geqslant t_6$ 时，$\pi_M^{YD*} \geqslant \pi_M^{ND*}$，$\pi_R^{YD*} \geqslant \pi_R^{ND*}$。

情况四：如 $t_6 \leqslant t_0^{YD}$，则有，当 $t \geqslant t_0^{YD}$ 时，$\pi_M^{YD*} \geqslant \pi_M^{ND*}$，$\pi_R^{YD*} \geqslant \pi_R^{ND*}$。

结论7.4得证。

结论7.4表明：无论是集中式决策还是分散式决策，当政府再造品销售补贴 t 大于某一定值时，闭环供应链系统利润、制造商利润和零售商利润均大于无政府补贴时的情形，使得闭环供应链系统、制造商和零售商均受益于政府再造品置换补贴。

结论7.5 政府再造品置换补贴下，p_n^{YC*}、p_r^{YC*}、q_n^{YC*}、p_n^{Yd*}、p_r^{Yd*} 和 q_n^{Yd*} 均随政府再造品销售补贴 t 的增加而减少；q_r^{YC*}、q_r^{Yd*}、w_r^{Yd*}、π^{YC*}、π_{MD}^{Yd*}、π_{RD}^{Yd*} 均随政府再造品销售补贴 t 的增加而增加；w_n^{Yd*} 与政府再造品销售补贴无关。

易证得：

$$\frac{\partial p_n^{YC*}}{\partial t} = -\frac{\mu\varphi}{4(1-\varphi)-\mu^2(2-\varphi)^2} \leqslant 0, \quad \frac{\partial p_r^{YC*}}{\partial t} = -\frac{2-\mu^2(2-\varphi)}{4(1-\varphi)-\mu^2(2-\varphi)^2} < 0$$

$$\frac{\partial q_n^{YC*}}{\partial t} = -\frac{\mu(2-\varphi)(1-\mu^2)}{4(1-\varphi)-\mu^2(2-\varphi)^2} < 0, \ \frac{\partial q_r^{YC*}}{\partial t} = \frac{2(1-\mu^2)}{4(1-\varphi)-\mu^2(2-\varphi)^2} > 0$$

$$\frac{\partial p_n^{YD*}}{\partial t} = -\frac{\mu\varphi}{2[4(1-\varphi)-\mu^2(2-\varphi)^2]} \leqslant 0, \ \frac{\partial p_r^{YD*}}{\partial t} = -\frac{2-\mu^2(2-\varphi)}{2[4(1-\varphi)-\mu^2(2-\varphi)^2]} < 0$$

$$\frac{\partial w_n^{YD*}}{\partial t} = 0, \frac{\partial w_r^{YD*}}{\partial t} = \frac{1}{2} > 0, \ \frac{\partial q_n^{YD*}}{\partial t} = -\frac{\mu(2-\varphi)(1-\mu^2)}{2[4(1-\varphi)-\mu^2(2-\varphi)^2]} < 0,$$

$$\frac{\partial q_r^{YD*}}{\partial t} = \frac{(1-\mu^2)}{4(1-\varphi)-\mu^2(2-\varphi)^2} > 0$$

$$\frac{\partial \pi_T^{YC*}}{\partial t} = \frac{[2(1-\varphi)-\mu^2(2-\varphi)]\phi_r - \mu\varphi\phi_n + \mu(1-\mu^2)(2-\varphi)c_n + 2(1-\mu^2)[t-c_r-(1-\varphi)A]}{4(1-\varphi)-\mu^2(2-\varphi)^2} > 0$$

$$\frac{\partial \pi_M^{YD*}}{\partial t} = \frac{[2(1-\varphi)-\mu^2(2-\varphi)]\phi_r - \mu\varphi\phi_n + \mu(2-\varphi)(1-\mu^2)c_n + 2(1-\mu^2)[t-c_r-(1-\varphi)A]}{2[4(1-\varphi)-\mu^2(2-\varphi)^2]} > 0$$

$$\frac{\partial \pi_R^{YD*}}{\partial t} = \frac{[2(1-\varphi)-\mu^2(2-\varphi)]\phi_r - \mu\varphi\phi_n + \mu(2-\varphi)(1-\mu^2)c_n + 2(1-\mu^2)[t-c_r-(1-\varphi)A]}{4[4(1-\varphi)-\mu^2(2-\varphi)^2]} > 0$$

结论 7.5 得证。

结论 7.5 表明：无论是集中式决策还是分散式决策，政府再造品销售补贴均可有效降低新产品和再造品的销售价格，提高再造品的市场需求量和废旧品的回收量，进而提高闭环供应链系统及其参与成员的利润。因此，为确保零售商有更大的再造品销售积极性，政府应设置合理的再造品置换补贴，在提高闭环供应链系统及其参与成员利润的同时，实现消费者利益及环保效益的增加。

7.6 数值算例分析

为说明本节构建的政府再造品补贴干预闭环供应链模型的正确性，以及进行更深入的分析，下面通过数值算例仿真进行验证分析。探讨政府"以旧换再"补贴，主要是政府再造品置换补贴的变化对各模型的影响，并在不同补贴力度下对比各模型，以验证前面的结论。

根据参考文献[40]，对各模型参数赋值：$Q=1000$、$\phi_n=200$、$\phi_r=100$、

$c_n = 30$、$c_r = 10$、$A = 10$、$b = 15$、$\mu = 0.5$、$\alpha = 0.5$、$\varphi = 0.1$（其中，无政府补贴是指 φ 和 t 的取值均为 0 时的情形）。随着政府再造品销售补贴 t 的增加，新产品和再造品的单位销售价格和批发价格，市场需求和废旧品的回收量，闭环供应链系统利润、制造商利润和零售商利润的取值结果分别如表 7 - 1、表 7 - 2 和表7 - 3所示。

由表 7 - 1 可知：（1）有、无政府再造品置换补贴的分散式决策下新产品和再造品的销售价格均大于集中式决策。（2）新产品的销售价格减少且均小于无政府补贴时的情形；再造品的销售价格减少，且当政府再造品销售补贴大于某一定值时，小于无政府补贴时的情形。这说明，政府再造品销售补贴可有效促使零售商降低新产品和再造品的销售价格，且当政府再造品销售补贴大于某一定值时，单个初始消费者和单个"以旧换再"消费者均受益于政府"以旧换再"补贴。（3）新产品的批发价格不变，再造品的批发价格增加且当政府再造品销售补贴大于某一定值时，大于无政府补贴时的情形。这说明，新产品的批发价格与政府再造品销售补贴无关；通过调节再造品批发价格，制造商可从零售商处获取一部分政府补贴收益及再造品销售收益。

表 7 - 1　　有、无政府再造品置换补贴下最优销售价格、批发价格对比分析

模型类型	最优价格	无政府补贴	政府再造品销售补贴 t								
			0	10	25	50	100	150	200	250	300
集中式	p_n	181.67	180.24	180.06	179.78	179.31	178.39	177.46	176.53	175.61	174.68
	p_r	143.33	147.34	141.69	133.22	119.08	90.82	62.54	34.28	6.01	-22.25
分散式	p_n	257.50	256.78	256.69	256.55	256.32	255.86	255.40	254.93	254.47	254.00
	p_r	205.00	207.00	204.18	199.94	192.87	178.74	164.61	150.47	136.34	122.21
	w_n	181.67	181.67	181.67	181.67	181.67	181.67	181.67	181.67	181.67	181.67
	w_r	148.33	135.50	140.50	148.00	160.50	185.50	210.50	235.50	260.50	285.50

由表 7 - 1 数据可知，政府再造品销售补贴 t 的变化范围可分为四个区间：$(0, 10)$、$[10, 50]$、$(50, 250]$、$(250, 300)$。当 $t \in (0, 10)$ 时，再造品

的销售价格存在高于无政府补贴时的情形，说明较低政府再造品销售补贴不利于再造品销售价格的降低；当 $t \in [10, 50]$ 时，再造品的销售价格均低于无政府补贴的情形，说明此时政府再造品销售补贴有利于再造品销售价格的降低；当 $t \in (50, 250]$ 时，分散式决策下再造品的批发价格高于其销售价格，与现实不符；当 $t \in (250, 300]$ 时，集中式决策下再造品的销售价格存在小于 0 的情形，与现实不符。故由表 7 - 1 可知，当 t 位于区间 [10, 50] 时，政府再造品销售补贴可有效降低再造品及新产品的销售价格，使得消费者获益。

由表 7 - 2 可知：（1）有、无政府再造品置换补贴的分散式决策下新产品和再造品的市场需求均小于集中式决策。（2）新产品的市场需求减少且当政府再造品销售补贴大于某一定值时，小于无政府补贴时的情形，使得初始消费者群体受损于政府"以旧换再"补贴。（3）再造品的市场需求及废旧品的回收量增加且当政府再造品销售补贴大于某一定值时，大于无政府补贴时的情形，使得"以旧换再"消费者群体受益于政府"以旧换再"补贴。这说明，当政府再造品销售补贴大于某一定值时，可有效促进再制造旧件回收和扩大再造品市场份额，使得环保效益受益于政府"以旧换再"补贴，并在总体上壮大闭环供应链规模。

表 7 - 2　有、无政府再造品置换补贴下市场需求、废旧品回收量对比分析

模型类型	市场需求	无政府补贴	政府再造品销售补贴 t								
			0	10	25	50	100	150	200	250	300
集中式	q_n	90.00	93.42	90.79	86.84	80.22	67.02	53.80	40.60	27.40	14.20
	q_r	47.50	42.76	48.33	56.66	70.58	98.38	126.18	153.98	181.78	209.58
分散式	q_n	45.00	46.71	45.39	43.42	40.11	33.51	26.90	20.30	13.70	7.10
	q_r	23.75	21.38	24.17	28.33	35.29	49.19	63.09	76.99	90.89	104.79

由表 7 - 2 数据可知，政府再造品销售补贴 t 的变化范围可分为三个区间：(0, 10)、[10, 25)、[25, 300]。当 $t \in (0, 10)$ 时，再造品的市场需求及废旧品的回收量存在小于无政府补贴时的情形，说明此时政府再造品销售补

贴不利于再造品的销售和废旧品的回收；当 $t \in [10, 25)$ 时，新产品的市场需求存在大于无政府补贴时的情形，说明此时政府再造品销售补贴不利于再造品市场份额的扩大；当 $t \in [25, 300]$ 时，再造品的市场需求和废旧品的回收量均大于无政府补贴时的情形，新产品的市场需求小于无政府补贴的情形，说明此时政府再造品销售补贴可有效促进再造品市场需求及废旧品回收量的增加，扩大再造品的市场份额，使得环保效益受益于政府"以旧换再"补贴，并在总体上壮大闭环供应链规模。

表 7 - 3　有、无政府再造品置换补贴下系统总利润、制造商利润、零售商利润对比分析

模型类型	最优利润	无政府补贴	政府再造品销售补贴 t								
			0.0	10.0	25.0	50.0	100.0	150.0	200.0	250.0	300.0
集中式	π_T	19508	18896	19353	20140	21731	25954	31568	38573	46967	56751
分散式	π_M	9754.2	9448.5	9676.3	10070	10865	12977	15784	19286	23483	28375
	π_R	4877.0	4724.3	4838.1	5035.0	5432.7	6488.6	7892.1	9643.2	11741	14188

由表 7 - 3 可知：（1）有、无政府补贴的分散式决策下系统总利润小于集中式决策。（2）闭环供应链系统利润、制造商利润和零售商利润均增加，且当政府再造品销售补贴大于某一定值时，闭环供应链系统利润、制造商利润和零售商利润均大于无政府补贴时的情形，使得闭环供应链系统、制造商和零售商均受益于政府"以旧换再"补贴。

由表 7 - 3 数据可知：政府再造品销售补贴 t 的变化范围可分为两个区间：$(0, 25)$、$[25, 300]$。当 $t \in (0, 25)$ 时，闭环供应链系统利润、制造商利润及零售商利润存在小于无政府补贴时的情形，说明此时政府再造品销售补贴不利于增加闭环供应链系统及其参与成员的积极性；当 $t \in [25, 300]$ 时，闭环供应链系统利润、制造商利润及零售商利润均大于无政府补贴时的情形，说明此时政府再造品销售补贴可有效增加闭环供应链系统及其参与成员的积极性，并使其受益于政府"以旧换再"补贴。

综上所述可知：（1）有、无政府再造品置换补贴的分散式决策差别定价闭环供应链均存在"双重边际效应"问题。（2）当政府再造品销售补贴 t 位

于区间 [25，50] 时，无论从环保角度，还是从单个初始消费者、单个"以旧换再"消费者、"以旧换再"消费者群体、闭环供应链系统及其参与成员的角度看，政府"以旧换再"补贴的效果均是最优的。这说明，政府应当设置合理的"以旧换再"补贴，在既能增强零售商再造品销售积极性，又能在不增加政府财政负担的基础上对零售商再造品销售行为进行补贴，实现经济效益和环保效益的双赢。

7.7　本章小结

本章基于政府"以旧换再"补贴政策，考虑政府补贴零售商再造品销售行为的情况，针对由单个制造商和零售商组成的新产品和再造品存在差别定价的闭环供应链系统进行了分析。文章分别构建了政府再造品置换补贴单渠道的决策模型。通过模型之间的比较分析，结合数值算例分析，得到如下结论：

在政府再造品置换补贴单渠道模型中：

1. 单个初始消费者、单个"以旧换再"消费者、初始消费者群体、"以旧换再"消费者群体、制造商、零售商、闭环供应链系统以及环保效益受益或受损于政府再造品置换补贴，取决于政府再造品销售补贴的大小。

2. 当政府再造品销售补贴大于某一定值时，政府补贴可有效促进再制造旧件回收和扩大再造品市场份额，实现资源的再生利用，并在总体上壮大闭环供应链规模。

3. 政府通过设置合理的再造品置换补贴，可在提高闭环供应链系统及其参与成员经济效益的同时有效提高消费者利益和环保效益。

第 8 章

政府补贴下考虑销售努力的
闭环供应链定价决策研究

8.1 问题概述

面对当前纷繁复杂的国际经济形势,全球循环经济发展日趋紧迫,资源枯竭、环境污染等问题日渐恶劣,而我国正处于"十三五"规划经济结构调整的关键时期,再生资源的回收利用引起了政府及社会各界的广泛关注。近年来,《中华人民共和国循环经济法》《中国制造 2025》等重大政策中均明确强调推行发展循环经济和再制造业的重要性。国家发改委在 2016 年 9 月开启的第二批再制造试点验收工作中,特别强调了旧件逆向物流回收体系及再制造产品的质量、销量、产值等方面检测的重要性。由此可见,闭环供应链中再造品的销售问题开始变得与废旧资源的回收问题同等重要,成为当下再制造业需重点突破的难关。

除了再制造商提升再造品的质量之外,还需要消费者广泛接受和主动购买再造品才可以从根本上解决再造品的销售问题。故加大对再制造产业的宣传,引导消费者积极消费再造品是资源回收再利用行业发展的需要。岳等(Yue et al.) 就制造商和零售商均提供价格折扣情形下供应链的定价和广告投入决策进行了分析。萨尔玛（Salma）研究了制造商和零售商均进行销售努力，不同权力结构下定价和营销努力决策不同步对供应链各成员利润的影响。马等在产品质量和销售努力同时影响需求的情况下，研究了不同渠道权力结构下制造商和零售商的定价、质量提升和销售努力决策，并在之后的研究中提出了两部定价契约和费用共担契约以实现供应链的协调。高等讨论了制造商进行回收努力，同时零售商进行销售努力的情形下不同权力结构的最优定价和努力决策。以上文献推进了研究销售努力在闭环供应链中的作用，但未结合实际区别新产品与再造品价格差异，只考虑针对再造品进行销售努力的情形。

作为废旧资源回收再利用的倡导者和督促者，政府的补贴政策是闭环供应链研究中不可或缺的重要组成部分。政府的各项补贴政策如何实施、如何设定合理补贴值是国内外学者在闭环供应链研究中不断探索的方向。李等研究了碳补贴对再制造闭环供应链决策模型的影响，并讨论了政府何时及如何实施碳补贴能够鼓励企业减少碳排放。李新然等基于政府"以旧换再"政策，探讨了"以旧换再"补贴分别对四种模式闭环供应链的决策，系统各成员及总利润的影响问题。李辉和汪传旭分析了渠道竞争对闭环供应链的影响，探析补贴的变化对供应链效率的影响。但涉及政府政策的相关文献中，大多局限在政府补贴对废旧资源回收及再制造定价决策和渠道选择中，目前还没有考虑补贴再造品销售并结合对再造品进行销售努力的研究。

综上所述，本章将立足于资源回收再利用行业中再造品销售困难的局面，研究政府补贴下考虑零售商进行再造品销售努力的闭环供应链。结合实际依次构建闭环供应链的基本模型，零售商针对再造品进行销售努力（下文简称"销售努力"）的闭环供应链模型，政府根据零售商再造品销量进行相应的补贴（下文简称"政府补贴"）的销售努力闭环供应链模型，分别求解模型中各参与者的最优决策和最优利润。通过对比不同模型的结果、算例分析探究销售努力能否增加再造品的市场需求，探讨政府补贴能否提高零售商销售努力的积极性，为废旧资源回收再利用行业提出有效对策。具体开展以下工作：

1. 构建政府补贴下考虑零售商销售努力的闭环供应链模型，综合运用博弈论中的逆向归纳法以及优化理论中的 K – T 条件等运筹学方法，分别对有无政府补贴和是否考虑销售努力下闭环供应链集中式决策和分散式决策的定价决策问题进行求解。

2. 对无政府补贴下是否考虑销售努力的闭环供应链的决策结果进行对比分析，探讨零售商销售努力对闭环供应链系统的影响。

3. 与无政府补贴下考虑销售努力闭环供应链定价决策结果进行对比分析，探讨政府补贴下考虑零售商销售努力对闭环供应链系统的影响。

4. 参考现有文献中的仿真数据，使用 Matlab 数据仿真软件，分析验证所构建的政府补贴下考虑销售努力的闭环供应链模型的正确性，深入探究不同政府补贴下考虑销售努力的闭环供应链系统及其主要参与成员的利润变化情况。

8.2　模型假设及符号说明

本章考虑的是由单个制造商与单个零售商组成的单周期闭环供应链系统。其中制造商分别采用原材料、回收的废旧品生产相应的新产品和再造品，再通过零售商将两类产品面向消费者售卖。同时，制造商委托零售商以一定的回收价格从消费者处将废旧品回收，再以合适的转移价格将废旧品回收至制造商处。零售商为促进再造品的销售进行销售努力，政府根据再造品的销量予以零售商一定的补贴。政府补贴下考虑销售努力的闭环供应链模型如图8 –1所示。

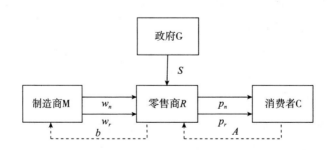

图 8 – 1　补贴政策下考虑零售商销售努力的闭环供应链模型

在第 7 章的基础上，给出政府补贴下考虑销售努力闭环供应链模型的基本假设和符号说明，具体如下：

假设 1：产品的制造商与零售商之间存在着 Stackelberg 博弈关系，制造商为市场的领导者，零售商为市场的跟随者。制造商与零售商之间信息完全对称，且均是风险中性的。

假设 2：本研究只考虑单一产品，消费者购买单个新产品或再造品。所有回收的废旧品均可加工成为再造品，且单位再造品仅由单位回收的废旧品制作而成。

假设 3：再造品功能、质量与新产品完全相同，但由于消费者对两者的认可度不一，支付意愿也有所差异。

假设 4：零售商的销售努力只针对再造品，即通过零售商货架展示、广告、优惠等促销手段影响再造品市场需求行为，并由零售商支付销售努力成本。

研究中变量符号定义如下：

制造商利用原材料和回收的废旧品生产单位新产品和再造品的成本分别为 c_n 和 c_r。结合实际情况，制造再造品成本低于制作新产品的成本，即 $c_r < c_n$，记 $c_n - c_r = \delta$，表示再制造的成本优势。

制造商向零售商批发新产品和再造品的单位价格分别为 w_n 和 w_r，零售商向消费者销售新产品和再造品的单位价格分别为 p_n 和 p_r。结合实际，再造品的批发价和零售价均低于新产品的批发价格和零售价格，即 $w_r < w_n$、$p_r < p_n$。

制造商从零售商处回收废旧品的单位回收价格为 b，零售商支付给消费者废旧品单位回收价格为 A，为确保制造商和零售商回收废旧品的经济可行性，应满足 $A \leqslant b \leqslant \delta$。

假设市场规模为 Q，消费者对新产品的支付意愿为 θ 且服从 $[0, Q]$ 上的均匀分布，结合实际中消费者对再造品的认可度较低的现状，故设定消费者偏好系数 α 以表示相比于新产品消费者对再造品的接受度，即消费者对再造品的支付意愿为 $\alpha\theta$，且 $\alpha \in (0, 1)$。因此，消费者购买单位新产品及再造品效用函数分别为 $U_n = \theta - p_n$ 和 $U_r = a\theta - p_r + A$。不考虑销售努力时新产品及

再造品需求函数为 $q_n = Q - (p_n - p_r + A) / (1 - \alpha)$ 和 $q_r = (\alpha p_n - p_r + A) / [\alpha (1 - \alpha)]$。

通常认为销售努力会改善消费者对再造品的接受程度，却不能完全消除与新产品间的差别。若销售努力程度为 e，消费者因销售努力对再造品支付意愿增加了 $\alpha^2 e$，即考虑销售努力时消费者对再造品的支付意愿为 $\alpha \theta + \alpha^2 e$。此时，消费者购买单位新产品及再造品效用函数分别为 $U_n = \theta - p_n$ 和 $U_r = \alpha \theta + \alpha^2 e - p_r + A$。故在考虑销售努力的闭环供应链模型中新产品及再造品函数为 $q_n = Q - (p_n + \alpha^2 e - p_r + A)/(1 - \alpha)$ 和 $q_r = (\alpha p_n + \alpha^2 e - p_r + A)/[\alpha(1 - \alpha)]$。

零售商销售努力需要付出相应的成本。根据参考文献，将销售努力成本表示为 $\beta e^2 / 2$，其中 β 为销售努力成本系数。政府为鼓励再造品销售，根据再造品的销量补贴零售商，每销售单位再造品补贴 S。

在下文中，上述变量加上标"NIC""NID"表示无政府补贴下不考虑销售努力的闭环供应链集中式和分散式决策的情形；加上标"NEC""NED"表示无政府补贴下考虑销售努力的闭环供应链集中式和分散式决策的情形；加上标"YEC""YED"表示政府补贴下考虑销售努力闭环供应链集中式和分散式决策的情形；加上标"*"表示最优决策结果。

8.3 无政府补贴下不考虑销售努力的闭环供应链定价决策研究

8.3.1 集中式决策

无政府补贴下不考虑销售努力的闭环供应链集中式决策模型中，制造商和零售商共同决策新产品和再造品的单位销售价格，以最大化整体闭环供应链的利润。基于上述假设和符号说明可得在不考虑零售商销售努力及政府补贴时闭环供应链集中式决策利润函数为：

$$\pi_T(p_n,p_r) = (p_n - c_n)\left(Q - \frac{p_n - p_r + A}{1 - \alpha}\right) + (p_r - c_r - A)\left(\frac{\alpha p_n - p_r + A}{\alpha(1 - \alpha)}\right) \quad (8.1)$$

因为 $A' = \dfrac{\partial^2 \pi_T(p_n,p_r)}{\partial p_n^2} = \dfrac{-2}{1 - \alpha} < 0$、$B' = \dfrac{\partial^2 \pi_T(p_n,p_r)}{\partial p_n \partial p_r} = \dfrac{\partial^2 \pi_T(p_n,p_r)}{\partial p_r \partial p_n} =$

$\dfrac{2}{1 - \alpha}$、$C' = \dfrac{\partial^2 \pi_T(p_n,p_r)}{\partial p_r^2} = \dfrac{-2}{\alpha(1 - \alpha)} < 0$，又因为 $\dfrac{4}{\alpha(1 - \alpha)} > 0$，所以函数

$\pi_T(p_n,p_r)$ 的海塞矩阵 $\begin{bmatrix} A' & B' \\ B' & C' \end{bmatrix}$ 负定，其为关于决策变量 (p_n,p_r) 严格凹函

数，存在唯一最优解，故由利润最大化的一阶条件：

$$(1 - \alpha)Q - 2p_n + 2p_r + c_n - c_r - 2A = 0$$

$$2\alpha p_n - 2p_r - \alpha c_n + c_r + 2A = 0$$

可求得新产品与再造品的最优销售价格 p_n^{NIC*}、p_r^{NIC*}，代入市场需求函数中可求得最优市场需求 q_n^{NIC*}、q_r^{NIC*}。将最优零售价格决策代入式（8.1）中，由此可以得到命题8.1。

命题8.1　集中式决策条件下，$\pi_T(p_n,p_r)$ 是关于 p_n 和 p_r 的严格凹函数，存在唯一最优解。故此情形下闭环供应链的最优决策如下：

新产品最优销售价格：$p_n^{NIC*} = \dfrac{Q + c_n}{2}$ \hfill (8.2)

再造品最优销售价格：$p_r^{NIC*} = \dfrac{\alpha Q + c_r + 2A}{2}$ \hfill (8.3)

此时，可得新产品及再造品的市场需求量如下：

新产品市场需求：$q_n^{NIC*} = Q - \dfrac{p_n - p_r + A}{1 - \alpha} = \dfrac{(1 - \alpha)Q - c_n + c_r}{2(1 - \alpha)}$ \hfill (8.4)

再造品市场需求（废旧品回收量）：$q_r^{NIC*} = \dfrac{\alpha p_n - p_r + A}{\alpha(1 - \alpha)} = \dfrac{\alpha c_n - c_r}{2\alpha(1 - \alpha)}$

\hfill (8.5)

因此，闭环供应链系统的最优利润如下：

$$\pi_T^{NIC*}(p_n,p_r) = \frac{Q - c_n}{2} \times \frac{(1-\alpha)Q - c_n + c_r}{2(1-\alpha)} + \frac{aQ - c_r}{2} \times \frac{\alpha c_n - c_r}{2\alpha(1-\alpha)}$$

$$(8.6)$$

8.3.2　分散式决策

基于上述假设和符号说明可得在不考虑零售商销售努力及政府补贴时闭环供应链分散式决策中制造商和零售商的利润函数分别为：

$$\pi_R(p_n,p_r) = (p_n - w_n)\left(Q - \frac{p_n - p_r + A}{1-\alpha}\right) + (p_r - w_r + b - A)\left(\frac{\alpha p_n - p_r + A}{\alpha(1-\alpha)}\right)$$

$$(8.7)$$

$$\pi_M(w_n,w_r) = (w_n - c_n)\left(Q - \frac{p_n - p_r + A}{1-\alpha}\right) + (w_r - c_r - b)\left(\frac{\alpha p_n - p_r + A}{\alpha(1-\alpha)}\right)$$

$$(8.8)$$

本节无政府补贴下不考虑销售努力的分散式决策闭环供应链中各成员的决策顺序为：制造商率先做出新产品和再造品的单位批发价格决策；零售商在观测到制造商的上述决策结果后，做出新产品和再造品的销售数量或单位销售价格决策。因此，采用逆向归纳法求解闭环供应链的最优决策结果，由此可得命题8.2。

命题8.2　分散式决策条件下，$\pi_R(p_n,p_r)$是关于p_n和p_r的严格凹函数，存在唯一最优解。故此情形下闭环供应链的最优决策如下：

新产品最优销售价格：$p_n^{NID*} = \dfrac{3Q + c_n}{4}$　　　　　　　　　　　　　　(8.9)

再造品最优销售价格：$p_r^{NID*} = \dfrac{3\alpha Q + c_r + 4A}{4}$　　　　　　　　　(8.10)

新产品最优批发价格：$w_n^{NID*} = \dfrac{Q + c_n}{2}$　　　　　　　　　　　　　　(8.11)

再造品最优批发价格：$w_r^{NID*} = \dfrac{\alpha Q + c_r + 2b}{2}$　　　　　　　　　(8.12)

此时，可得新产品及再造品的市场需求量如下：

新产品市场需求：$q_n^{NID*} = Q - \dfrac{p_n - p_r + A}{1 - \alpha} = \dfrac{(1 - \alpha)Q - c_n + c_r}{4(1 - \alpha)}$　(8.13)

再造品市场需求：$q_r^{NID*} = \dfrac{\alpha p_n - p_r + A}{\alpha(1 - \alpha)} = \dfrac{\alpha c_n - c_r}{4\alpha(1 - \alpha)}$　(8.14)

因此，闭环供应链中制造商和零售商的最优利润可算出，分别如下：

制造商的最优利润：

$$\pi_M^{NID*}(w_n, w_r) = \frac{Q - c_n}{2} \times \frac{(1 - \alpha)Q - c_n + c_r}{4(1 - \alpha)} + \frac{\alpha Q - c_r}{2} \times \frac{\alpha c_n - c_r}{4\alpha(1 - \alpha)}$$
(8.15)

零售商的最优利润：

$$\pi_R^{NID*}(p_n, p_r) = \frac{Q - c_n}{4} \times \frac{(1 - \alpha)Q - c_n + c_r}{4(1 - \alpha)} + \frac{\alpha Q - c_r}{4} \times \frac{\alpha c_n - c_r}{4\alpha(1 - \alpha)}$$
(8.16)

证明：对式 (8.7) 求导，可得新产品的销售价格为 $p_n^{NID*} = \dfrac{Q + w_n}{2}$，再造品的销售价格为 $p_r^{NID*} = \dfrac{\alpha Q + w_r - b + 2A}{2}$。将 p_n^{NID*} 和 p_r^{NID*} 代入式 (8.8) 中，可得制造商最大化利润函数为：

$$\pi_M(w_n, w_r) = (w_n - c_n)\left(\frac{(1 - \alpha)Q - w_n + w_r - b}{2(1 - \alpha)}\right) + (w_r - c_r - b)\left(\frac{\alpha w_n - w_r + b}{2\alpha(1 - \alpha)}\right)$$

由此，可求得新产品和再造品的最优批发价格为 $w_n^{NID*} = \dfrac{Q + c_n}{2}$，$w_r^{NID*} = \dfrac{\alpha Q + c_r + 2b}{2}$。

根据上述新产品及再造品的最优批发价格 w_n^{NID*} 和 w_r^{NID*}，求得新产品与再造品的最优销售价格 p_n^{NID*}、p_r^{NID*}，代入市场需求函数中得到最优需求 q_n^{NID*}、q_r^{NID*}，将 p_n^{NID*}、p_r^{NID*}、w_n^{NID*}、w_r^{NID*} 分别代入式 (8.7) 和式 (8.8) 中，可求得制造商的最优利润 π_M^{NID*} 和零售商的最优利润 π_R^{NID*} 分别为式

（8.15）和式（8.16）。

8.4 无政府补贴下考虑销售努力的闭环供应链定价决策研究

8.4.1 集中式决策

本节在8.2基础上考虑了零售商针对再造品销售进行的销售努力，因为市场需求受价格和销售努力的影响。此时，在无政府补贴下考虑销售努力的闭环供应链集中式决策利润函数为：

$$\pi_T(p_n, p_r) = (p_n - c_n)\left(Q - \frac{p_n + \alpha^2 e - p_r + A}{1 - \alpha}\right) + (p_r - c_r - A)$$

$$\left(\frac{\alpha p_n + \alpha^2 e - p_r + A}{\alpha(1 - \alpha)}\right) - \frac{1}{2}\beta e^2 \tag{8.17}$$

因为 $A' = \dfrac{\partial^2 \pi_T(p_n, p_r)}{\partial p_n^2} = \dfrac{-2}{1 - \alpha} < 0$、$B' = \dfrac{\partial^2 \pi_T(p_n, p_r)}{\partial p_n \partial p_r} = \dfrac{\partial^2 \pi_T(p_n, p_r)}{\partial p_r \partial p_n} = \dfrac{-2}{1 - \alpha}$、

$C' = \dfrac{\partial^2 \pi_T(p_n, p_r)}{\partial p_r^2} = \dfrac{-2}{\alpha(1 - \alpha)} < 0$，又因为 $\dfrac{4}{\alpha(1 - \alpha)} > 0$，所以函数 $\pi_T(p_n,$

$p_r)$ 的海塞矩阵 $\begin{bmatrix} A' & B' \\ B' & C' \end{bmatrix}$ 负定，其为关于决策变量 (p_n, p_r) 严格凹函数，存在唯一最优解，故由利润最大化的一阶条件：

$$(1 - \alpha)Q - 2p_n + 2p_r - \alpha^2 e + c_n - c_r - 2A = 0$$

$$2\alpha p_n - 2p_r + \alpha^2 e - \alpha c_n + c_r + 2A = 0$$

可求得新产品与再造品的最优销售价格 p_n^{NEC*}、p_r^{NEC*}，代入市场需求函数中可求得最优市场需求 q_n^{NEC*}、p_r^{NEC*}。将最优零售价格决策代入式（8.17）中，可得无政府补贴下考虑销售努力的闭环供应链集中式决策的最优利润，由此得到命题8.3。

命题8.3　集中式决策条件下，$\pi_T(p_n, p_r)$是关于p_n和p_r的严格凹函数，存在唯一最优解。故此情形下闭环供应链的最优决策如下：

新产品最优销售价格：$p_n^{NEC*} = \dfrac{Q + c_n}{2}$　　　　　　　　　　　　　　　　　(8.18)

再造品最优销售价格：$p_r^{NEC*} = \dfrac{\alpha Q + \alpha^2 e + c_r + 2A}{2}$　　　　　　　　　(8.19)

此时，可得新产品及再造品的市场需求量如下：

新产品市场需求：$q_n^{NEC*} = Q - \dfrac{p_n + \alpha^2 e - p_r + A}{1 - \alpha} = \dfrac{(1-\alpha)Q - \alpha^2 e - c_n + c_r}{2(1-\alpha)}$

(8.20)

再造品市场需求：$q_r^{NEC*} = \dfrac{\alpha p_n + \alpha^2 e - p_r + A}{\alpha(1-a)} = \dfrac{\alpha^2 e + \alpha c_n - c_r}{2\alpha(1-\alpha)}$　　(8.21)

因此，闭环供应链系统的最优利润如下：

$$\pi_T^{NEC*}(p_n, p_r) = \frac{Q - c_n}{2} \times \frac{(1-\alpha)Q - \alpha^2 e - c_n + c_r}{2(1-\alpha)} + \frac{\alpha Q + \alpha^2 e - c_r}{2} \times$$

$$\frac{\alpha^2 e + \alpha c_n - c_r}{2\alpha(1-\alpha)} - \frac{1}{2}\beta e^2 \tag{8.22}$$

8.4.2　分散式决策

在无政府补贴下考虑销售努力的分散式决策中，制造商与零售商的利润函数分别为：

$$\pi_R(p_n, p_r) = (p_n - w_n)\left(Q - \frac{p_n + \alpha^2 e - p_r + A}{1 - \alpha}\right) + (p_r - w_r + b - A)$$

$$\left(\frac{\alpha p_n + \alpha^2 e - p_r + A}{\alpha(1-\alpha)}\right) - \frac{1}{2}\beta e^2 \tag{8.23}$$

$$\pi_M(w_n, w_r) = (w_n - c_n)\left(Q - \frac{p_n + \alpha^2 e - p_r + A}{1 - \alpha}\right) + (w_r - c_r - b)$$

$$\left(\frac{\alpha p_n + \alpha^2 e - p_r + A}{\alpha(1-\alpha)}\right) \tag{8.24}$$

本节无政府补贴下考虑销售努力的闭环供应链分散式决策中各成员的决策顺序为：制造商率先做出新产品和再造品的单位批发价格决策；零售商在观测到制造商的上述决策结果后，做出新产品和再造品的销售数量或单位销售价格决策。因此，采用逆向归纳法求解闭环供应链的最优决策结果，可得命题8.4。

命题8.4 分散式决策条件下，$\pi_R(p_n, p_r)$ 是关于 p_n 和 p_r 的严格凹函数，存在唯一最优解。故此情形下闭环供应链的最优决策如下：

新产品最优销售价格：
$$p_n^{NED*} = \frac{3Q + c_n}{4} \tag{8.25}$$

再造品最优销售价格：
$$p_r^{NED*} = \frac{3\alpha Q + 3\alpha^2 e + c_r + 4A}{4} \tag{8.26}$$

新产品最优批发价格：
$$w_n^{NED*} = \frac{Q + c_n}{2} \tag{8.27}$$

再造品最优批发价格：
$$w_r^{NED*} = \frac{aQ + \alpha^2 e + c_r + 2b}{2} \tag{8.28}$$

此时，可得新产品及再造品的市场需求量如下：

新产品市场需求：
$$q_n^{NED*} = Q - \frac{p_n + \alpha^2 e - p_r + A}{1 - \alpha} = \frac{(1 - \alpha)Q - \alpha^2 e - c_n + c_r}{4(1 - \alpha)} \tag{8.29}$$

再造品市场需求：
$$q_r^{NED*} = \frac{\alpha p_n + \alpha^2 e - p_r + A}{\alpha(1 - \alpha)} = \frac{\alpha^2 e + \alpha c_n - c_r}{4\alpha(1 - \alpha)} \tag{8.30}$$

因此，闭环供应链中制造商和零售商的最优利润可算出，分别如下：

制造商的最优利润：
$$\pi_M^{NED*}(w_n, w_r) = \frac{Q - c_n}{2} \times \frac{(1 - \alpha)Q - \alpha^2 e - c_n + c_r}{4(1 - \alpha)} + \frac{\alpha Q + \alpha^2 e - c_r}{2} \times$$
$$\frac{\alpha^2 e + \alpha c_n - c_r}{4\alpha(1 - \alpha)} \tag{8.31}$$

零售商的最优利润：
$$\pi_R^{NED*}(p_n, p_r) = \frac{Q - c_n}{4} \times \frac{(1 - \alpha)Q - \alpha^2 e - c_n + c_r}{4(1 - \alpha)} + \frac{\alpha Q + \alpha^2 e - c_r}{4} \times$$

$$\frac{\alpha^2 e + \alpha c_n - c_r}{4\alpha(1-\alpha)} - \frac{1}{2}\beta e^2 \tag{8.32}$$

证明：对式（8.23）求导，可得新产品的销售价格为 $p_n^{NED*} = \frac{Q + w_n}{2}$，

再造品的销售价格为 $p_r^{NED*} = \frac{\alpha Q + \alpha^2 e + w_r - b + 2A}{2}$。将 p_n^{NED*} 和 p_r^{NED*} 代入

式（8.24）中，可得制造商最大化利润函数为：

$$\pi_M(w_n, w_r) = (w_n - c_n)\left[\frac{(1-\alpha)Q - w_n + w_r - \alpha^2 e - b}{2(1-\alpha)}\right] + (w_r - c_r - b)\left[\frac{\alpha w_n - w_r + \alpha^2 e + b}{2\alpha(1-\alpha)}\right]$$

由此，可求得新产品的最优批发价格和再造品的最优批发价格分别为

$$w_n^{NED*} = \frac{Q + c_n}{2}、w_r^{NED*} = \frac{\alpha Q + \alpha^2 e + c_r + 2b}{2}。$$

根据上述新产品及再造品的最优批发价格 w_n^{NED*} 和 w_r^{NED*}，求得新产品与再造品的最优销售价格 p_n^{NED*}、p_r^{NED*}，代入市场需求函数中得到最优需求 q_n^{NED*}、q_r^{NED*}，将 p_n^{NED*}、p_r^{NED*}、w_n^{NED*}、w_r^{NED*} 分别代入式（8.23）和式（8.24）中，可求得制造商和零售商的最优利润分别为式（8.31）和式（8.32）。

8.5　政府补贴下考虑销售努力的闭环供应链定价决策研究

8.5.1　集中式决策

该情形在 8.3 节的基础上，考虑政府对零售商销售单位再造品进行补贴的情形。此时，该闭环供应链集中式决策的利润函数为：

$$\pi_T(p_n, p_r) = (p_n - c_n)\left(Q - \frac{p_n + \alpha^2 e - p_r + A}{1-\alpha}\right) + (p_r - c_r - A +$$

$$s) \left[\frac{\alpha p_n + \alpha^2 e - p_r + A}{\alpha(1-\alpha)} \right] - \frac{1}{2}\beta e^2 \tag{8.33}$$

因为函数 $\pi_T(p_n, p_r)$ 的海塞矩阵 $\begin{bmatrix} A' & B' \\ B' & C' \end{bmatrix}$ 负定，其为关于决策变量 $(p_n,$ $p_r)$ 严格凹函数，存在唯一最优解，故有利润最大化的一阶条件：

$$(1-\alpha)Q - 2p_n + 2p_r - \alpha^2 e + c_n - c_r - 2A + s = 0$$

$$2\alpha p_n - 2p_r + \alpha^2 e - \alpha c_n + c_r + 2A - s = 0$$

可求得新产品与再造品的最优销售价格 p_n^{YEC*}、p_r^{YEC*}，代入市场需求函数中可求得最优市场需求 q_n^{YEC*}、q_r^{YEC*}。将最优零售价格决策代入式（8.33）中，可得政府补贴下考虑销售努力的闭环供应链集中式决策的最优利润，由此得到命题 8.5。

命题 8.5 集中式决策条件下，$\pi_T(p_n, p_r)$ 是关于 p_n 和 p_r 的严格凹函数，存在唯一最优解。故此情形下闭环供应链的最优决策如下：

新产品最优销售价格：$p_n^{YEC*} = \dfrac{Q + c_n}{2}$ $\tag{8.34}$

再造品最优销售价格：$p_r^{YEC*} = \dfrac{\alpha Q + \alpha^2 e + c_r + 2A - s}{2}$ $\tag{8.35}$

此时，可得新产品及再造品的市场需求量如下：

新产品市场需求：$q_n^{YEC*} = Q - \dfrac{p_n + \alpha^2 e - p_r + A}{1-\alpha} = \dfrac{(1-\alpha)Q - \alpha^2 e - c_n + c_r - s}{2(1-\alpha)}$

$$\tag{8.36}$$

再造品市场需求：$q_r^{YEC*} = \dfrac{\alpha p_n + \alpha^2 e - p_r + A}{\alpha(1-\alpha)} = \dfrac{\alpha^2 e + \alpha c_n - c_r + s}{2\alpha(1-\alpha)}$ $\tag{8.37}$

因此，闭环供应链系统的最优利润如下：

$$\pi_T^{YEC*}(p_n, p_r) = \frac{Q - c_n}{2} \times \frac{(1-\alpha)Q - \alpha^2 e - c_n + c_r - s}{2(1-\alpha)} + \frac{\alpha Q + \alpha^2 e - c_r + s}{2}$$

$$\times \frac{\alpha^2 e + \alpha c_n - c_r + s}{2\alpha(1-\alpha)} - \frac{1}{2}\beta e^2 \tag{8.38}$$

8.5.2　分散式决策

在政府补贴下考虑零售商再造品销售努力的分散式决策中，制造商与零售商的利润函数分别为：

$$\pi_R(p_n, p_r) = (p_n - w_n)\left(Q - \frac{p_n + \alpha^2 e - p_r + A}{1 - \alpha}\right) + (p_r - w_r + b - A +$$

$$s)\left[\frac{\alpha p_n + \alpha^2 e - p_r + A}{\alpha(1 - \alpha)}\right] - \frac{1}{2}\beta e^2 \tag{8.39}$$

$$\pi_M(w_n, w_r) = (w_n - c_n)\left(Q - \frac{p_n + \alpha^2 c - p_r + A}{1 - \alpha}\right) + (w_r - c_r - b)$$

$$\left[\frac{\alpha p_n + \alpha^2 e - p_r + A}{\alpha(1 - \alpha)}\right] \tag{8.40}$$

本节政府补贴下考虑销售努力的闭环供应链分散式决策中各成员的决策顺序为：制造商率先做出新产品和再造品的单位批发价格决策；零售商在观测到制造商的上述决策结果后，做出新产品和再造品的销售数量或单位销售价格决策。因此，采用逆向归纳法求解闭环供应链的最优决策结果，由此可得命题 8.6。

命题 8.6 分散式决策条件下，$\pi_R(p_n, p_r)$ 是关于 p_n 和 p_r 的严格凹函数，存在唯一最优解。故此情形下闭环供应链的最优决策如下：

新产品最优销售价格：$p_n^{YED*} = \dfrac{3Q + c_n}{4}$ \hfill (8.41)

再造品最优销售价格：$p_r^{YED*} = \dfrac{3\alpha Q + 3\alpha^2 e + c_r + 4A - s}{4}$ \hfill (8.42)

新产品最优批发价格：$w_n^{YED*} = \dfrac{Q + c_n}{2}$ \hfill (8.43)

再造品最优批发价格：$w_r^{YED*} = \dfrac{\alpha Q + \alpha^2 e + c_r + 2b + s}{2}$ \hfill (8.44)

此时，可得新产品及再造品的市场需求量如下：

新产品市场需求：$q_n^{YED*} = Q - \dfrac{p_n + \alpha^2 e - p_r + A}{1 - \alpha} = \dfrac{(1 - \alpha)Q - \alpha^2 e - c_n + c_r - s}{4(1 - \alpha)}$

$$\tag{8.45}$$

再造品市场需求：$q_r^{YED*} = \dfrac{\alpha p_n + \alpha^2 e - p_r + A}{\alpha(1-\alpha)} = \dfrac{\alpha^2 e + \alpha c_n - c_r + s}{4\alpha(1-\alpha)}$ (8.46)

因此，闭环供应链中制造商和零售商的最优利润可算出，分别如下：

制造商的最优利润：

$$\pi_M^{YED*}(w_n, w_r) = \frac{Q - c_n}{2} \times \frac{(1-\alpha)Q - \alpha^2 e - c_n + c_r - s}{4(1-\alpha)} + \frac{\alpha Q + \alpha^2 e - c_r + s}{2} \times$$

$$\frac{\alpha^2 e + \alpha c_n - c_r + s}{4\alpha(1-\alpha)} \tag{8.47}$$

零售商的最优利润：

$$\pi_R^{YED*}(p_n, p_r) = \frac{Q - c_n}{4} \times \frac{(1-\alpha)Q - \alpha^2 e - c_n + c_r - s}{4(1-\alpha)} + \frac{\alpha Q + \alpha^2 e - c_r + s}{4}$$

$$\times \frac{\alpha^2 e + \alpha c_n - c_r + s}{4\alpha(1-\alpha)} - \frac{1}{2}\beta e^2 \tag{8.48}$$

证明：对式（8.39）求导，可得新产品的销售价格为 $p_n^{YED*} = \dfrac{Q + w_n}{2}$，

再造品的销售价格为 $p_r^{YED*} = \dfrac{\alpha Q + \alpha^2 e + w_r - b + 2A - s}{2}$。将 p_n^{YED*} 和 p_r^{YED*} 代

入式（8.40）中，可得制造商最大化利润函数为：

$$\pi_M(w_n, w_r) = (w_n - c_n)\left[\frac{(1-\alpha)Q - w_n + w_r - \alpha^2 e - b - s}{2(1-\alpha)}\right] + (w_r - c - $$

$$b)\left[\frac{\alpha w_n - w_r + \alpha^2 e + b + s}{2\alpha(1-\alpha)}\right]$$

由此，可求得新产品的最优批发价格和再造品的最优批发价格分别为

$w_n^{YED*} = \dfrac{Q + c_n}{2}$、$w_r^{YED*} = \dfrac{\alpha Q + \alpha^2 e + c_r + 2b + s}{2}$。

根据上述新产品及再造品的最优批发价格 w_n^{YED*} 和 w_r^{YED*}，求得新产品与

再造品的最优销售价格 p_n^{YED*}、p_r^{YED*}，代入市场需求函数中得到新产品及再造

品最优需求 q_n^{YED*}、q_r^{YED*}，将 p_n^{YED*}、p_r^{YED*}、w_n^{YED*}、w_r^{YED*} 分别代入式（8.39）

和式（8.40）中得到制造商与零售商的最优利润 π_M^{YED*}、π_R^{YED*} 分别为式

（8.47）和式（8.48）。

8.6　政府补贴下考虑销售努力闭环
供应链的定价决策对比分析

8.6.1　无政府补贴下销售努力对闭环供应链的影响分析

本节将对 8.3 和 8.2，即无政府补贴下有、无销售努力的闭环供应链中最优决策进行对比，分析销售努力是否能有效改善再造品销售难的困境，以及销售努力对闭环供应链系统和成员最优决策、利润是否存在积极的影响。

结论 8.1　有、无零售商销售努力闭环供应链的最优价格、市场需求量分别满足如下关系：$p_n^{NEC*} = p_n^{NIC*}$、$p_r^{NEC*} > p_r^{NIC*}$、$q_n^{NEC*} < q_n^{NIC*}$、$q_r^{NEC*} > q_r^{NIC*}$、$w_n^{NED*} = w_n^{NID*}$、$w_r^{NED*} > w_r^{NID*}$、$p_r^{NED*} > p_r^{NID*}$、$q_n^{NED*} < q_n^{NID*}$、$q_r^{NED*} > q_r^{NID*}$。

证明：$p_r^{NEC*} - p_r^{NIC*} = \dfrac{\alpha^2 e}{2} > 0$、$q_n^{NEC*} - q_n^{NIC*} = -\dfrac{\alpha^2 e}{2(1-\alpha)} < 0$、$q_r^{NEC*} - q_r^{NIC*} = \dfrac{\alpha e}{2(1-\alpha)} > 0$、$w_r^{NED*} - w_r^{NID*} = \dfrac{\alpha^2 e}{2} > 0$、$p_r^{NED*} - p_r^{NID*} = \dfrac{3\alpha^2 e}{4} > 0$、$q_n^{NED*} - q_n^{NID*} = -\dfrac{\alpha^2 e}{4(1-\alpha)} < 0$、$q_r^{NED*} - q_r^{NID*} = \dfrac{\alpha e}{4(1-\alpha)} > 0$。

结论 8.1 得证。

结论 8.1 表明，有销售努力相较于无销售努力时的情形，新产品的销售价格及批发价格未发生变化，再造品的销售价格、批发价格升高，同时新产品市场需求降低，再造品市场需求升高，即销售努力会扩大再造品市场需求，为再造品销售难问题提供良好的解决途径。结论 8.1 还表明在销售努力过程中，再造品需求量提升的同时新产品需求量降低，从而引发对市场总需求量是否因销售努力的加入而发生变化问题的深入思考，结论 8.2 将继续探讨。

结论 8.2　有、无销售努力的闭环供应链市场总需求量满足如下关系：$q_n^{NEC*} + q_r^{NEC*} > q_n^{NIC*} + q_r^{NIC*}$、$q_n^{NED*} + q_r^{NED*} > q_n^{NID*} + q_r^{NID*}$。

证明：$(q_n^{NEC*} + q_r^{NEC*}) - (q_n^{NIC*} + q_r^{NIC*}) = \dfrac{\alpha e}{2} > 0$ ；$(q_n^{NED*} + q_r^{NED*}) - (q_n^{NID*}$

$+ q_r^{NID*}) = \dfrac{\alpha e}{4} > 0$ 。

结论 8.2 得证。

结论 8.2 表明，考虑销售努力的闭环供应链中虽然呈现再造品需求量增加、新产品需求量降低的局面，但由于再造品需求量的增加量比新产品需求量的减少量大，故市场总需求呈上升趋势。因此，销售努力有效改善了原有新产品与再造品的市场需求比例，增大再造品占市场总比例的同时扩大了市场总需求，这是闭环供应链中促进再造品销售、实现资源回收再利用不可多得的良好举措。

结论 8.3　有、无销售努力闭环供应链最优利润满足如下关系：$\pi_M^{NED*} >$

π_M^{NID*} ；当 $e < \dfrac{2\alpha(\alpha c_n - c_r)}{2(1-\alpha)\beta - \alpha^3}$ 时，$\pi_T^{NEC*} > \pi_T^{NIC*}$ ；当 $e < \dfrac{2\alpha(\alpha c_n - c_r)}{8(1-\alpha)\beta - \alpha^3}$ 时，

$\pi_R^{NED*} > \pi_R^{NID*}$ ；当 $e < \dfrac{6\alpha(\alpha c_n - c_r)}{8(1-\alpha)\beta - 3\alpha^3}$ 时，$\pi_R^{NED*} + \pi_M^{NED*} > \pi_M^{NID*} + \pi_R^{NID*}$ 。

证明：$\pi_M^{NED*} - \pi_M^{NID*} = \dfrac{\alpha^3 e^2 + 2\alpha e(\alpha c_n - c_r)}{8(1-\alpha)} > 0$ ，其中由 $q_n^{NIC*} > 0, q_r^{NIC*}$

> 0 ，等条件易得 $ac_n > c_r$ ，故 $\pi_M^{NED*} > \pi_M^{NID*}$ ；

$\pi_T^{NEC*} - \pi_T^{NIC*} = \dfrac{\alpha^3 e^2 - 2(1-\alpha)\beta e^2 + 2\alpha e(\alpha c_n - c_r)}{4(1-\alpha)}$ ，欲使 $\pi_T^{NEC*} >$

π_T^{NIC*} ，需满足 $\alpha^3 e^2 - 2(1-\alpha)\beta e^2 + 2\alpha e(\alpha c_n - c_r) > 0$ ，即 $e <$

$\dfrac{2\alpha(\alpha c_n - c_r)}{2(1-\alpha)\beta - \alpha^3}$ ；

$\pi_R^{NED*} - \pi_R^{NID*} = \dfrac{\alpha^3 e^2 - 8(1-\alpha)\beta e^2 + 2\alpha e(\alpha c_n - c_r)}{16(1-\alpha)}$ ，欲使 $\pi_R^{NED*} >$

π_R^{NID*} ，需满足 $\alpha^3 e^2 - 8(1-\alpha)\beta e^2 + 2\alpha e(\alpha c_n - c_r) > 0$ ，即 $e <$

$\dfrac{2\alpha(\alpha c_n - c_r)}{8(1-\alpha)\beta - \alpha^3}$ ；

$(\pi_R^{NED*} + \pi_M^{NED*}) - (\pi_M^{NID*} + \pi_R^{NID*}) = \dfrac{3\alpha^3 e^2 - 8(1-\alpha)\beta e^2 + 6\alpha e(\alpha c_n - c_r)}{16(1-\alpha)}$ ，

欲使 $\pi_R^{NED*} + \pi_M^{NED*} > \pi_M^{NID*} + \pi_R^{NID*}$，需满足 $3\alpha^3 e^2 - 8(1-\alpha)\beta e^2 + 6\alpha e(\alpha c_n - c_r) > 0$，即 $e < \dfrac{6\alpha(\alpha c_n - c_r)}{8(1-\alpha)\beta - 3\alpha^3}$。

结论 8.3 得证。

结论 8.3 表明，在进行销售努力时，制造商利润总是增加的。但只有当销售努力分别小于某一定值时，零售商利润及闭环供应链系统利润方可受益于销售努力。该定值与销售努力成本系数、消费者偏好系数、新产品与再造品的生产成本相关，具体的变化趋势与形成原因将在算例分析中继续探究。

8.6.2　政府补贴下销售努力对闭环供应链的影响分析

由 8.5.1 节的对比分析可知，销售努力虽然增加了再造品的市场占有份额，也可有效改善再造品销售困难的现状，但同时也造成了再造品销售价格上升等问题。因此，本节将对 8.4 与 8.2 中闭环供应链中模型的最优销售价格、市场需求量、闭环供应链系统及参与成员的最优利润等项进行对比，进一步研究政府补贴考虑销售努力对闭环供应链系统及成员最优决策及利润的影响情况。

结论 8.4　有、无政府补贴下考虑销售努力的闭环供应链最优销售价格、市场需求量分别满足如下关系：

$$p_n^{YEC*} = p_n^{NIC*} 、 q_n^{YEC*} < q_n^{NIC*} 、 q_r^{YEC*} > q_r^{NIC*} ;$$

$$w_n^{YED*} = w_n^{NID*} 、 w_r^{YED*} > w_r^{NID} 、 p_n^{YED*} = p_n^{NID} 、 q_n^{YED*} < q_n^{NID*} 、 q_r^{YED*} > q_r^{NID*} ;$$

当 $s > \alpha^2 e$ 时，$p_r^{YEC*} < p_r^{NIC*}$；当 $s > 3\alpha^2 e$ 时，$p_r^{YED*} < p_r^{NID*}$。

证明：$q_n^{YEC*} - q_n^{NIC*} = -\dfrac{\alpha^2 e + s}{2(1-\alpha)} < 0$、$q_r^{YEC*} - q_r^{NIC*} = \dfrac{\alpha^2 e + s}{2\alpha(1-\alpha)} > 0$；

$w_r^{YED*} - w_r^{NID*} = \dfrac{\alpha^2 e + s}{2} > 0$、$q_n^{YED*} - q_n^{NID*} = -\dfrac{\alpha^2 e + s}{4(1-\alpha)} < 0$、$q_r^{YED*} - q_r^{NID*} = \dfrac{\alpha^2 e + s}{4\alpha(1-\alpha)} > 0$；$p_r^{YEC*} - p_r^{NIC*} = \dfrac{\alpha^2 e - s}{2}$，当 $s > \alpha^2 e$ 时，$p_r^{YEC*} < p_r^{NIC*} < 0$；

$$p_r^{YED*} - p_r^{NID*} = \dfrac{3\alpha^2 e - s}{4}，当 s > 3\alpha^2 e 时，p_r^{YED*} - p_r^{NID*} < 0。$$

结论 8.4 得证。

结论 8.4 表明，政府补贴下考虑销售努力的闭环供应链最优决策相较于无政府补贴不考虑销售努力的闭环供应链，新产品的销售价格及批发价格未发生变化；新产品市场需求降低，再造品市场需求升高；在集中式决策下，政府补贴高于 $\alpha^2 e$ 时，再造品销售价格将低于原有再造品销售价格；在分散式决策下，政府补贴高于 $3\alpha^2 e$ 时，再造品销售价格低于原有再造品销售价格，即结合销售努力合理的设定政府补贴将有效降低再造品销售价格，从而加大广大消费者再造品购买力度，以促进废旧品回收再利用的良好循环。

结论 8.5 有、无政府补贴下考虑销售努力闭环供应链的总市场需求量满足如下关系：$q_n^{YEC*} + q_r^{YEC*} > q_n^{NIC*} + q_r^{NIC*}$；$q_n^{YED*} + q_r^{YED*} > q_n^{NID*} + q_r^{NID*}$。

证明：$(q_n^{YEC*} + q_r^{YEC*}) - (q_n^{NIC*} + q_r^{NIC*}) = \dfrac{\alpha^2 e + s}{2\alpha} > 0$；$(q_n^{YED*} + q_r^{YED*}) - (q_n^{NID*} + q_r^{NID*}) = \dfrac{\alpha^2 e + s}{4\alpha} > 0$。

结论 8.5 得证。

结论 8.5 表明，政府补贴下考虑销售努力的闭环供应链相较于无政府补贴下不考虑销售努力的闭环供应链，再造品需求量增加，新产品需求量降低，且由于再造品需求量的增加量较新产品需求量的减少量大，故市场总需求呈上升趋势。因此结合销售努力的政府补贴再造品销售改变了原有的新产品与再造品市场需求比例，增大再造品占市场总比例的同时扩大了市场总需求，有益于该闭环供应链系统规模壮大。

结论 8.6 有、无政府补贴下考虑销售努力的闭环供应链最优利润满足如下关系：$\pi_M^{YED*} > \pi_M^{NID*}$；当 $s > \sqrt{(\alpha c_n - c_r)^2 + 8\alpha(1-\alpha)\beta e^2} - (\alpha^2 e + \alpha c_n - c_r)$ 时，$\pi_R^{YED*} > \pi_R^{NID*}$；当 $s > \sqrt{(\alpha c_n - c_r)^2 + 2\alpha(1-\alpha)\beta e^2} - (\alpha^2 e + \alpha c_n - c_r)$ 时，$\pi_T^{YED*} > \pi_T^{NID*}$。

证明：$\pi_M^{YED*} - \pi_M^{NID*} = \dfrac{(\alpha^2 e + s)^2 + 2(\alpha^2 e + s)(\alpha c_n - c_r)}{8\alpha(1-\alpha)} > 0$；

$\pi_R^{YED*} - \pi_R^{NID*} = \dfrac{(\alpha^2 e + s)^2 + 2(\alpha^2 e + s)(\alpha c_n - c_r) - 8\alpha(1-\alpha)\beta e^2}{16\alpha(1-\alpha)}$，欲

使 $\pi_R^{YED*} > \pi_R^{NID*}$,

需满足 $(\alpha^2 e + s)^2 + 2(\alpha^2 e + s)(\alpha c_n - c_r) - 8\alpha(1-a)\beta e^2 > 0$,

即 $s^2 + 2(\alpha^2 e + \alpha c_n - c_r)s + \alpha^4 e^2 + 2(\alpha c_n - c_r)\alpha^2 e - 8\alpha(1-\alpha)\beta e^2 > 0$,

结合实际情况并求解可得: $s > \sqrt{(\alpha c_n - c_r)^2 + 8\alpha(1-\alpha)\beta e^2} - (\alpha^2 e +$ $\alpha c_n - c_r)$;

$$\pi_T^{YED*} - \pi_T^{NID*} = \frac{(\alpha^2 e + s)^2 + 2(\alpha^2 e + s)(\alpha c_n - c_r) - 8\alpha(1-\alpha)\beta e^2}{4\alpha(1-\alpha)} ,$$ 欲

使 $\pi_T^{YED*} > \pi_T^{NID*}$,

需满足 $(\alpha^2 e + s)^2 + 2(\alpha^2 e + s)(\alpha c_n - c_r) - 2\alpha(1-\alpha)\beta e^2 > 0$,

即 $s^2 + 2(\alpha^2 e + \alpha c_n - c_r)s + \alpha^4 e^2 + 2(\alpha c_n - c_r)\alpha^2 e - 2\alpha(1-\alpha)\beta e^2 > 0$,

结合实际情况并求解可得: $s > \sqrt{(\alpha c_n - c_r)^2 + 2\alpha(1-\alpha)\beta e^2} - (\alpha^2 e + \alpha c_n$ $- c_r)$;

结论 8.6 得证。

结论 8.6 表明, 结合销售努力合理设置的政府补贴将有效提升闭环供应链系统总利润及零售商的利润; 同时, 制造商收益因为再造品销售价格降低、市场总需求量上升等因素显著增加。

8.7　数值算例分析

为更加直观透彻地验证 8.5 节的结论, 以及进行更深入的分析, 下面通过数值算例仿真进行验证分析。分别将不同销售努力程度及不同政府补贴力度下的闭环供应链模型进行对比, 探究零售商针对再造品销售努力对模型中各决策变量的影响关系, 以及政府结合零售商针对再造品进行销售努力进行补贴的举措有效性。

模型的参数赋值为 $Q = 1000$ 、$c_n = 150$ 、$c_r = 50$ 、$A = 20$ 、$b = 30$ 、$\alpha = 0.5$ 、$\beta = 1$, 销售努力程度、政府补贴分别从 0 到 12 不断递增, 其中政府补贴为 0 时表示无政府补贴下考虑销售努力的情形, 销售努力与政府补贴均为 0

时表示无政府补贴且不考虑销售努力的情形。将以上参数赋值分别代入各模型中，新产品及再造品的销售价格、批发价格，新产品及再造品市场需求、市场总需求、再造品占市场总需求比例相应变化情况如表 8 - 1 和表 8 - 2 所示。

表 8 - 1 　　　　　　　有、无政府补贴下考虑销售努力的最优价格分析

销售努力 e	最优价格 \\ 政府补贴 S	0	2	4	6	8	10	12
R	p_n^C	575.00	575.00	575.00	575.00	575.00	575.00	575.00
0	p_r^C	295.00	294.00	293.00	292.00	291.00	290.00	289.00
4		295.50	294.50	293.50	292.50	291.50	290.50	289.50
8		296.00	295.00	294.00	293.00	292.00	291.00	290.00
12		296.50	295.50	294.50	293.50	292.50	291.50	290.50
R	p_n^D	787.50	787.50	787.50	787.50	787.50	787.50	787.50
0	p_r^D	407.50	407.00	406.50	406.00	405.00	405.00	404.50
4		408.25	407.75	407.25	406.75	406.25	405.75	405.25
8		409.00	408.50	408.00	407.50	407.00	406.50	406.00
12		409.75	409.25	408.75	408.25	407.75	407.25	406.75
R	w_n^D	575.00	575.00	575.00	575.00	575.00	575.00	575.00
0	w_r^D	305.00	306.00	307.00	308.00	309.00	310.00	311.00
4		305.50	306.50	307.50	308.50	309.50	310.50	311.50
8		306.00	307.00	308.00	309.00	310.00	311.00	312.00
12		306.50	307.50	308.50	309.50	310.50	311.50	312.50

注：上标"C""D"分别表示集中式、分散式决策闭环供应链的情形，"R$^+$"表示正实数。

通过表 8 - 1 中数据分析可知，政府补贴与销售努力的不断递增都没有造成新产品价格的变化；再造品的销售价格在销售努力逐渐增加的过程中上涨，而政补贴增加过程中再造品销售价格不断下降，政府补贴可以达到削弱再造品销售价格提升的作用，并在补贴力度较大时使得再造品销售价格低于无政府补贴下不考虑销售努力的情形，消费者从中受益进而对再造品的接受度有

所提升；此外，通过对比决策中各项数据，发现分散式决策下销售价格均大
于集中式决策，这是由于分散式决策产生的"双重边际效应"问题导致系统
利益受损。

表 8 - 2   有、无政府补贴下考虑销售努力的最优市场需求分析

销售努力 e	最优价格 政府补贴 S	0	2	4	6	8	10	12
0	q_n^C	400.00	398.00	396.00	394.00	392.00	390.00	388.00
4		399.00	397.00	395.00	393.00	391.00	389.00	387.00
8		398.00	396.00	394.00	392.00	390.00	388.00	386.00
12		397.00	395.00	393.00	391.00	389.00	387.00	393.00
0	q_r^C	50.00	54.00	58.00	62.00	66.00	70.00	74.00
4		52.00	56.00	60.00	64.00	68.00	72.00	76.00
8		54.00	58.00	62.00	66.00	70.00	74.00	78.00
12		56.00	60.00	64.00	68.00	72.00	76.00	80.00
0	$q_n^C + q_r^C$	450.00	452.00	454.00	456.00	458.00	460.00	462.00
4		451.00	453.00	455.00	457.00	459.00	461.00	463.00
8		452.00	454.00	456.00	458.00	460.00	462.00	464.00
12		453.00	455.00	457.00	459.00	461.00	463.00	465.00
0	$\dfrac{q_r^C}{q_n^C + q_r^C}$	11.11%	11.95%	12.78%	13.60%	14.41%	15.22%	16.02%
4		11.53%	12.36%	13.19%	14.00%	14.81%	15.62%	16.41%
8		11.95%	12.78%	13.60%	14.41%	15.22%	16.02%	16.81%
12		12.36%	13.19%	14.00%	14.81%	15.62%	16.41%	17.20%
0	q_n^D	200.00	199.00	198.00	197.00	196.00	195.00	194.00
4		199.50	198.50	197.50	196.50	195.50	194.50	193.50
8		199.00	198.00	197.00	196.00	195.00	194.00	193.00
12		198.50	197.50	196.50	195.50	194.50	193.50	192.50
0	q_r^D	25.00	27.00	29.00	31.00	33.00	35.00	37.00
4		26.00	28.00	30.00	32.00	34.00	36.00	38.00
8		27.00	29.00	31.00	33.00	35.00	37.00	39.00
12		28.00	30.00	32.00	34.00	36.00	38.00	40.00

续表

销售努力 e	政府补贴 S 最优价格	0	2	4	6	8	10	12
0	$q_n^D + q_r^D$	225.00	226.00	227.00	228.00	229.00	230.00	231.00
4		225.50	226.50	227.50	228.50	229.50	230.50	231.50
8		226.00	227.00	228.00	229.00	230.00	231.00	232.00
12		226.50	227.50	228.50	229.50	230.50	231.50	232.50
0	$\dfrac{q_r^D}{q_n^D + q_r^D}$	11.11%	11.95%	12.78%	13.60%	14.41%	15.22%	16.02%
4		11.53%	12.36%	13.19&	14.00%	14.81%	15.62%	16.41%
8		11.95%	12.78%	13.60%	14.41%	15.22%	16.02%	16.81%
12		12.36%	13.19&	14.00%	14.81%	15.62%	16.41%	17.20%

注：上标"C""D"分别表示集中式、分散式决策闭环供应链的情形。

由表 8 - 2 中数据分析可知，再造品的市场需求随着销售努力和政府补贴的不断增加逐渐上升，这表明了政府补贴以及销售努力对于扩大再造品市场需求的有效性；由于新产品的市场需求随着销售努力和政府补贴的不断增大呈现降低的趋势，故进一步深入探究了市场总需求及再造品占市场总量比例的变化情况，数据表明，市场总需求量随着销售努力程度及政府补贴力度增大而不断增加，且再造品占市场需求总比例也不断上升，因此，根据销售努力设置的合理政府补贴将在促进再造品市场需求占市场总需求比例、扩大市场总需求上有较为显著的作用，是闭环供应链中促进再造品销售、实现资源回收再利用问题不容忽视的良好举措。

为了深入探究不同政府补贴下考虑销售努力的闭环供应链系统及其主要参与成员的利润随政府补贴及销售努力的变化情况，本研究对闭环供应链系统利润、制造商利润、零售商利润的相应变化情况进行了算例图形仿真，如图 8 - 2、图 8 - 3 和图 8 - 4 所示。

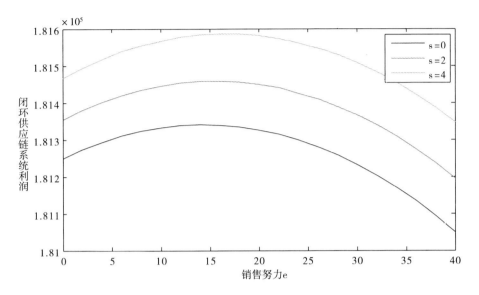

图 8 - 2　不同政府补贴下考虑销售努力的闭环供应链系统利润对比

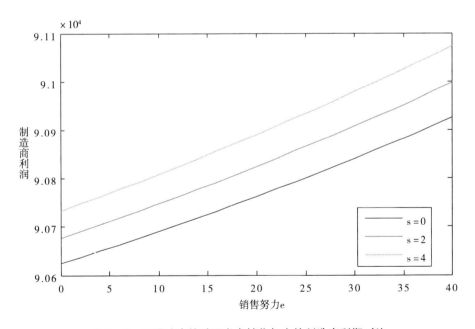

图 8 - 3　不同政府补贴下考虑销售努力的制造商利润对比

由图 8 - 2 可知，政府补贴力度越大，闭环供应链系统总利润越高，可见政府补贴对闭环供应链产生了积极的经济效应，缓解了资源回收再利用企业的下行压力；随着销售努力的不断增加，闭环供应链系统利润曲线均呈现出了先上升后下降的变化趋势，在政府补贴 S 分别为 0、2、4 时存在使得闭环供应链系统利润最优的销售努力值为 14.29、15.43、16.57，政府补贴力度不断提升会使得最优销售努力值相应增大，可见政府补贴鼓励了销售努力行为；此外，在政府补贴 S 为 0、2、4 所对应销售努力分别处于区间（0，28.57）（0，30.86）（0，33.15），闭环供应链系统利润都高于无政府补贴下不考虑销售努力的系统总利润，其受益区间长度随政府补贴力度增大而增加，可见政府补贴会促进销售努力对系统利润增加的有效性，且零售商若进行合理的销售努力会提升闭环供应链系统整体收益。

根据图 8 - 3 中不同政府补贴下制造商利润随销售努力变化曲线图可知，销售努力值越大，制造商利润越高，这是由于销售努力促进了再造品的市场需求、增加了再造品的市场占有率、扩大了市场总需求量，作为废旧品的终端回收商以及再造品的制造者，制造商必然会受益于闭环供应链整体流量的上升，从而增加其收益；根据图形分析可知，政府补贴力度不断递增时，制造商的利润图线斜率越大，增长速度越快，可见政府补贴降低了再造品销售价格以提高消费者对再造品的接受程度，政府补贴促进了销售努力在闭环供应链中的积极影响作用。

由图 8 - 4 可知，零售商的利润在销售努力不断增加过程中呈现出先上升后急剧下降的趋势，存在使得零售商获利最大的销售努力最优值，零售商可以通过设定合理的销售努力程度的方式以获得其利益最大化；利润曲线在销售努力程度较大时出现的急速下降的原因与销售努力的成本有关，过度的销售努力会导致零售商收益低于成本支出；在政府补贴分别为 0、2、4 时，销售努力最优值分别为 3.23、3.48、3.74，相对应的零售商最优利润值分别为 45318、45348、45374，随着政府补贴的增加，销售努力最优值也不断增加，可以看出，政府补贴会有效促进其销售努力，也是降低销售努力成本压力的有效途径；通过进一步的计算分析，在政府补贴分别为 0、2、4 的情形下，

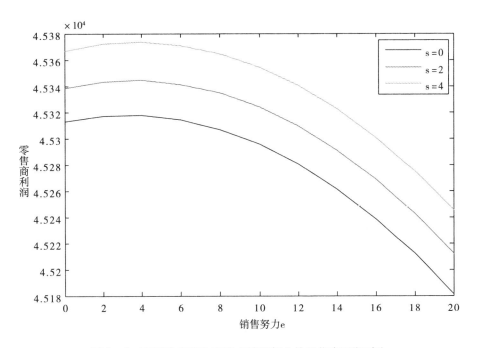

图 8-4　不同政府补贴下考虑销售努力的零售商利润对比

零售商利润分别在区间（0，6.45）（0，6.97）（0，7.49）内高于无政府补贴下不考虑销售努力的零售商总利润，可在政府补贴下考虑销售努力的闭环供应链中获利，且获利区间随着政府补贴的增加而扩大，即政府补贴加大了销售努力的有效区间，零售商在补贴更多的情况下愿意付出更多的销售努力来促进再造品的销售；与图 8.2 中系统总利润图相比较，零售商利润最优的销售努力处于相对较低的区域，这与零售商自行支付销售努力成本费用有密切联系，若无法为其付出获得相应收益的话，此种销售努力行为将无法持续，故政府补贴零售商以缓解该状况的同时，可以考虑由政府、制造商、零售商共同进行再造品的广告宣传等销售努力活动，或者补贴消费者购买再造品的行为，从而均衡各方收益，深入解决再造品销售难的问题，促进废旧资源的回收再利用。

8.8　本章小结

　　本章从再造品销售难的现实视角出发，探索销售努力能否促进再造品的市场需求，并进一步研究政府补贴是否能激发零售商销售努力的积极性，为改善再造品销售困难的问题提供相应对策。文中构建了单一制造商和零售商构建的闭环供应链系统，考虑零售商针对再造品进行广告宣传、促销折扣等方式进行销售努力的行为，结合实际根据再造品销售情况进行政府补贴的系统模型，分别计算了三种不同复杂程度的闭环供应链集中式和分散式决策的最优决策和最优利润，通过对比分析、算例分析得出如下结论：

　　1. 销售努力会有效扩大再造品的市场需求，但在闭环供应链中，存在差异较大的最优销售努力值使得闭环供应链系统与零售商分别收益最大，其中零售商利润最优时对应的销售努力值较低，零售商随着销售努力程度增加而增加的努力成本会造成收益递减，从而影响其销售努力的积极性，政府根据零售商再造品销售情况予以相应补贴的行为是经济可行的，可以进一步增加再造品占市场总需求比例且扩大市场总需求，同时有效解决了仅进行销售努力时升高的再造品销售价格等不利因素，增加零售商进行销售努力的有效区间，缓解零售商努力成本压力，提高闭环供应链系统及其参与成员的经济效益。

　　2. 政府补贴结合销售努力的模式是可以缓解再造品销售难问题的有效决策，政府可以选择部分城市作为某一类或某几类再造品销售补贴的试点，同时呼吁较大规模的零售商开启对再制造产业的宣传、普及再制造知识、引导消费者了解再制造产业、积极消费再制造产品等一系列销售努力活动，再依据再造品的销售情况实时调整补贴数额，最终大规模实行和推广相关政策。此外，为了更大限度地实现资源回收再利用，政府补贴下的销售努力策略应与其他促进废旧资源回收、再造品销售的有关策略相结合，如政府、制造商、零售商共同开展再造品的宣传工作，承担成本费用，政府对购买和使用再造品的消费者予以补贴，从而鼓励消费者主动消费再造产品等。

第9章

政府补贴下考虑服务水平和公平关切的闭环供应链定价决策研究

9.1　问题概述

随着节能减排、低碳环保等理念的不断推行，废旧品的回收与再制造受到了国内外政府、企业的广泛重视。截至 2016 年底，中国的废钢铁、废纸、废弃电子产品、报废汽车、废电池等十大再生资源回收总量约为 2.56 亿吨，同比增长 3.7%。虽然废旧品回收的实施卓有成效，但是利用废旧品再制造产品的销售却成为一大难点。中国政府为了推进废旧品回收再制造行业的发展，相继发布了一系列有关"以旧换再"政策的文件，这些政策对闭环供应链的影响在第 7 章进行了研究。

根据微观经济学的原理，产品需求和产品销售价格相关。但在现实生活中，产品需求不仅和产品销售价格相关，还与产品质量、产品服务相关。梅蒂和吉利（Maiti 和 Giri）研究了产品需求基于产品质量和产品销售价格的闭环供应链的协调定价问题。吴（Wu C）研究了产品需求基于产品服务和产品销售价格的两阶段闭环供应链的新产品、再造品竞争模型。王丽等（Wang li et al.）构建了由两个制造商和一个零售商组成的两阶段供应链系统，他们不建议零售商无限提升零售服务水平，服务水平过高会增加成本负担，从而降低消费者的产品需求。杨浩雄等建立了制造商零售商服务合作双渠道供应链模型，研究发现当消费者接受网络直销渠道程度较低时，个性化服务能提高整个闭环供应链的利润。宾等（Bin et al.）研究了在双渠道销售的供应链系统中，制造商和零售商对产品进行服务竞争的情形。研究表明，当制造商的售后服务水平很高时，制造商和零售商之间不存在附加服务竞争。周等（Zhou et al.）在双渠道供应链中考虑"搭便车"和服务成本共享契约，研究表明在不同价格策略下，服务成本共享契约有助于减轻两个渠道的竞争强度。

以上关于闭环供应链或逆向物流的研究都假定供应链的参与者是完全理性的"经济人"，未考虑供应链系统成员的行为倾向对决策的影响。然而行为经济学的研究发现，现实中的决策者并非完全理性，供应链成员会关注渠道收益分配的公平性，具有公平关切心理。在现实中，当零售商或制造商认为合作利益分配不均衡时，也会选择拒绝合作来对抗。目前已有部分学者将公平关切理论引入供应链的研究中。崔等（Cui et al.）将公平关切理论引入两阶段供应链系统中，他们发现制造商可通过批发价契约实现此类供应链的协调。霍和张（Ho & Zhang）研究证实了公平关切行为在供应链环境中的存在性，并给出了描述公平关切的效用函数。王玉燕和李璟对不同主导模式下的E－闭环供应链的销售、回收进行研究。研究发现公平关切会使产品销售价格、服务水平和制造商的利润降低。当制造商主导系统时，网络平台的利润随其公平关切的程度先增后减。霍等建立了一个由单个供应商和两个零售商组成的供应链系统，对比分析了分配公平关切和比较公平关切对供应链利润的不同影响。马雪松和陈荣秋基于服务提供商与服务集成商的双方公平关切构建了服务供应链的应急管理模型，他们发现在公平关切的影响下，相对公平关切系数大的一方将会降低努力水平。

基于现有研究，鲜少将零售商服务水平提升和公平关切心理相结合，探究其对整个闭环供应链以及各个参与对象的作用。因而本章以政府"以旧换再"补贴政策为基础，构建了新产品和再造品差别定价的闭环供应链系统，并考虑零售商对再造品是否进行服务水平提升以及有无公平关切行为的不同情形。通过对比不同模型的结果和算例分析，探究零售商服务水平和公平关切这两个因素对制造商、零售商以及整个闭环供应链系统的最优决策和利润的影响。具体开展以下工作：

1. 构建政府补贴下考虑零售商服务水平和公平关切的闭环供应链模型，综合运用博弈论中的逆向归纳法以及优化理论中的 K－T 条件等运筹学方法，分别对零售商公平中性下是否考虑再造品服务水平提升和零售商公平关切下是否考虑再造品服务水平提升的闭环供应链定价决策问题进行求解；

2. 在零售商公平中性的情况下，比较分析再造品有、无服务水平提升的闭环供应链最优决策，探讨服务水平对闭环供应链的影响。

3. 在再造品无服务提升下的情况下，进行公平关切作用对比，然后在再造品进行服务提升的情况下，进行公平关切作用对比，从而探讨零售商公平关切行为对闭环供应链系统及成员最优决策和利润的影响。

4. 参考现有文献中的仿真数据，使用 MATLAB 数据仿真软件，分析验证所构建的政府补贴下考虑销售努力的闭环供应链模型的正确性，深入探究不同政府补贴下考虑零售商服务水平和公平关切的闭环供应链系统及其主要参与成员的利润变化情况。

9.2　模型假设及符号说明

本章考虑由单个制造商和单个零售商组成的闭环供应链系统。在该系统中，制造商利用原材料生产新产品，并利用从消费者手中回收的废旧品生产再造品，随后均通过零售商销售给消费者。在废旧品回收之前会进行相应的质量检测，消费者可以将质量合格的单位废旧品返还给制造商，然后凭借相应的凭证，在再造品购买时能获得政府"以旧换再"的补贴。"以旧换再"补贴政策下的闭环供应链模型如图 9－1 所示。

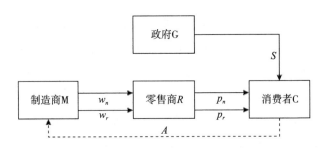

图9-1 "以旧换再"补贴政策下的闭环供应链模型

在第7章的基础上，以模型构建的现实性和易处理性为原则，给出本研究的基本假设和符号说明，具体如下：

假设1：本文只研究单一产品，消费者只购买单位新产品或者单位再造品。

假设2：只有质量满足再制造标准的废旧品才能被回收，单位再造品仅由回收的单位废旧品制成。

假设3：制造商和零售商存在 stackelberg 博弈，制造商为市场的领导者，零售商为市场的跟随者，制造商和零售商之间信息完全对称。

假设4：再造品和新产品的质量完全相同，因此产品需求不考虑产品的质量差异，只考虑产品服务水平差异的影响。

假设5：消费者对新产品和再造品的认可度存在差异，支付意愿不同。

研究中变量符号定义如下：

制造商利用原材料生产新产品的单位生产成本为 C_n，利用废旧品生产再造品的单位生产成本为 C_r。考虑到消费者的消费认知差异，为确保制造商利用废旧品生产再造品有利可图，需满足 $C_r < C_n$。

制造商向零售商批发新产品和再造品的单位价格分别为 W_n 和 W_r，零售商向消费者销售新产品和再造品的单位价格分别为 P_n 和 P_r。新产品的批发、销售价格均高于再造品的批发、销售价格，即 $W_n > W_r$、$P_n > P_r$。

制造商支付给消费者单位废旧品的平均回收费用为 A，为确保废旧品回收再制造活动的经济性，需满足 $0 < A \leqslant C_n - C_r$。

政府针对目前再造品销售难的问题，对将单位废旧品有效回收并购买单位再造品的消费者予以 S 的"以旧换再"补贴。

　　新产品和再造品在市场上具有替代性，设定市场规模为 Q，消费者对新产品的支付意愿满足 θ 服从 $[0,Q]$ 均匀分布，消费者对再造品的支付意愿为 $a\theta, \alpha \in (0,1)$ 表示消费者对再造品的消费偏好系数。消费者购买单位新产品和再造品的效用函数分别为 $U_n = \theta - P_n$ 和 $U_r = \alpha\theta - P_r + A$。因此不考虑服务水平的影响时，新产品和再造品的需求函数分别为 $Q_n = Q - (P_n - P_r + A + S)/(1 - \alpha)$ 和 $Q_r = (\alpha P_n - P_r + A + S)/\alpha(1 - \alpha)$。

　　零售商为新产品和再造品的销售提供服务，零售商对产品服务水平的改变会影响消费者对产品的消费偏好。为了便于研究，本文将零售商对新产品的服务水平设定为服务基准量，以零售商提升对再造品的服务水平来进行研究。当零售商对再造品服务水平提升 t 时，消费者对再造品的支付意愿增加了 $\alpha^2 t$，即消费者对再造品的支付意愿为 $\alpha^2 t + \alpha\theta$。因此零售商对再造品进行服务水平提升后，新产品和再造品的销售量分别为 $Q_n = Q - (P_n - P_r + A + S + \alpha^2 t)/(1 - \alpha)$ 和 $Q_r(\alpha P_n - P_r + A + S + \alpha^2 t)/\alpha(1 - \alpha)$。

　　服务水平提升 t，零售商需要投入的额外服务成本为 $\frac{1}{2}bt^2$，其中 b 为服务水平提升成本系数。

　　Π_M 表示制造商利润，Π_R 表示零售商利润，Π_{SC} 表示整个闭环供应链系统总利润。

　　为了便于计算，本文参照参考文献 [133，277] 的做法，在零售商公平关切的情形下，零售商以对方利润作为自身利润的参照，关注自身与渠道领导者之间的收益对比，以此来判断渠道分配的公平性，具有公平偏好。该情形下，零售商的效用函数为 $U_R = (P_n, P_r) = \Pi_R - k(\Pi_M - \Pi_R)$。$k$ 表示零售商公平关切程度，其中 $0 \leqslant k < 1$，$k = 0$ 表示零售商公平中性，$k \to 1$ 表示零售商对公平极度关注。

　　在下文中，变量上标 "I" "T" "Z" "F" 分别表示零售商对再造品无服务水平提升、零售商对再造品有服务水平提升、零售商公平中性、零售商公平关切的不同情形。如 W_n^{ZI} 表示在零售商公平中性且对再造品无服务水平提升的情形下，新产品的批发价格；W_r^{FT} 表示在零售商公平关切且对再造品有服务水平提升的情形下，再造品的批发价格。

9.3 政府补贴下的闭环供应链定价决策研究

9.3.1 零售商公平中性，对再造品无服务水平提升的情形

该模型是闭环供应链决策的基础模型。制造商和零售商均以自身利润最大化为决策目标，不考虑自有利润在渠道中的利润对比。制造商作为闭环供应链博弈的领导者，先确定新产品与再造品的批发价格，零售商根据批发价格再确定新产品与再造品的销售价格。此情况下，新产品和再造品的需求函数分别为 $Q_n = Q - (P_n - P_r + A + S)/(1 - \alpha)$ 和 $Q_r = (\alpha P_n - P_r + A + S)/\alpha(1 - \alpha)$。

该模型的利润函数分别为：

$$\Pi_R = (P_n - W_n)Q_n + (P_r - W_r)Q_r \tag{9.1}$$

$$\Pi_M = (W_n - C_n)Q_n + (W_r - C_r - A)Q_r \tag{9.2}$$

该模型的最优决策如下：

$$W_n^{ZI} = \frac{Q + C_n}{2} \qquad W_r^{ZI} = \frac{C_r + S + Q\alpha + 2A}{2}$$

$$P_n^{ZI} = \frac{C_n + 3Q}{4} \qquad P_r^{ZI} = \frac{4A + C_r + 3S + 3Q\alpha}{4}$$

$$Q_n^{ZI} = \frac{(1 - \alpha)Q + C_r - C_n - S}{4(1 - \alpha)} \qquad Q_r^{ZI} = \frac{S - C_r + C_n\alpha}{4\alpha(1 - \alpha)}$$

$$\Pi_M^{ZI} = \frac{Q - C_n}{2} \times \frac{(1 - \alpha)Q + C_r - C_n - S}{4(1 - \alpha)} + \frac{S + Q\alpha - C_r}{2} \times \frac{S - C_r + C_n a}{4\alpha(1 - \alpha)} =$$

$$\frac{(1 - \alpha)\alpha Q^2 + C_n Q\alpha^2 - 2(1 - \alpha)\alpha C_n Q + S^2 - 2SC_r + C_r^2}{8\alpha(1 - \alpha)}$$

$$\Pi_R^{ZI} = \frac{Q - C_n}{4} \times \frac{(1 - \alpha)Q + C_r - C_n - S}{4(1 - \alpha)} + \frac{S + Q\alpha - C_r}{4} \times \frac{S - C_r + C_n\alpha}{4\alpha(1 - \alpha)} =$$

$$\frac{(1 - \alpha)\alpha Q^2 + C_n Q\alpha^2 - 2(1 - \alpha)\alpha C_n Q + S^2 - 2SC_r + C_r^2}{16\alpha(1 - \alpha)}$$

$$\Pi_{SC}^{ZI} = \frac{3Q - 3C_n}{4} \times \frac{(1 - \alpha)Q + C_r - C_n - S}{4(1 - \alpha)} + \frac{3(S + Q\alpha - C_r)}{4} \times$$

$$\frac{S - C_r + C_n\alpha}{4\alpha(1 - \alpha)} = \frac{3\left[(1 - \alpha)\alpha Q^2 + C_n Q\alpha^2 - 2(1 - \alpha)\alpha C_n Q + S^2 - 2SC_r + C_r^2\right]}{16\alpha(1 - \alpha)}$$

9.3.2　零售商公平中性，对再造品有服务水平提升的情形

该模型是在 9.2.1 节模型的基础上，考虑零售商对再造品进行服务水平的提升，而对于新产品的服务水平保持不变。再造品服务水平的提升会增强消费者对再造品的消费偏好，进而同时影响新产品和再造品的销售量。此情况下，新产品和再造品销售量分别为 $Q_n = Q - (P_n - P_r + A + S + \alpha^2 t)/(1 - \alpha)$ 和 $Q_r = (\alpha P_n - P_r + A + S + \alpha^2 t)/\alpha(1 - \alpha)$。

该模型的利润函数分别为：

$$\Pi_R = (P_n - W_n)Q_n + (P_r - W_r)Q_r - \frac{1}{2}bt^2 \qquad (9.3)$$

$$\Pi_M = (W_n - C_n)Q_n + (W_r - C_r - A)Q_r \qquad (9.4)$$

该模型的最优决策如下：

$$W_n^{ZT} = \frac{Q + C_n}{2} \qquad W_r^{ZT} = \frac{C_r + S + Q\alpha + 2A + \alpha^2 t}{2}$$

$$P_n^{ZT} = \frac{C_n + 3Q}{4} \qquad P_r^{ZT} = \frac{4A + C_r + 3S + 3Q_\alpha + 3\alpha^2 t}{4}$$

$$Q_n^{ZT} = \frac{(1 - \alpha)Q + C_r - C_n - S - \alpha^2 t}{4(1 - \alpha)} \qquad Q_r^{ZT} = \frac{S - C_r + C_n\alpha + \alpha^2 t}{4\alpha(1 - \alpha)}$$

$$\Pi_M^{ZT} = \frac{Q - C_n}{2} \times \frac{(1 - \alpha)Q + C_r - C_n - S - \alpha^2 t}{4(1 - \alpha)} + \frac{S + Q\alpha - C_r + \alpha^2 t}{2}$$

$$\times \frac{S - C_r + C_n\alpha + \alpha^2 t}{4\alpha(1 - \alpha)}$$

$$= \frac{(1-\alpha)\alpha Q^2 + Q\alpha(2C_n\alpha - 2C_n) + \alpha C_n^2 + (S - C_r + \alpha^2 t)^2}{8\alpha(1-\alpha)}$$

$$\Pi_R^{ZT} = \frac{Q - C_n}{4} \times \frac{(1-\alpha)Q + C_r - C_n - S - \alpha^2 t}{4(1-\alpha)} + \frac{S + Q\alpha - C_r + \alpha^2 t}{4} \times$$

$$\frac{S - C_r + C_n\alpha + \alpha^2 t}{4\alpha(1-\alpha)} - \frac{1}{2}bt^2$$

$$= \frac{(1-\alpha)\alpha Q^2 + Q\alpha(2C_n\alpha - 2C_n) + \alpha C_n^2 + (S - C_r - \alpha^2 t)^2}{16\alpha(1-\alpha)} - \frac{1}{2}bt^2$$

$$\Pi_{SC}^{ZT} = \frac{3Q - 3C_n}{4} \times \frac{(1-\alpha)Q + C_r - C_n - S - \alpha^2 t}{4(1-\alpha)} + \frac{3(S + Q\alpha - C_r + \alpha^2 t)}{4} \times$$

$$\frac{S - C_r + C_n\alpha + \alpha^2 t}{4\alpha(1-\alpha)} - \frac{1}{2}bt^2$$

$$= \frac{3[(1-\alpha)\alpha Q^2 + Q\alpha(2C_n\alpha - 2C_n) + \alpha C_n^2 + (S - C_r - \alpha^2 t)^2]}{16\alpha(1-\alpha)} - \frac{1}{2}bt^2$$

9.3.3 零售商公平关切，对再造品无服务水平提升的情形

在该模型中，零售商为新产品和再造品提供同一水平的服务，但是零售商会关注自有利润在渠道中的利润对比，考虑自身与制造商之间的利润对比，具有公平偏好。此情况下，制造商与零售商的利润函数和 9.2.1 节模型中的利润函数相同，但零售商的决策函数则用效用函数表示。该模型的利润函数分别为：

$$\Pi_R = (P_n - W_n)Q_n + (P_r - W_r)Q_r \tag{9.5}$$

$$\Pi_M = (W_n - C_n)Q_n + (W_r - C_r - A)Q_r \tag{9.6}$$

$$U_R(P_n, P_r) = \Pi_R - k(\Pi_M - \Pi_R) \tag{9.7}$$

该模型的最优决策如下：

$$W_n^{FI} = \frac{Q(1+k) + C_n(1+3k)}{2+4k}$$

$$W_r^{FI} = \frac{C_r(1+3k) + S(1+k) + Q\alpha(1+k) + 2A + 4Ak}{2+4k}$$

$$P_n^{FI} = \frac{C_n + 3Q}{4}$$

$$P_r^{FI} = \frac{4A + C_r + 3S + 3Q\alpha}{4}$$

$$Q_n^{FI} = \frac{(1 - a)Q + C_r - C_n - S}{4(1 - \alpha)}$$

$$Q_r^{FI} = \frac{S - C_r + C_n\alpha}{4\alpha(1 - \alpha)}$$

$$\Pi_M^{FI} = \frac{(Q - C_n)(1 + k)}{4k + 2} \times \frac{(1 - \alpha)Q + C_r - C_n - S}{4(1 - \alpha)} +$$

$$\frac{(S + Q\alpha - C_r)(1 + k)}{4k + 2} \times \frac{S - C_r + C_n\alpha}{4\alpha(1 - \alpha)} =$$

$$\frac{(1 + k)[Q\alpha((1 - \alpha)Q + C_n\alpha - C_n) + C_n\alpha(2S - 2C_r + C_n - (1 - \alpha)Q) + (S - C_r)^2]}{8\alpha(1 - \alpha)(2k + 1)}$$

$$\Pi_R^{FI} = \frac{(Q - C_n)(4k + 1)}{2(4k + 2)} \times \frac{(1 - \alpha)Q + C_r - C_n - S}{4(1 - \alpha)} +$$

$$\frac{(S + Q\alpha - C_r)(4k + 1)}{2(4k + 2)} \times \frac{S - C_r + C_n\alpha}{4\alpha(1 - \alpha)} =$$

$$\frac{(1 + 4k)[Q\alpha((1 - \alpha)Q + C_n\alpha - C_n) + C_n\alpha(2S - 2C_r + C_n - (1 - \alpha)Q) + (S - C_r)^2]}{16\alpha(1 - \alpha)(2k + 1)}$$

$$\Pi_{SC}^{FI} = \frac{3(Q - C_n)}{4} \times \frac{(1 - \alpha)Q + C_r - C_n - S}{4(1 - \alpha)} + \frac{3(S + Q\alpha - C_r)}{4} \times$$

$$\frac{S - C_r + C_n\alpha}{4\alpha(1 - \alpha)} = \frac{3[(1 - \alpha)\alpha Q^2 + C_n Q\alpha^2 - 2(1 - \alpha)\alpha C_n Q + S^2 - 2SC_r + C_r^2]}{16\alpha(1 - \alpha)}$$

9.3.4　零售商公平关切，对再造品有服务水平提升的情形

该模型是在 9.2.3 节模型的基础上，考虑零售商对再造品进行服务水平的提升，而对于新产品的服务水平保持不变。此情况下，制造商与零售商的利润函数和 9.2.2 节模型中的利润函数相同，但零售商的决策函数则用效用函数表示。该模型的利润函数分别为：

$$\Pi_R = (P_n - W_n)Q_n + (P_r - W_r)Q_r - \frac{1}{2}bt^2 \tag{9.8}$$

$$\Pi_M = (W_n - C_n)Q_n + (W_r - C_r - A)Q_r \tag{9.9}$$

$$U_R(P_n, P_r) = \Pi_R - k(\Pi_M - \Pi_R) \tag{9.10}$$

该模型的最优决策如下:

$$W_n^{FT} = \frac{Q(1+k) + C_n(1+3k)}{2+4k}$$

$$W_r^{FT} = \frac{C_r(1+3k) + S(1+k) + Q\alpha(1+k) + 2A + 4Ak + \alpha^2 t(1+k)}{2+4k}$$

$$P_n^{FT} = \frac{C_n + 3Q}{4}$$

$$P_r^{FT} = \frac{4A + C_r + 3S + 3Q\alpha + 3\alpha^2 t}{4}$$

$$Q_n^{FT} = \frac{(1-\alpha)Q + C_r - C_n - S - \alpha^2 t}{4(1-\alpha)}$$

$$Q_r^{FT} = \frac{S - C_r + C_n\alpha + \alpha^2 t}{4\alpha(1-\alpha)}$$

$$\Pi_M^{FT} = \frac{(Q - C_n)(1+k)}{4k+2} \times \frac{(1-\alpha)Q + C_r - C_n - S - \alpha^2 t}{4(1-\alpha)} +$$

$$\frac{(S + Q_\alpha - C_r + \alpha^2 t)(1+k)}{4k+2} \times \frac{S - C_r + C_n\alpha + \alpha^2 t}{4\alpha(1-\alpha)} =$$

$$\frac{(1+k)[Q\alpha((1-\alpha)Q + C_n\alpha - C_n) + C_n\alpha(2S - 2C_r + 2\alpha^2 t + C_n - (1-\alpha)Q) + (S - C_r + \alpha^2 t)^2]}{8\alpha(1-\alpha)(2k+1)}$$

$$\Pi_R^{FT} = \frac{(Q - C_n)(4k+1)}{2(4k+2)} \times \frac{(1-\alpha)Q + C_r - C_n - S - \alpha^2 t}{4(1-\alpha)} +$$

$$\frac{(S + Q\alpha - C_r + \alpha^2 t)(4k+1)}{2(4k+2)} \times \frac{S - C_r + C_n\alpha + \alpha^2 t}{4\alpha(1-\alpha)} - \frac{1}{2}bt^2 =$$

$$\frac{(1+4k)[Q\alpha((1-\alpha)Q + C_n\alpha - C_n) + C_n\alpha(2S - 2C_r + 2\alpha^2 t + C_n - (1-\alpha)Q) + (S - C_r + \alpha^2 t)^2]}{16\alpha(1-\alpha)(2k+1)}$$

$$-\frac{1}{2}bt^2$$

$$\Pi_{SC}^{FT} = \frac{3(Q - C_n)}{4} \times \frac{(1 - \alpha)Q + C_r - C_n - S - \alpha^2 t}{4(1 - \alpha)} +$$

$$\frac{3(S + Q\alpha - C_r + \alpha^2 t)}{4} \times \frac{S - C_r + C_n\alpha + \alpha^2 t}{4\alpha(1 - \alpha)} - \frac{1}{2}bt^2 =$$

$$\frac{3[(1 - \alpha)\alpha Q^2 + Q\alpha(2C_n\alpha - 2C_n) + \alpha C_n^2 + (S - C_r + \alpha^2 t)^2]}{16\alpha(1 - \alpha)} - \frac{1}{2}bt^2$$

9.4 四种情形下闭环供应链的定价决策对比分析

9.4.1 服务水平对闭环供应链的影响分析

为了研究对再造品进行服务水平提升的行为能否有效增加再造品的销售量，以及对闭环供应链系统及成员的最优决策、利润是否存在积极影响，本节将在零售商公平中性的情况下，对再造品有、无服务水平提升的闭环供应链最优决策进行对比，即将对9.2.1节与9.2.2节的各项进行对比，可得出以下结论。

结论9.1 在零售商公平中性的情况下，再造品有、无服务提升，闭环供应链决策的最优批发价格、销售价格以及销售量分别满足以下关系：$W_n^{ZI} = W_n^{ZT}$、$W_r^{ZI} < W_r^{ZT}$、$P_n^{ZI} = P_n^{ZT}$、$P_r^{ZI} < P_r^{ZT}$、$Q_n^{ZI} > Q_n^{ZT}$、$Q_r^{ZI} < Q_r^{ZT}$、$Q_n^{ZI} + Q_r^{ZI} < Q_n^{ZT} + Q_r^{ZT}$。

证明：

$$W_r^{ZI} - W_r^{ZT} = -\frac{\alpha^2 t}{2} < 0, P_r^{ZI} - P_r^{ZT} = -\frac{3\alpha^2 t}{4} < 0, Q_n^{ZI} - Q_n^{ZT} = \frac{\alpha^2 t}{4(1 - \alpha)} > 0$$

$$Q_r^{ZI} - Q_r^{ZT} = -\frac{\alpha^2 t}{4\alpha(1 - \alpha)} < 0, \quad Q_n^{ZI} + Q_r^{ZI} - Q_n^{ZT} - Q_r^{ZT} = \frac{\alpha^2 t}{4(1 - \alpha)} - \frac{\alpha^2 t}{4\alpha(1 - \alpha)}$$

< 0。

结论9.1得证。

结论9.1表明，在零售商对再造品进行服务水平提升的情况下，新产品的批发价格、销售价格均未改变，但是销售量减少；同时再造品的批发价格、销售价格、销售量均会增大。新产品销售的减少量小于再造品销售的增加量，故此类产品在市场上的销售量会增大。综上所述，通过提升零售商对再造品的服务水平来改善消费者对再造品的消费偏好的行为，可同时增大再造品销量和此类产品的市场总销售量。这不仅有利于实现资源的有效利用和环境保护，还能增强此类产品的市场竞争力，扩大此类产品的市场总需求。

结论 9.2　在零售商公平中性的情况下，闭环供应链系统及成员的利润都会受到再造品服务提升的影响，并且再造品服务提升对制造商利润、零售商利润以及闭环供应链系统总利润的影响各不相同。

证明：（1）制造商利润的比较：$\Pi_M^{ZT} - \Pi_M^{ZI} = \dfrac{\alpha t(\alpha^2 t + 2C_n\alpha - 2C_r + 2S)}{8(1-\alpha)}$

为了实现再造品的盈利性，一般情况下 $C_r < \alpha C_n$，因此 $\Pi_M^{ZT} > \Pi_M^{ZI}$ 恒成立。

（2）零售商利润的比较：$\Pi_R^{ZT} - \Pi_R^{ZI} = \dfrac{t(2\alpha^2 C_n - 2C_r\alpha + 2S\alpha - 8bt + 8\alpha bt + \alpha^3 t)}{16(1-\alpha)}$

讨论：当 $8b - \alpha^3 - 8\alpha b > 0$，$t < \dfrac{2\alpha S - 2C_r\alpha + 2C_n\alpha^2}{8b - \alpha^3 - 8\alpha b}$ 时，$\Pi_R^{ZT} > \Pi_R^{ZI}$；$t > \dfrac{2\alpha S - 2C_r\alpha + 2C_n\alpha^2}{8b - \alpha^3 - 8\alpha b}$ 时，$\Pi_R^{ZT} < \Pi_R^{ZI}$。当 $8b - \alpha^3 - 8\alpha b < 0$ 时，$\Pi_R^{ZT} > \Pi_R^{ZI}$ 恒成立。

（3）整个闭环供应链系统总利润的比较：

$\Pi_{SC}^{ZT} - \Pi_{SC}^{ZI} = \dfrac{t(6\alpha^2 C_n - 6C_r\alpha + 6S\alpha - 8bt + 8\alpha bt + 3\alpha^3 t)}{16(1-\alpha)}$

讨论：当 $8b - 3\alpha^3 - 8\alpha b > 0$，$t < \dfrac{6\alpha S - 6C_r\alpha + 6C_n\alpha^2}{8b - 3\alpha^3 - 8\alpha b}$ 时，$\Pi_{SC}^{ZT} > \Pi_{SC}^{ZI}$；$t > \dfrac{6\alpha S - 6C_r\alpha + 6C_n\alpha^2}{8b - 3\alpha^3 - 8\alpha b}$ 时，$\Pi_{SC}^{ZT} < \Pi_{SC}^{ZI}$。当 $8b - 3\alpha^3 - 8\alpha b < 0$ 时，$\Pi_{SC}^{ZT} > \Pi_{SC}^{ZI}$ 恒成立。

结论 9.2 得证。

结论 9.2 表明，零售商对再造品进行服务水平提升后，对制造商而言，利润会随着服务水平的提升而增加。对于闭环供应链系统而言，虽然随着再造品服务水平的提升，新产品的利润会减少，但是再造品的利润会增大，并且再造品服务提升在一定范围内时，再造品利润的增大值会大于新产品利润的减少值，因此闭环供应链系统总利润在该范围内会增大。同时，对于零售商而言，一定范围内的再造品服务提升能增大零售商的利润；但是再造品服务提升程度过大时，会造成过大的付出成本，导致零售商利益受损，破坏供应链的最优均衡。综上所述，制造商利润会随着服务水平的提升而增加；零售商利润和闭环供应链系统总利润随着再造品服务水平的提升，均呈现先增大后减小的趋势。

9.4.2　零售商公平关切对闭环供应链的影响分析

为了研究零售商公平关切行为对闭环供应链系统及成员最优决策和利润的影响，本节进行了两轮比较。首先在再造品无服务提升的情况下，进行公平关切作用对比，即将 9.2.1 节和 9.2.3 节的各项进行对比；然后在再造品进行服务提升的情况下，进行公平关切作用对比，即将 9.2.2 节和 9.2.4 节的各项进行对比。通过两轮比较，可以得到以下结论。

结论 9.3　在再造品无服务提升，零售商公平中性和公平关切的两种情形下，闭环供应链决策的最优批发价格、销售价格以及销售量满足以下关系：$P_n^{ZI} = P_n^{FI}$、$P_r^{ZI} = P_r^{FI}$、$Q_n^{ZI} = Q_n^{FI}$、$Q_r^{ZI} = Q_r^{FI}$、$W_n^{ZI} < W_n^{FI}$，W_r^{FI} 和 W_r^{ZI} 的大小与再造品成本、消费者对再造品消费的偏好系数、政府补贴力度以及市场规模相关。两种情形下的再造品批发价格均会随着这四种因素的增大而增大。随着前三种因素的增大，零售商公平关切情形下的再造品批发价格和零售商公平中性的再造品批发价格的差值会呈现先正后负的变化。而随着再造品成本的提高，两者的差值则呈现先负后正的变化。

证明：$W_n^{FI} - W_n^{ZI} = \dfrac{C_n(1+3k) + Q(1+k)}{2+4k} - \dfrac{Q + C_n}{2} = \dfrac{k}{2+4k}(C_n - Q)$

讨论：$C_n > Q$ 时，$W_n^{FI} > W_n^{ZI}$；$C_n < Q$ 时，$W_n^{FI} < W_n^{ZI}$。

因为再制造行业主要考虑的是电子产品或者是汽车零部件，结合现实情况，$C_n < Q$ 成立，因此 $W_n^{FI} < W_n^{ZT}$ 成立。

$$W_r^{FI} - W_r^{ZI} = \frac{C_r(1 + 3k) + Q\alpha(1 + k) + S(1 + k) + 2A + 4Ak}{2 + 4k} -$$

$$\frac{C_r + S + Q\alpha + 2A}{2} = \frac{k(C_r - Q\alpha - S)}{4k + 2}$$

讨论：当 $C_r - Q\alpha - S > 0$ 时，$W_r^{FI} > W_r^{ZI}$；当 $C_r - Q\alpha - S < 0$ 时，$W_r^{FI} < W_r^{ZI}$。

结论 9.4 在再造品进行服务提升，零售商公平中性和公平关切的两种情形下，闭环供应链决策的最优批发价格、销售价格以及销售量满足以下关系：$P_n^{ZT} = P_n^{FT}$、$P_r^{ZT} = P_r^{FT}$、$Q_n^{ZT} = Q_n^{FT}$、$Q_r^{ZT} = Q_r^{FT}$、$W_n^{ZT} > W_n^{FT}$，W_r^{FT} 和 W_r^{ZT} 的大小与再造品服务提升程度、再造品成本、消费者对再造品消费的偏好系数、政府补贴力度以及市场规模相关。与结论 3 类似，两种情形下的再造品批发价格均会随着这五种因素的增大而增大。随着前四种因素的增大，零售商公平关切情形下的再造品批发价格和零售商公平中性的再造品批发价格的差值会呈现先正后负的变化。而随着再造品成本的提高，两者的差值则呈现先负后正的变化。

证明：$W_n^{FT} - W_n^{ZT} = \dfrac{C_n(1 + 3k) + Q(1 + k)}{2 + 4k} - \dfrac{Q + C_n}{2} = \dfrac{k}{2 + 4k}(C_n - Q)$

讨论：当 $C_n > Q$ 时，$W_n^{FT} > W_n^{ZT}$；当 $C_n < Q$ 时，$W_n^{FT} < W_n^{ZT}$。

同上，文中考虑的是电子产品或者是汽车零部件，结合现实情况，$C_n < Q$ 成立，因此 $W_n^{FT} < W_n^{ZT}$ 成立。

$$W_r^{FT} - W_r^{ZT} = \frac{C_r(1 + 3k) + Q\alpha(1 + k) + S(1 + k) + \alpha^2 t(1 + k) + 2A + 4Ak}{2 + 4k}$$

$$- \frac{C_r + S + Q\alpha + 2A + \alpha^2 t}{2} = \frac{k(C_r - Q\alpha - S - \alpha^2 t)}{4k + 2}$$

讨论：当 $t < \dfrac{C_r - Q\alpha - S}{\alpha^2}$ 时，$W_r^{FT} > W_r^{ZT}$；当 $t > \dfrac{C_r - Q\alpha - S}{\alpha^2}$ 时，$W_r^{FT} <$

W_r^{ZT}。

结论9.3和9.4得证。

结论9.3和9.4表明,零售商公平关切行为对新产品与再造品的销售价格、销售量不产生影响,但新产品和再造品的批发价格会随之变化。公平关切系数越大,新产品的批发价格越小。再造品的批发价格的变化与再造品服务提升程度、再造品成本、消费者对再造品消费的偏好系数、政府补贴力度以及市场规模相关。不同情形下的再造品批发价格均会随着上述因素的增大而增大。随着政府补贴力度、产品市场规模,消费者对再造品的偏好系数以及零售商服务提升力度的增大,零售商公平关切情形下的再造品批发价格和零售商公平中性的再造品批发价格的差值会呈现先正后负的变化。而随着再造品成本的提高,零售商公平关切情形下的再造品批发价格和零售商公平中性的再造品批发价格的差值会呈现先负后正的变化。从消费者的角度出发,零售商的公平关切心态不会对消费者的支出成本产生影响。从制造商的角度出发,零售商的公平关切心态对制造商产生了不利影响,公平关切系数越大,对制造商的影响也越大。从零售商的角度出发,公平关切行为会使得制造商降低新产品和再造品批发价格,从而改善了零售商在闭环供应链中的弱势博弈地位。

结论9.5 在再造品无服务提升、零售商公平中性和公平关切的两种情形下,闭环供应链系统及成员的利润分别满足如下关系:$\Pi_M^{FI} < \Pi_M^{ZI}$、$\Pi_R^{FI} > \Pi_R^{ZI}$、$\Pi_{SC}^{FI} = \Pi_{SC}^{ZI}$。且 Π_M^{FI} 随着公平关切系数 k 的增大而减小,Π_R^{FI} 随着公平关切系数 k 的增大而增大。

证明:

$$\Pi_M^{FI} = \frac{1+k}{2k+1}\Pi_M^{ZI}$$

$$\Pi_M^{FI} - \Pi_M^{ZI} = \frac{k}{2k+1}\Pi_M^{ZI} < 0$$

$$\Pi_R^{FI} = \frac{1+4k}{2k+1}\left(\Pi_R^{ZI} + \frac{1}{2}bt^2\right) - \frac{1}{2}bt^2 = \frac{1+4k}{2k+1}\Pi_R^{ZI} + \frac{k}{2k+1}bt^2$$

$$\Pi_{SC}^{FI} - \Pi_{SC}^{ZI} = 0$$

结论9.6 在再造品进行服务水平提升、零售商公平中性和公平关切的两种情形下，闭环供应链系统及成员的利润分别满足如下关系：$\Pi_M^{FT} < \Pi_M^{ZT}$、$\Pi_R^{FT} > \Pi_R^{ZT}$、$\Pi_{SC}^{FT} = \Pi_{SC}^{ZT}$。且 Π_M^{FT} 随着公平关切系数 k 的增大而减小，Π_R^{FT} 随着公平关切系数 k 的增大而增大。

证明：

$$\Pi_M^{FT} = \frac{1+k}{2k+1}\Pi_M^{ZT}$$

$$\Pi_M^{FT} - \Pi_M^{ZT} = \frac{k}{2k+1}\Pi_M^{ZT} < 0$$

$$\Pi_R^{FT} = \frac{1+4k}{2k+1}\left(\Pi_R^{ZT} + \frac{1}{2}bt^2\right) - \frac{1}{2}bt^2 = \frac{1+4k}{2k+1}\Pi_R^{ZT} + \frac{k}{2k+1}bt^2$$

$$\Pi_R^{FT} - \Pi_R^{ZT} = \frac{k}{2k+1}bt^2 + \frac{2k}{2k+1}\Pi_R^{ZT} > 0$$

结论9.5和9.6得证。

结论9.5和9.6表明，零售商公平关切行为不改变闭环供应链系统的总利润，但会改变闭环供应链中零售商与制造商的利润分配。零售商公平关切下零售商的利润大于零售商公平中性下零售商的利润，且公平关切系数越大，零售商利润越大；零售商公平关切下制造商的利润小于零售商公平中性下制造商的利润，且公平关切系数越大，制造商的利润越小；闭环供应链系统的总利润和零售商公平关切行为无关。

9.5 数值算例分析

为了进一步说明和验证本章得出的主要结论，下面通过数值算例仿真进行验证分析。探究再造品服务提升力度 t 以及零售商公平关切系数 k 对闭环供应链系统及成员最优决策及利润的影响。

参照参考文献 [134]，本研究模型的参数赋值为 $Q = 1000$、$C_n = 100$、$C_r = 35$、$S = 8$、$\alpha = 0.5$、$A = 20$、$b = 5$。随着零售商对再造品服务水平取

值的变化，新产品和再造品最优的批发价格、销售价格和销售量的取值如表 9 -1 所示。

表 9 -1　　　　　　　　再造品服务提升对闭环供应链最优决策的影响

t	k	W_n^{FT}	W_r^{FT}	P_n^{FT}	P_r^{FT}	Q_n^{FT}	Q_r^{FT}
0	0.00	550.0	291.6	775	409.8	213.5	23
15	0.00	550.0	891.6	775	412.6	211.6	26.8
25	0.00	550.0	1291.6	775	414.4	210.4	29.3
30	0.00	550.0	1491.6	775	415.4	209.8	30.5
0	0.05	529.5	279.1	775	409.8	213.5	23.0
15	0.05	529.5	824.5	775	412.6	211.6	26.8
25	0.05	529.5	1188.1	775	414.4	210.4	29.3
30	0.05	529.5	1370.0	775	415.4	209.8	30.5
0	0.10	512.5	268.6	775	409.8	213.5	23.0
15	0.10	512.5	768.6	775	412.6	211.6	26.8
25	0.10	512.5	1102.0	775	414.4	210.4	29.3
30	0.10	512.5	1268.6	775	415.4	209.8	30.5
0	0.20	485.7	252.1	775	409.8	213.5	23.0
15	0.20	485.7	680.7	775	412.6	211.6	26.8
25	0.20	485.7	966.4	775	414.4	210.4	29.3
30	0.20	485.7	1109.3	775	415.4	209.8	30.5

通过对表 9 -1 的数据分析可知：随着零售商对再造品服务水平的提升，新产品的批发价格和销售价格均保持不变，但是新产品的销售量会降低，从而导致新产品的销售利润减少；再造品的批发价格、销售价格以及销售量均会随着服务水平的提升得到等比例的增加。如表 9.1 所示，当服务水平提升 15 个单位时，再造品批发价格提升 600 个单位；当服务水平提升 10 个单位时，再造品批发价格会提升 400 个单位。再造品的销售价格和销售量的增长情况与批发价格的增长情况类似。在此基础上，新产品的销售减少量小于再造品销售增加量，产品总销售量会有相应增加，由此验证了结论 9.1。

为探究再造品服务提升程度对零售商利润、制造商利润以及整个闭环供应链系统总利润的影响，假定零售商公平中性即 $k = 0$ ，然后运用软件算例图形仿真了相应的利润变化图形，如图 9-2 所示。

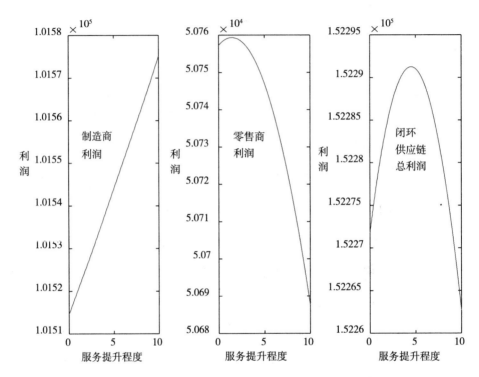

图 9-2　再造品进行服务水平提升时闭环供应链不同对象利润

由图 9-2 可知，借助于零售商对再造品进行服务水平的提升，制造商的利润会增加，而零售商的利润和整个闭环供应链的总利润均呈现先增长后下降的状态。在现有的参数条件下，当再造品服务水平提升 $t = 5$ 时，整个供应链的总利润达到最大值；当 $t = 2$ 时，零售商的利润达到最大值。由此可见，在零售商采取再造品服务水平提升策略的前期，服务水平提升程度小，再造品的销售量随着服务水平的提升显著增加，闭环供应链成员的利润均会增大。当再造品服务水平较高时，零售商的利润会随服务水平的增加而减少，而制造商的利润会随其增加而增加，从而造成利润分配不均，影响零售商对再造品服务水平提升的积极性。此情况下制造商应该分摊部分零售服务成本，以维持整个闭环供应链以及自身利润的持续增长，由此验证了结论9.2。

随着零售商公平关切程度的变化，新产品和再造品最优的批发价格、销售价格和销售量的取值如表9-2所示。

表9-2　　　　　　　　公平关切对闭环供应链的最优决策的影响

k	t	W_n^{FT}	W_r^{FT}	P_n^{FT}	P_r^{FT}	Q_n^{FT}	Q_r^{FT}
0	0	550.0	291.6	775	409.8	213.5	23
0.05	0	529.5	279.1	775	409.8	213.5	23
0.10	0	512.5	268.6	775	409.8	213.5	23
0.20	0	485.7	252.1	775	409.8	213.5	23.0
0	15	550.0	891.6	775	412.6	211.6	26.8
0.05	15	529.5	824.5	775	412.6	211.6	26.8
0.10	15	512.5	768.6	775	412.6	211.6	26.8
0.20	15	485.7	680.7	775	412.6	211.6	26.8
0	25	550.0	1291.6	775	414.4	210.4	29.3
0.05	25	529.5	1188.1	775	414.4	210.4	29.3
0.10	25	512.5	1101.9	775	414.4	210.4	29.3
0.20	25	485.7	966.4	775	414.4	210.4	29.3
0	30	550.0	1491.6	775	415.4	209.8	30.5
0.05	30	529.5	1370.0	775	415.4	209.8	30.5
0.10	30	512.5	1268.6	775	415.4	209.8	30.5
0.20	30	485.7	1109.3	775	415.4	209.8	30.5

通过对表9-2的数据分析可知：随着零售商公平关切系数的增大，新产品与再造品的批发价格均会减小，且再造品批发价格减小幅度小于新产品批发价格减小幅度。零售商对于利润分配的公平关切行为不会影响新产品与再造品的销售价格和销售数量。因此，对于消费者而言，零售商的公平关切心理对消费者市场并不存在影响，但是对制造商而言，新产品和再造品的批发价格会受到强烈影响。由此验证了结论9.3和结论9.4。

为探究零售商公平关切程度对闭环供应链系统及成员利润的影响，假定再造品的服务水平是闭环供应链系统总利润最大时的取值即 $t = 5$ ，然后运用软件算例图形仿真了闭环供应链系统及成员的利润变化图形，如图 9 – 3 所示。

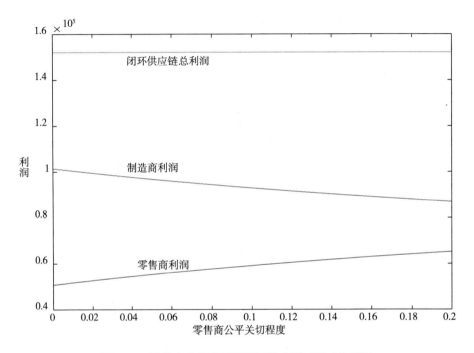

图 9 – 3 零售商公平关切下闭环供应链不同对象利润

9.6 本章小结

为了促进再造品销售以及探究企业之间的心理博弈，本研究构建了由单一制造商和单一零售商组成的闭环供应链系统，以零售商对再造品进行服务水平提升以及对闭环供应链利润分配存在公平关切的心理为出发点，分别计算了四种不同情况下的闭环供应链的最优决策和最优利润。通过对结果进行比较分析和算例分析，本文可得出以下结论：

1. 再造品服务水平的提升能增大再造品的市场份额，且新产品的销售减少量小于再造品的销售增加量。

2. 通过对再造品进行服务提升来鼓励消费者进行再造品消费的行为，会使得制造商的利润大幅提高，而零售商利润则呈现先增后减的趋势。

3. 零售商对闭环供应链各主体利润分配的公平关切行为对新产品和再造品的销售价格、销售量不产生影响，但会使得新产品和再造品的批发价格降低。

4. 零售商对闭环供应链各主体利润分配的公平关切行为不改变闭环供应链系统的总利润，但有效地影响了制造商与零售商在闭环供应链中的利润分配。

本章的管理启示为，再造品服务水平的提升能显著改善再造品的销售困境，并且能增大此类产品在市场上的销售量。但是零售商利润和制造商利润随着再造品服务水平的提升会呈现不同的变化趋势。当服务水平过高时，零售商的利润会随其增加而减少，制造商的利润会随其增加而增加，从而造成利润分配不均。在利润分配不均以及零售商的公平关切心理的双重作用下，零售商服务水平提升的积极性会大大降低，进而影响整个闭环供应链的稳定性。此情况下制造商应该分摊部分零售服务成本，以维持整个闭环供应链以及自身利润的持续增长。

第 10 章

政府补贴下双渠道销售闭环
供应链定价决策研究

10.1 问题概述

政府"以旧换再"补贴对引导再造品销售和促进废旧品回收的有效性在第 7 章得以证明。除此之外，销售渠道的选择也影响着闭环供应链的稳定性及系统参与者的利润水平。

由第 7 章的文献综述可知，在涉及政府政策的相关文献中，很少考虑新产品和再造品具有不同销售渠道的问题。但是事实上，销售渠道在新产品和再造品的销售过程中也是不可忽视的一部分，如苹果公司将全新 iMac 和 iPod 通过零售商进行分销，而贴有"原产翻新"标识的翻新机仅通过官网分别以新产品价格 12% 和 22% 的折扣价进行销售，这种双销售渠道激发了对再造品的需求，对于再造品的推广和环境保护起到了很好的示范作用。因此，本节将在第 7 章模型的基础上，考虑政府补贴下双渠道销售的闭环供应链系统，分析了有、无政府补贴下新产品和再造品具有不同销售渠道的闭环供应链系统及其参与成员的定价决策问题，并探讨了政府"以旧换再"补贴对引导再造品销售和促进废旧品回收的有效性。具体开展以下工作：

1. 构建政府补贴下双渠道销售闭环供应链模型，综合运用博弈论中的逆向归纳法以及优化理论中的 K – T 条件等运筹学方法，分别对有、无政府补贴下新产品和再造品具有不同销售渠道的闭环供应链集中式决策和分散式决策的定价决策问题进行求解；

2. 对比分析 4 种闭环供应链决策模型，分析政府"以旧换再"补贴的有效性及其对双渠道销售闭环供应链系统及其参与成员最优决策及利润的影响；

3. 参考现有文献中的仿真数据，使用 MATLAB 数据仿真软件，分析验证所构建的政府补贴下双渠道销售闭环供应链模型的正确性，深入探究在双销售渠道下政府补贴对闭环供应链系统及其主要参与成员的利润产生的影响。

10.2 模型假设及符号说明

本章的再制造闭环供应链是由单个制造商和单个零售商构成的，在该系统中，制造商以一定的回收价格从消费者手中直接回收废旧品，并分别利用原材料和回收的废旧品生产新产品和再造品。进而通过零售商分销渠道销售新产品，通过其自身开辟的直销渠道销售再造品。政府为实现废旧品回收再制造的目标，通过给予再造品购买者消费补贴，促进再造品销售和废旧品回收，以扩大再造品的市场份额。政府补贴下的双渠道销售闭环供应链模型如图 10 – 1 所示。

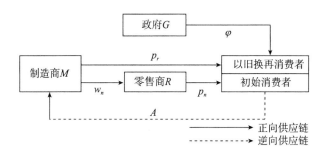

图 10 – 1 政府补贴下的双渠道销售闭环供应链模型

在第7章基本假设及符号说明的基础上，给出政府补贴下双渠道销售闭环供应链模型的基本假设和符号说明如下：

假设1：本研究只考虑单一产品。另外，一个家庭只能拥有一个新产品或一个废旧品，并且不会放弃使用该产品，废旧品的唯一用途是回收处理。并且，废旧品是同质的，所有回收的废旧品均可生产成再造品，且1单位的废旧品只能生产1单位的再造品，即再造率为1，故消费者对再造品的需求量就是废旧品的回收量。

假设2：制造商与零售商存在 Stackelberg 博弈关系，且制造商是市场领导者，零售商是市场跟随者，制造商与零售商均是风险中性且信息完全对称。

假设3：市场由两类消费者构成：初始消费者和"以旧换再"消费者。初始消费者在购买新产品前并未拥有废旧品，而"以旧换再"消费者在购买再造品前拥有废旧品。初始消费者可直接购买新产品，而"以旧换再"消费者购买再造品时必须出售其废旧品。

假设4：再造品的功能、质量和效用与新产品完全相同，但消费者对两类产品有着不同的支付意愿。

政府补贴下双渠道销售闭环供应链的变量符号定义如下：

制造商利用原材料生产新产品的单位生产成本为 c_n，利用回收的废旧品生产再制品的单位成本为 c_r，为使制造商的废旧品回收再制造活动有利可图，需有 $c_r < c_n$，令 $c_n - c_r = \delta$。

制造商向零售商批发新产品的单位批发价格为 w_n，零售商分销新产品的单位销售价格为 p_n，制造商直销再造品的单位销售价格为 p_r。新产品的单位销售价格高于再造品，即 $p_n > p_r$。

制造商回收废旧品的单位回收价格为 A，为确保回收再制造活动的经济性，需 $A \leq \delta$。

政府给予"以旧换再"消费者再造品购买补贴，规定再造品市场销售主体须按推广置换价格 $(p_r - A)$ 的一定比例 φ（$0 \leq \varphi < 1$）给予"以旧换再"消费者单位再造品购买补贴，并按扣除补贴后的推广置换价格向交回旧件的消费者销售再造品。

假定市场规模为 Q，消费者对新产品的意愿支付为 θ，均匀地分布在 $[0, Q]$ 上，α 表示相对于新产品消费者对再造品的接受程度（简称消费者接受度），所以消费者对再造品的支付意愿为 $\alpha\theta$。因此，购买单位新产品，消费者可获得的净效用为 $U_n = \theta - p_n + A$；购买单位再造品，消费者可获得的净效用为 $U_r = \alpha\theta - \rho_r + A$。当 $U_n > U_r$，且 $U_n > 0$，则消费者更愿意购买新产品；当 $U_r > U_n$ 且 $U_r > 0$，则消费者更愿意购买再造品。根据参考文献 [72 - 74]，可得无政府"以旧换再"补贴时新产品和再造品的需求函数为 $q_n = Q - \dfrac{p_n - p_r + A}{1 - \alpha}$ 和 $q_r = \dfrac{ap_n - \rho_r + A}{a(1 - a)}$，有政府"以旧换再"补贴时新产品和再造品的需求函数为 $q_n = Q - \dfrac{p_n - (1 - \varphi)p_r + (1 - \varphi)A}{1 - \alpha}$ 和 $q_r = \dfrac{\alpha p_n - (1 - \varphi)p_r + (1 - \varphi)A}{\alpha(1 - \alpha)}$。

在下文中，上述变量加上标"NC"和"ND"分别表示无政府补贴时集中式决策和分散式决策闭环供应链的情况；加上标"YC"和"YD"分别表示有政府补贴时集中式决策和分散式决策闭环供应链的情况；加下标"n"和"r"分别表示新产品和再造品；加上标"$*$"表示最优决策结果。

10.3　无政府补贴下双渠道销售闭环供应链的定价决策研究

10.3.1　集中式决策

无政府补贴下双渠道销售闭环供应链集中式决策模型中，制造商和零售商共同决策新产品和再造品的单位销售价格，以最大化整体闭环供应链的利润。基于上述假设和符号说明可得无政府补贴时双渠道销售闭环供应链集中式决策的利润函数为：

$$\pi_T = (p_n - c_n)\left[Q - \frac{p_n - p_r + A}{1 - \alpha}\right] + (p_r - c_r - A)\left[\frac{\alpha p_n - p_r + A}{\alpha(1 - \alpha)}\right]$$

$$(10.1)$$

命题10.1 集中式决策条件下，$\pi_T(p_n, p_r)$ 是关于 p_n 和 p_r 的严格凹函数，存在唯一最优解。故无政府补贴双渠道销售闭环供应链的最优决策如下：

新产品最优销售价格：$p_n^{NC*} = \dfrac{Q + c_n}{2}$ (10.2)

再造品最优销售价格：$p_r^{NC*} = \dfrac{\alpha Q + c_r + 2A}{2}$ (10.3)

此时，可得新产品及再造品的市场需求量如下：

新产品市场需求：$q_n^{NC*} = \dfrac{(1 - \alpha)Q - c_n + c_r}{2(1 - \alpha)}$ (10.4)

再造品市场需求：$q_r^{NC*} = \dfrac{\alpha C_n - c_r}{2\alpha(1 - \alpha)}$ (10.5)

因此，闭环供应链系统的最优利润如下：

$$\pi_T^{NC*} = \frac{Q - c_n}{2} \times \frac{(1 - \alpha)Q - c_n + c_r}{2(1 - \alpha)} + \frac{\alpha Q - c_r}{2} \times \frac{\alpha c_n - c_r}{2\alpha(1 - \alpha)} \quad (10.6)$$

证明：由式（10.1）可得 $A' = \dfrac{\partial^2 \pi_T(p_n, p_r)}{\partial p_n^2} = -\dfrac{2}{1 - \alpha} < 0$、$B' = \dfrac{\partial^2 \pi_T(p_n, p_r)}{\partial p_n \partial p_r}$

$= \dfrac{\partial^2 \pi_T(p_n, p_r)}{\partial p_r \partial p_n} = \dfrac{2}{1 - \alpha}$、$C' = \dfrac{\partial^2 \pi_T(p_n, p_r)}{\partial p_r^2} = \dfrac{-2}{\alpha(1 - \alpha)} < 0$，又因为 $0 < \alpha < 1$，所

以函数 $\pi_T(p_n, p_r)$ 的海塞矩阵 $\begin{bmatrix} A' & B' \\ B' & C' \end{bmatrix}$ 负定，其为严格凹函数，存在唯一最

优解，故由利润最大化的一阶条件：

$$2p_n - 2p_r = (1 - \alpha)\phi_n + c_n - c_r - 2A$$
$$2p_r - 2\alpha p_n = -\alpha c_n + c_r + 2A$$

可求得新产品和再造品的最优销售价格组合为 (p_n^{NC*}, p_r^{NC*})，代入市场需求函数得到最优市场需求组合为 (q_n^{NC*}, q_r^{NC*})。将最优零售价格 p_n^{NC*} 和 p_r^{NC*} 代入式（10.1）中，可得闭环供应链系统总利润如式（10.6）所示。

此时，要使模型有意义，需保证新产品的市场需求 q_n^{NC*} 和再造品的市场需求 q_r^{ND*} 均大于零，即消费者接受度 α 必须满足条件 $\dfrac{c_r}{c_n} \leq \alpha \leq 1 - \dfrac{c_n - c_r}{Q}$。

10.3.2　分散式决策

基于上述假设和符号说明可得无政府补贴时双渠道销售闭环供应链分散式决策中制造商和零售商的利润函数分别为：

$$\pi_R = (p_n - w_n)\left[Q - \frac{p_n - p_r + A}{1 - \alpha}\right] \tag{10.7}$$

$$\pi_M = (w_n - c_n)\left[Q - \frac{p_n - p_r + A}{1 - \alpha}\right] + (p_r - c_r - A)\left[\frac{\alpha p_n - p_r + A}{\alpha(1 - \alpha)}\right] \tag{10.8}$$

在分散式决策条件下，制造商从自身利润最大化出发确定新产品的批发价格和再造品的销售价格，零售商同样从自身利润最大化出发确定新产品的销售价格。由于制造商是市场领导者，零售商是市场跟随者，因此零售商的决策行为依赖于制造商的决策。可采用逆向归纳法求解，得命题 10.2。

命题 10.2　分散式决策条件下，$\pi_R(p_n, p_r)$ 是关于 p_n 的严格凹函数，$\pi_M(w_n, w_r)$ 是关于 p_r 和 w_n 的严格凹函数，均存在唯一最优解。故无政府补贴双渠道销售闭环供应链的最优决策如下：

新产品最优销售价格：$p_n^{ND*} = \dfrac{(3 - \alpha)Q + c_n + c_r}{4}$　（10.9）

再造品最优销售价格：$p_r^{ND*} = \dfrac{\alpha Q + c_r + 2A}{2}$　（10.10）

新产品最优批发价格：$w_n^{ND*} = \dfrac{Q + c_n}{2}$　（10.11）

此时，可得新产品及再造品的市场需求量如下：

新产品市场需求：$q_n^{ND*} = \dfrac{(1 - \alpha)Q - c_n + c_r}{4(1 - \alpha)}$　（10.12）

再造品市场需求：$q_r^{ND*} = \dfrac{\alpha(1 - \alpha)Q + \alpha c_n - (2 - \alpha)c_r}{4\alpha(1 - \alpha)}$　（10.13）

因此，闭环供应链中制造商和零售商的最优利润可算出，分别如下：

制造商的最优利润：

$$\pi_M^{ND*} = \frac{Q - c_n}{2} \times \frac{(1 - \alpha)Q - c_n + c_r}{4(1 - \alpha)} + \frac{\alpha Q - c_r}{2} \times \frac{\alpha(1 - \alpha)Q + \alpha c_n - (2 - \alpha)c_r}{4\alpha(1 - \alpha)}$$

$$(10.14)$$

零售商的最优利润:

$$\pi_R^{ND*} = \frac{(1 - \alpha)Q - c_n + c_r}{4} \times \frac{(1 - \alpha)Q - c_n + c_r}{4(1 - \alpha)} \qquad (10.15)$$

证明:对式 (10.7) 求导,可得新产品的销售价格为 $p_n^{ND*} = \frac{(1 - \alpha)Q + p_r - A + w_n}{2}$,

给定 p_n^{ND*},代入式 (10.8),可得制造商的最大化利润函数如下:

$$\max\pi_M = (w_n - c_n)\left[\frac{(1 - \alpha)Q + p_r - w_n - A}{2(1 - \alpha)}\right] + (p_r - c_r - A)$$

$$\left[\frac{\alpha(1 - \alpha)Q - (2 - \alpha)p_r + \alpha w_n + (2 - \alpha)A}{2\alpha(1 - \alpha)}\right]$$

由此可求得对于某个固定的 b,再造品的最优销售价格和新产品的最优

批发价格组合为 (p_r^{ND*}, w_n^{ND*}),其中,$w_n^{ND*} = \frac{Q + c_n}{2}$、$p_r^{ND*} = \frac{\alpha Q + c_r + 2A}{2}$。

给定 p_r^{ND*} 和 w_n^{ND*},代入市场需求函数得到最优市场需求组合为 $(q_n^{ND*}$,

$q_r^{ND*})$。将 p_n^{ND*}、p_r^{ND*}、w_n^{ND*} 分别代入式 (10.7) 和式 (10.8) 中,可求得

制造商的最优利润 π_M^{ND*} 和零售商的最优利润 π_R^{ND*} 分别如式 (10.14) 和式

(10.15) 所示。

10.4 政府补贴下双渠道销售闭环供应链的定价决策研究

10.4.1 集中式决策

本节在 10.2.1 节模型的基础上,考虑政府补贴下双渠道销售闭环供应链

的决策问题。基于上述假设和符号说明可得政府补贴下双渠道销售闭环供应

链集中式决策的利润函数为:

$$\pi_T = (p_n - c_n)\left[Q - \frac{p_n - (1 - \varphi)p_r + (1 - \varphi)A}{1 - \alpha}\right] + (p_r - c_r - A)$$

$$\left[\frac{\alpha p_n - (1 - \varphi)p_r + (1 - \varphi)A}{\alpha(1 - \alpha)}\right] \tag{10.16}$$

命题 10.3 集中式决策条件下,当 $4(1 - \varphi) - \alpha(2 - \varphi)^2 > 0$ 时,$\pi_T(p_n, p_r)$ 是关于 p_n 和 p_r 的严格凹函数,存在唯一最优解。故有政府补贴双渠道销售闭环供应链的最优决策如下:

新产品最优销售价格:

$$p_n^{YC*} = \frac{2(1 - \alpha)(1 - \varphi)Q + (1 - \varphi)[2 - \alpha(2 - \varphi)]c_n - \varphi(1 - \varphi)c_r}{4(1 - \varphi) - \alpha(2 - \varphi)^2}$$

$$\tag{10.17}$$

再造品最优销售价格:

$$p_r^{YC*} = \frac{\alpha(1 - \alpha)(2 - \varphi)Q + \alpha\varphi c_n + [2(1 - \varphi) - \alpha(2 - \varphi)]c_r}{4(1 - \varphi) - \alpha(2 - \varphi)^2} + A$$

$$\tag{10.18}$$

此时,可得新产品及再造品的市场需求量如下:

新产品市场需求:

$$q_n^{YC*} = \frac{[2(1 - \varphi) - \alpha(2 - \varphi)]Q - 2(1 - \varphi)c_n + (1 - \varphi)(2 - \varphi)c_r}{4(1 - \varphi) - \alpha(2 - \varphi)^2}$$

$$\tag{10.19}$$

再造品市场需求(废旧品回收量):

$$q_r^{YC*} = \frac{\alpha\varphi(1 - \varphi)Q + \alpha(1 - \varphi)(2 - \varphi)c_n - 2(1 - \varphi)^2 c_r}{\alpha[4(1 - \varphi) - \alpha(2 - \varphi)^2]} \tag{10.20}$$

因此,闭环供应链系统的最优利润如下:

$$\pi_T^{YC*} = \frac{2(1 - \alpha)(1 - \varphi)Q - [2(1 - \varphi) - \alpha(2 - \varphi)]c_n - \varphi(1 - \varphi)c_r}{4(1 - \varphi) - \alpha(2 - \varphi)^2} \times$$

$$\frac{[2(1 - \varphi) - \alpha(2 - \varphi)]Q - 2(1 - \varphi)c_n + (1 - \varphi)(2 - \varphi)c_r}{4(1 - \varphi) - \alpha(2 - \varphi)^2} +$$

$$\frac{\alpha(1 - \alpha)(2 - \varphi)Q + \alpha\varphi c_n - (1 - \varphi)[2 - \alpha(2 - \varphi)]c_r}{4(1 - \varphi) - \alpha(2 - \varphi)^2} \times$$

$$\frac{\alpha\varphi(1-\varphi)Q + \alpha(1-\varphi)(2-\varphi)c_n - 2(1-\varphi)^2 c_r}{\alpha[4(1-\varphi) - \alpha(2-\varphi)^2]} \tag{10.21}$$

证明：由式（10.16）可得 $A'' = \dfrac{\partial^2 \pi_T(p_n, p_r)}{\partial p_n^2} = -\dfrac{2}{1-\alpha} < 0$、$B'' =$

$\dfrac{\partial^2 \pi_T(p_n, p_r)}{\partial p_n \partial p_r} = \dfrac{\partial^2 \pi_T(p_n, p_r)}{\partial p_r \partial p_n} = \dfrac{2-\varphi}{1-\alpha}$、$C'' = \dfrac{\partial^2 \pi_T(p_n, p_r)}{\partial p_r^2} = \dfrac{-2(1-\varphi)}{\alpha(1-\alpha)} < 0$。

所以，当 $4(1-\varphi) - \alpha(2-\varphi)^2 > 0$ 时，函数 $\pi_T(p_n, p_r)$ 的海塞矩阵 $\begin{bmatrix} A'' & B'' \\ B'' & C'' \end{bmatrix}$

负定，其为严格凹函数，存在唯一最优解，故由利润最大化的一阶条件：

$$2p_n - (2-\varphi)p_r = (1-\alpha)Q + c_n - c_r - (2-\varphi)A$$

$$2(1-\varphi)p_r - \alpha(2-\varphi)p_n = -\alpha(1-\varphi)c_n + (1-\varphi)c_r + 2(1-\varphi)A$$

得到新产品和再造品的最优销售价格组合为 (p_n^{YC*}, p_r^{YC*})，代入市场需求函数可求得新产品和再造品的最优市场需求组合为 (q_n^{YC*}, q_r^{YC*})。将最优销售价格 p_n^{YC*} 和 p_r^{YC*} 代入式（10.16）中，可求得闭环供应链系统利润如式（10.21）所示。

10.4.2 分散式决策

本节在10.2.2节模型的基础上，考虑政府补贴下双渠道销售闭环供应链的决策问题。基于上述假设和符号说明可得政府补贴下双渠道销售闭环供应链分散式决策中制造商和零售商的利润函数分别为：

$$\pi_R = (p_n - w_n)\left[Q - \frac{p_n - (1-\varphi)p_r + (1-\varphi)A}{1-\alpha}\right] \tag{10.22}$$

$$\pi_M = (w_n - c_n)\left[Q - \frac{p_n - (1-\varphi)p_r + (1-\varphi)A}{1-\alpha}\right] + (p_r - c_r - A)$$

$$\left[\frac{\alpha p_n - (1-\varphi)p_r + (1-\varphi)A}{\alpha(1-\alpha)}\right] \tag{10.23}$$

在分散式决策条件下，制造商从自身利润最大化出发确定新产品的批发价格和再造品的销售价格，零售商同样从自身利润最大化出发确定新产品的销售价格。由于制造商是市场领导者，零售商是市场跟随者，因此零售商的决策行为依赖于制造商的决策。可采用逆向归纳法求解，得命题 10.4。

命题 10.4　分散式决策条件下，当 $4(1-\varphi)(2-\alpha)-\alpha(2-\varphi)^2>0$ 时，$\pi_R(p_n,p_r)$ 是关于 p_n 的严格凹函数，$\pi_M(w_n,w_r)$ 是关于 w_n 和 p_r 的严格凹函数，均存在唯一最优解，故有政府补贴双渠道销售闭环供应链的最优决策如下：

新产品最优销售价格：

$$p_n^{YD*} = \frac{2(1-\varphi)(1-\alpha)(3-\alpha)Q+(1-\varphi)[2-\alpha(2-\varphi)]c_n}{4(2-\alpha)(1-\varphi)-\alpha(2-\varphi)^2}$$
$$+\frac{(1-\varphi)[(2-3\varphi)-2\alpha(1-\varphi)]c_r}{4(2-\alpha)(1-\varphi)-\alpha(2-\varphi)^2} \qquad (10.24)$$

再造品最优销售价格：

$$p_r^{YD*} = \frac{\alpha(1-\alpha)(4-\varphi)Q+\alpha\varphi c_n+[4(1-\varphi)-\alpha(4-3\varphi)]c_r}{4(2-\alpha)(1-\varphi)-\alpha(2-\varphi)^2}+A$$
$$\qquad (10.25)$$

新产品最优批发价格：

$$w_n^{YD*} = \frac{(1-\alpha)[4(1-\varphi)+\alpha\varphi]Q+(1-\varphi)[4-\alpha(4-\varphi)]c_n-\varphi(1-\varphi)(2-\alpha)c_r}{4(2-\alpha)(1-\varphi)-\alpha(2-\varphi)^2}$$
$$\qquad (10.26)$$

此时，可得新产品及再造品的市场需求量如下：

新产品市场需求：

$$q_n^{YD*} = \frac{[2(1-\varphi)-\alpha(2-\varphi)]Q-2(1-\varphi)c_n+(1-\varphi)(2-\varphi)c_r}{4(1-\varphi)(2-\alpha)-\alpha(2-\varphi)^2}$$
$$\qquad (10.27)$$

再造品市场需求：

$$q_r^{YD*} = \frac{\alpha(1-\varphi)[\varphi+2(1-\alpha)]Q+\alpha(1-\varphi)(2-\varphi)c_n-2(2-\alpha)(1-\varphi)^2c_r}{\alpha[4(1-\varphi)(2-\alpha)-\alpha(2-\varphi)^2]}$$
$$\qquad (10.28)$$

因此，闭环供应链中制造商和零售商的最优利润可算出，分别如下：

制造商的最优利润：

$$\pi_M^{YD*} = \frac{(1-\alpha)[4(1-\varphi) + \alpha\varphi]Q - [4(1-\varphi) - \alpha(4-3\varphi)]c_n - \varphi(1-\varphi)(2-\alpha)c_r}{4(2-\alpha)(1-\varphi) - \alpha(2-\varphi)^2} \times$$

$$\frac{[2(1-\varphi) - \alpha(2-\varphi)]Q - 2(1-\varphi)c_n + (1-\varphi)(2-\varphi)c_r}{4(1-\varphi)(2-\alpha) - \alpha(2-\varphi)^2} +$$

$$\frac{\alpha(1-\alpha)(4-\varphi)Q + \alpha\varphi c_n - (1-\varphi)[4 - \alpha(4-\varphi)]c_r}{4(2-\alpha)(1-\varphi) - \alpha(2-\varphi)^2} \times$$

$$\frac{\alpha(1-\varphi)[\varphi + 2(1-\alpha)]Q + \alpha(1-\varphi)(2-\varphi)c_n - 2(2-\alpha)(1-\varphi)^2 c_r}{\alpha[4(1-\varphi)(2-\alpha) - \alpha(2-\varphi)^2]}$$

$$(10.29)$$

零售商的最优利润：

$$\pi_R^{YD*} = (1-\alpha) \times \frac{[2(1-\varphi) - \alpha(2-\varphi)]Q - 2(1-\varphi)c_n + (1-\varphi)(2-\varphi)c_r}{4(2-\alpha)(1-\varphi) - \alpha(2-\varphi)^2} \times$$

$$\frac{[2(1-\varphi) - \alpha(2-\varphi)]Q - 2(1-\varphi)c_n + (1-\varphi)(2-\varphi)c_r}{4(2-\alpha)(1-\varphi) - \alpha(2-\varphi)^2}$$

$$(10.30)$$

证明：对式（10.22）求导，可得新产品的销售价格为

$$p_n^{YM*} = \frac{(1-\alpha)Q + (1-\varphi)p_r + w_n - (1-\varphi)A}{2}，给定 p_n^{YM*}，代入式$$

（10.23），可得制造商的最大化利润函数如下：

$$\max\pi_M = (w_n - c_n)\left[Q - \frac{p_n^{YM*} - (1-\varphi)p_r + (1-\varphi)A}{1-\alpha}\right] + (p_r - c_r - A)$$

$$\left[\frac{\alpha p_n^{YM*} - (1-\varphi)p_r + (1-\varphi)A}{\alpha(1-\alpha)}\right]$$

可求得 $A''' = \dfrac{\partial^2 \pi_M(p_n, p_r)}{\partial p_r^2} = \dfrac{-(1-\varphi)(2-\alpha)}{\alpha(1-\alpha)} < 0$、$B''' = \dfrac{\partial^2 \pi_M(p_n, p_r)}{\partial p_r \partial w_n} =$

$\dfrac{\partial^2 \pi_M(p_n, p_r)}{\partial w_n \partial p_r} = \dfrac{2-\varphi}{2(1-\alpha)}$、$C''' = \dfrac{\partial^2 \pi_M(p_n, p_r)}{\partial w_n^2} = \dfrac{-1}{1-\alpha} < 0$。所以，当 $4(1-$

$\varphi)(2-\alpha) - \alpha(2-\varphi)^2 > 0$ 时，函数 $\pi_M(p_r, w_n)$ 的海塞矩阵 $\begin{bmatrix} A''' & B''' \\ B''' & C''' \end{bmatrix}$ 负定，

其为严格凹函数，存在唯一最优解，故有利润最大化的一阶条件：

$$2w_n - (2-\varphi)p_r = (1-\alpha)Q + c_n - c_r - (2-\varphi)A$$

$$2(2 - \alpha)(1 - \varphi)p_r - \alpha(2 - \varphi)w_n = \alpha(1 - \alpha)Q - \alpha(1 - \varphi)c_n + (2 - \alpha)$$
$$(1 - \varphi)c_r + 2(2 - \alpha)(1 - \varphi)A$$

可求得新产品的批发价格和再造品的销售价格如下：

$$w_n^{YD*} = \frac{(1 - \alpha)[4(1 - \varphi) + \alpha\varphi]Q + (1 - \varphi)[4 - \alpha(4 - \varphi)]c_n - \varphi(1 - \varphi)(2 - \alpha)c_r}{4(2 - \alpha)(1 - \varphi) - \alpha(2 - \varphi)^2}$$

$$p_r^{YD*} = \frac{\alpha(1 - \alpha)(4 - \varphi)Q + \alpha\varphi c_n + [4(1 - \varphi) - \alpha(4 - 3\varphi)]c_r}{4(2 - \alpha)(1 - \varphi) - \alpha(2 - \varphi)^2} + A$$

给定 w_n^{YD*} 和 p_r^{YD*}，可求得新产品的销售价格如下：

$$p_n^{YD*} = \frac{2(1 - \varphi)(1 - \alpha)(3 - \alpha)Q + (1 - \varphi)[2 - \alpha(2 - \varphi)]c_n}{4(2 - \alpha)(1 - \varphi) - \alpha(2 - \varphi)^2} +$$

$$\frac{(1 - \varphi)[(2 - 3\varphi) - 2\alpha(1 - \varphi)]c_r}{4(2 - \alpha)(1 - \varphi) - \alpha(2 - \varphi)^2}$$

此时，新产品的最优批发价格为 w_n^{YD*}，新产品和再造品的最优销售价格组合为 (p_n^{YD*}, p_r^{YD*})，代入市场需求函数得到最优市场需求组合为 (q_n^{YD*}, q_r^{YD*})。将 p_n^{YD*}、p_r^{YD*}、w_n^{YD*} 分别代入式（10.22）和式（10.23）中，可求得制造商的最优利润 π_M^{YD*} 和零售商的最优利润 π_R^{YD*} 分别如式（10.29）和式（10.30）所示。

10.5　与无资源回收政策双渠道闭环供应链定价决策的比较研究

本节将对比分析 10.2 和 10.3 探讨的 4 种闭环供应链决策模型，目的在于分析政府"以旧换再"补贴的有效性及其对双渠道销售闭环供应链系统及其参与成员最优决策及利润的影响。

结论 10.1　有、无政府补贴下双渠道销售闭环供应链的最优销售价格、市场需求及最优利润分别满足关系：$p_n^{ND*} \geqslant p_n^{NC*}$、$p_r^{ND*} = p_r^{NC*}$；$q_n^{ND*} < q_n^{NC*}$、$q_r^{ND*} > q_r^{NC*}$；$\pi_T^{NC*} > \pi_M^{ND*} + \pi_R^{ND*}$；$p_n^{YD*} > p_n^{YC*}$、$p_r^{YD*} > p_r^{YC*}$；$q_n^{YD*} > q_n^{YC*}$、

$q_r^{YD*} > q_r^{YC*}$; $\pi_T^{YC*} > \pi_M^{YD*} + \pi_R^{YD*}$ 。

证明：$p_n^{ND*} - p_n^{NC*} = \dfrac{(1-\alpha)Q - c_n + c_r}{4}$ ，由 $\alpha \leqslant 1 - \dfrac{c_n - c_r}{Q}$ 可知，$p_n^{ND*} - p_n^{NC*} \geqslant 0$ 。

$p_r^{ND*} - p_r^{NC*} = \dfrac{\alpha Q + c_r + 2A}{2} - \dfrac{\alpha Q + c_r + 2A}{2} = 0$ ，故 $p_r^{ND*} = p_r^{NC*}$ 。

$q_n^{NC*} = 2q_n^{ND*} > q_n^{ND*}$ ；$q_r^{ND*} - q_r^{NC*} = \dfrac{(1-\alpha)Q - c_n + c_r}{4(1-\alpha)}$ ，由 $\alpha \leqslant 1 - \dfrac{c_n - c_r}{Q}$ 可知，$q_r^{ND*} - q_r^{NC*} \geqslant 0$ 。

$\pi_T^{NC*} - (\pi_M^{ND*} + \pi_R^{ND*}) = \dfrac{1}{(1-\alpha)} \times \left[\dfrac{(1-\alpha)Q - c_n + c_r}{4} \right]^2 > 0$ ，由 $\alpha \leqslant 1 - \dfrac{c_n - c_r}{Q}$ 可知，$\pi_T^{NC*} > \pi_M^{ND*} + \pi_R^{ND*}$ 。

同理可得有政府补贴的集中式决策和分散式决策的决策结果对比如下：
$p_n^{YD*} > p_n^{YC*}$ 、$p_r^{YD*} > p_r^{YC*}$ 、$q_n^{YD*} > q_n^{YC*}$ 、$q_r^{YD*} > q_r^{YC*}$ 、$\pi_T^{YC*} - (\pi_M^{YD*} + \pi_R^{YD*}) > 0$ 。

结论 10.1 得证。

结论 10.1 表明，无论有、无政府补贴，分散式决策下新产品和再造品的最优销售价格均大于或等于集中式决策下的最优销售价格；新产品的市场需求均低于集中式决策下的市场需求，再造品的市场需求均高于集中式决策下的市场需求，最终造成分散式决策下闭环供应链系统利润低于集中式决策。这说明，集中式决策有利于新产品的销售，但不利于再造品的销售，使得可知集中式决策下废旧品的回收量也低于分散式决策。由此可知，当制造商和零售商进行分散式决策时，闭环供应链新产品和再造品的销售价格较集中式决策高，导致系统利润降低。这说明无论有、无政府补贴，分散式决策双渠道销售闭环供应链均产生"双重边际效应"问题，导致闭环供应链系统效率损失。

结论 10.2 政府"以旧换再"补贴下，集中式和分散式决策条件下双渠道销售闭环供应链的最优销售价格及批发价格分别满足关系：$p_n^{YC*} > p_n^{NC*}$、$p_r^{YC*} > p_r^{NC*}$；$p_n^{YD*} > p_n^{ND*}$、$p_r^{YD*} > p_r^{ND*}$；$w_n^{YD*} > w_n^{ND*}$。

证明：$p_n^{YC*} - p_n^{NC*} = \varphi \dfrac{\alpha\varphi Q + \alpha(2-\varphi)c_n - 2(1-\varphi)c_r}{2[4(1-\varphi) - \alpha(2-\varphi)^2]}$

由 $c_r < \alpha c_n$ 得 $p_n^{YC*} - p_n^{NC*} > \varphi^2 \dfrac{\alpha Q + c_r}{2[4(1-\varphi) - \alpha(2-\varphi)^2]} > 0$，即 $p_n^{YC*} > p_n^{NC*}$。

$$p_r^{YC*} - p_r^{NC*} = \alpha\varphi \dfrac{[2 - \alpha(2-\varphi)]Q + 2c_n - (2-\varphi)c_r}{2[4(1-\varphi) - \alpha(2-\varphi)^2]}$$

由 $c_r < c_n$ 得 $p_r^{YC*} - p_r^{NC*} > \alpha\varphi \dfrac{[2 - \alpha(2-\varphi)]Q + \varphi c_r}{2[4(1-\varphi) - \alpha(2-\varphi)^2]} > 0$，即 $p_r^{YC*} > p_r^{NC*}$。

同理可得，分散式决策条件下有、无政府补贴的最优销售价格和批发价格对比如下：

$$p_n^{YD*} - p_n^{ND*} = \varphi \dfrac{\alpha\varphi(3-\alpha)Q + \alpha(4-3\varphi)c_n - [12(1-\varphi) - \alpha(8-7\varphi)]c_r}{4[4(1-\varphi)(2-\alpha) - \alpha(2-\varphi)^2]}$$

由 $c_r < \alpha c_n$ 得 $p_n^{YD*} - p_n^{ND*} > \varphi \dfrac{4[\varphi - 2(1-\alpha)(1-\varphi)]c_r}{4[4(1-\varphi)(2-\alpha) - \alpha(2-\varphi)^2]}$，即 $p_n^{YD*} > p_n^{ND*}$。

$$p_r^{YD*} - p_r^{ND*} = \alpha\varphi \dfrac{[6(1-\alpha) + \alpha\varphi]Q + 2c_n - (2-\varphi)c_r}{2[4(1-\varphi)(2-\alpha) - \alpha(2-\varphi)^2]}$$

由 $c_r < c_n$ 得 $p_n^{YD*} - p_n^{ND*} > \alpha\varphi \dfrac{[6(1-\alpha) + \alpha\varphi]Q + \varphi c_r}{2[4(1-\varphi)(2-\alpha) - \alpha(2-\varphi)^2]} > 0$，即 $p_r^{YD*} > p_r^{ND*}$。

$$w_n^{YD*} - w_n^{ND*} = \dfrac{\alpha\varphi[\varphi + 2(1-\alpha)]Q + \alpha\varphi(2-\varphi)c_n - 2\varphi(1-\varphi)(2-\alpha)c_r}{2[4(2-\alpha)(1-\varphi) - \alpha(2-\varphi)^2]}$$

由 $c_r < c_n < Q$ 得 $w_n^{YD*} - w_n^{ND*} > \dfrac{2\varphi^2(2-\alpha)c_r}{2[4(2-\alpha)(1-\varphi) - \alpha(2-\varphi)^2]} > 0$，即 $w_n^{YD*} > w_n^{ND*}$。

结论 10.2 得证。

结论 10.2 表明，（1）分散式决策时，政府补贴下新产品的最优批发价格大于无政府补贴时的批发价格。这说明对于制造商而言，销售再造品是获益的。因此为了获取更多的政府补贴收益，也为了提高再造品对新产品的市场竞争力，制造商会提高新产品的批发价格。（2）无论是集中式决策还是分散式决策，政府补贴下新产品的最优销售价格均大于无政府补贴时的情形，这说明单个初始消费者受损于政府"以旧换再"补贴。（3）政府补贴下集中式决策和分散式决策中再造品的最优销售价格同样均大于无政府补贴时的情形，但这并不说明单个"以旧换再"消费者也受损于政府"以旧换再"补贴，通过以下分析可以解释这种情况。

由 10.1 节和 10.2 节可知，集中式决策条件下，有、无政府补贴再造品的最优销售价格分别如式（10.3）和式（10.17）所示。那么，在无政府补贴时，消费者的平均支付成本为 $\bar{p}_r^{NC*} = p_r^{NC*} - A$；有政府补贴时，"以旧换再"消费者的平均支付成本为 $\bar{p}_r^{YC*} = (1 - \varphi)(p_r^{YC*} - A)$。此时，消费者由于政府"以旧换再"补贴而获得的平均收益（即节省的支付成本）为 $\bar{p}_r^{NC*} - \bar{p}_r^{YC*} = \varphi(p_r^{YC*} - A) - (p_r^{YC*} - p_r^{NC*})$，制造商的单位再造品销售收益从 p_r^{NC*} 增加到 p_r^{YC*}，增加了 $(p_r^{YC*} - p_r^{NC*})$。此时，"以旧换再"消费者所节省的支付成本与制造商所增加的单位再造品销售收益之和刚好等于政府给予"以旧换再"消费者的补贴额 $\varphi(p_r^{YC*} - A)$。同理，在分散式决策时，也可分析出同样的结果。由此可知，无论是集中式决策还是分散式决策，政府"以旧换再"补贴下，"以旧换再"消费者和制造商共同瓜分了政府补贴额。因此对于单个"以旧换再"消费者而言，尽管来自政府补贴的收益由于制造商的定价策略而减小，但其依然受益于政府"以旧换再"补贴。

结论 10.3 政府"以旧换再"补贴下，集中式和分散式决策条件下双渠道销售闭环供应链的最优市场需求和废旧品回收量分别满足关系：$q_n^{YC*} \leqslant q_n^{NC*}$、$q_r^{YC*} \leqslant q_r^{NC*}$、$q_n^{YD*} \leqslant q_n^{ND*}$、$q_r^{YD*} \leqslant q_r^{ND*}$。

证明：$q_n^{YC*} - q_n^{NC*} = -\varphi \dfrac{\alpha(1 - \alpha)(2 - \varphi)Q + \alpha\varphi c_n}{2(1 - \alpha)[4(1 - \varphi) - \alpha(2 - \varphi)^2]} - $

$$\varphi \frac{[2(1-\varphi)-\alpha(2-\varphi)]c_r}{2(1-\alpha)[4(1-\varphi)-\alpha(2-\varphi)^2]} \leqslant 0，即 q_n^{YC*} \leqslant q_n^{NC*}。$$

$$q_r^{YC*} - q_r^{NC*} = \varphi \frac{2\alpha(1-\varphi)(1-\alpha)Q - [2(1-\varphi)-\alpha(2-\varphi)]c_n}{2\alpha(1-\alpha)[4(1-\varphi)-\alpha(2-\varphi)^2]} + \varphi$$

$$\frac{[4(1-\varphi)-\alpha(4-3\varphi)]c_r}{2\alpha(1-\alpha)[4(1-\varphi)-\alpha(2-\varphi)^2]}$$

由 $c_r < \alpha c_n$ 得 $q_r^{YC*} - q_r^{NC*} > \varphi \dfrac{2\alpha(1-\varphi)(1-\alpha)Q + 2(1-\varphi)(1-\alpha)c_r}{4\alpha(1-\alpha)[4(1-\varphi)-\alpha(2-\varphi)^2]}$

$\geqslant 0$，即 $q_r^{YC*} \leqslant q_r^{NC*}$。

同理可得，分散式决策条件下有、无政府补贴的最优市场需求对比如下：

$$q_n^{YD*} - q_n^{ND*} = -\varphi \frac{a(1-a)(4-\varphi)Q + a\varphi c_n}{4(1-a)[4(1-\varphi)(2-a)-\alpha(2-\varphi)^2]} -$$

$$\varphi \frac{[4(1-\varphi)-a(4-3\varphi)]c_r}{4(1-a)[4(1-\varphi)(2-a)-a(2-\varphi)^2]} \leqslant 0，即 q_n^{YD*} \leqslant q_n^{ND*}。$$

$$q_r^{YD*} - q_r^{ND*} = \alpha\varphi \frac{(1-\alpha)[\alpha\varphi + 4(1-\varphi)]Q - [4(1-\varphi)-\alpha(4-3\varphi)]c_n}{4\alpha(1-\alpha)[4(1-\varphi)(2-\alpha)-\alpha(2-\varphi)^2]} +$$

$$\varphi \frac{(2-\alpha)[8(1-\varphi)-a(8-7\varphi)]c_r}{4\alpha(1-\alpha)[4(1-\varphi)(2-\alpha)-\alpha(2-\varphi)^2]}$$

由 $c_n < Q$ 得，$q_r^{YD*} - q_r^{ND*} \geqslant \varphi \dfrac{\alpha\varphi(2-\alpha)c_n + (2-\alpha)[8(1-\varphi)(1-\alpha)-\alpha\varphi]c_r}{4\alpha(1-\alpha)[4(1-\varphi)-\alpha(2-\varphi)^2]}$

$\geqslant 0$，即 $q_r^{YD*} \leqslant q_r^{ND*}$。

结论 10.3 得证。

结论 10.3 表明，无论是集中式决策还是分散式决策，政府补贴下新产品的市场需求均小于无政府补贴时的情形，使得初始消费者群体受损于政府"以旧换再"补贴；再造品的市场需求及废旧品的回收量均大于无政府补贴时的情形，使得"以旧换再"消费者群体和环境效益均受益于政府"以旧换再"补贴。这说明，政府"以旧换再"补贴政策可以有效促进废旧品的回收和再造品的推广使用，扩大再造品的市场份额。

结论 10.4 政府"以旧换再"补贴下，集中式和分散式决策条件下双渠道销售闭环供应链的最优利润分别满足关系：$\pi_T^{YC*} \geqslant \pi_T^{NC*}$、$\pi_M^{YD*} \geqslant \pi_M^{ND*}$、$\pi_R^{YD*} \leqslant \pi_R^{ND*}$。

证明：

$$\pi_R^{YD*} - \pi_R^{ND*} = \frac{1}{(1-\alpha)} \times \left\{ -\frac{\alpha\varphi(1-\alpha)(4-\varphi)Q + \alpha\varphi^2 c_n + \varphi[4(1-\varphi) - \alpha(4-3\varphi)]c_r}{4[4(2-\alpha)(1-\varphi) - \alpha(2-\varphi)^2]} \right\} \times$$

$$\left\{ (1-\alpha)\frac{[2(1-\varphi) - \alpha(2-\varphi)]Q - 2(1-\varphi)c_n + (1-\varphi)(2-\varphi)c_r}{4(2-\alpha)(l-\varphi) - \alpha(2-\varphi)^2} + \frac{(1-\alpha)Q - c_n + c_r}{4} \right\}$$

由式中 $-\varphi\dfrac{\alpha(1-\alpha)(4-\varphi)Q + \alpha\varphi c_n + [4(1-\varphi) - \alpha(4-3\varphi)]c_r}{4[4(2-\alpha)(1-\varphi) - \alpha(2-\varphi)^2]} \leqslant$

0，可知 $\pi_R^{YD*} \leqslant \pi_R^{ND*}$ 。

同理可证 $\pi_T^{YC*} \geqslant \pi_T^{NC*}$ 和 $\pi_M^{YD*} \geqslant \pi_M^{ND*}$ 。

结论 10.4 得证。

结论 10.4 表明，无论是集中式决策还是分散式决策，政府补贴下闭环供应链系统利润和制造商利润均大于无政府补贴时的情形，但零售商利润小于无政府补贴时的情形。这说明闭环供应链系统、制造商均受益于政府"以旧换再"补贴，而零售商受损于政府"以旧换再"补贴。

结论 10.5 有政府"以旧换再"补贴时，集中式决策条件下，p_n^{YC*}、p_r^{YC*}、q_r^{YC*} 和 π_T^{YC*} 均随政府"以旧换再"补贴比例 φ 的增加而增加，q_n^{YC*} 随政府"以旧换再"补贴比例 φ 的增加而减小；分散式决策条件下，p_r^{YD*}、q_n^{YD*} 和 π_R^{YD*} 随政府"以旧换再"补贴比例 φ 的增加而减小，p_n^{YD*}、w_n^{YD*}、q_r^{YD*} 和 π_M^{YD*} 均随政府"以旧换再"补贴比例 φ 的增加而增大。

证明：$\dfrac{\partial p_n^{YC*}}{\partial \varphi} = \alpha\dfrac{2\varphi(1-\alpha)(2-\varphi)Q + [2\varphi^2 + 4(1-\varphi) - \alpha(2-\varphi)^2]c_n}{[4(1-\varphi) - \alpha(2-\varphi)^2]^2} +$

$$-\frac{\{[4(1-\varphi) - \alpha(2-\varphi)^2] - \varphi[4(1-\varphi) - \alpha(2-\varphi)(3-\varphi)]\}c_r}{[4(1-\varphi) - \alpha(2-\varphi)^2]^2}$$

由 $c_r < \alpha c_n$ 和 $c_n < Q$，有 $\dfrac{\partial p_n^{YC*}}{\partial \varphi} > 0$，所以，$p_n^{YC*}$ 随政府"以旧换再"补贴比例 φ 的增加而增加。

同理可证：$\dfrac{\partial p_r^{YC*}}{\partial \varphi} > 0$、$\dfrac{\partial q_r^{YC*}}{\partial \varphi} > 0$、$\dfrac{\partial q_n^{YC*}}{\partial \varphi} > 0$、$\dfrac{\partial \pi_T^{YC*}}{\partial \varphi} > 0$。

分散式决策下的最优决策结果求导如下：

$$\frac{\partial p_n^{YD*}}{\partial \varphi} = \alpha \frac{2\varphi(1-\alpha)(3-\alpha)(4-3\varphi)Q + [(2-2\alpha)(3\varphi^2-6\varphi+4)+\alpha\varphi^2]c_n}{[4(1-\varphi)(2-\alpha)-\alpha(2-\varphi)^2]^2} - $$

$$\frac{[24(1-\varphi)^2 - \alpha(35\varphi^2-68\varphi+40) + 4\alpha^2(1-\varphi)(4-3\varphi)]c_r}{[4(1-\varphi)(2-\alpha)-\alpha(2-\varphi)^2]^2}$$

由 $c_r < \alpha c_n$ 和 $c_n < Q$，有 $\frac{\partial p_n^{YD*}}{\partial \varphi} > 0$，所以，$p_n^{YD*}$ 随政府 "以旧换再" 补贴比例 φ 的增加而增加。

同理可证：$\frac{\partial p_r^{YD*}}{\partial \varphi} < 0$、$\frac{\partial w_n^{YD*}}{\partial \varphi} > 0$、$\frac{\partial q_n^{YD*}}{\partial \varphi} < 0$、$\frac{\partial q_r^{YD*}}{\partial \varphi} > 0$、$\frac{\partial \pi_M^{YD*}}{\partial \varphi} > 0$、$\frac{\partial \pi_R^{YD*}}{\partial \varphi} < 0$。

结论 10.5 得证。

结论 10.5 表明，随着 "以旧换再" 补贴比例的增加，（1）集中式决策条件下，新产品和再造品的销售价格、再造品的市场需求及闭环供应链系统利润均增加，新产品的市场需求减小。这说明集中式决策条件下闭环供应链系统、"以旧换再" 消费者和环境效益均受益于政府补贴力度的增大，初始消费者受损于政府补贴力度的增大。（2）分散式决策条件下，再造品的销售价格、新产品的市场需求和零售商利润均减小，新产品的销售价格和批发价格以及再造品的市场需求和制造商的利润均增加。这说明分散式决策条件下制造商、"以旧换再" 消费者和环境效益均受益于政府补贴力度的增大，初始消费者和零售商受损于政府补贴力度的增大。综上可知，更大的政府 "以旧换再" 补贴力度能更有效地促进再造品的销售和废旧品的回收，扩大再造品的市场份额，更有效地实现政策目标，进而取得更大的环境效益和经济效益。但更大的补贴力度也意味着更大的初始消费者和零售商的利益受损，因此 "以旧换再" 补贴比例并非越大越好。作为市场参与者，零售商会有强烈的动力要求制造商给予一定再造品的销售权或分享部分制造商补贴收益和再造品销售收益，否则会产生渠道冲突。因此制造商和零售商市场博弈能力成为决定双渠道销售闭环供应链稳定性和零售商利润水平的关键，设置合理的 "以旧换再" 补贴比例并出台相应政策来弥补初始消费者和零售商的效益损失，由此成为政府应关注的重点。

10.6 数值算例分析

为更加直观透彻地验证 10.4 节的结论，以及进行更深入的分析，下面将通过数值算例仿真进行验证分析。对比分析有、无政府"以旧换再"补贴对各模型的影响，并探讨补贴力度的变化对最优决策结果的影响，以验证前面的结论。

参考文献 [40]，对各模型参数赋值：$Q = 1000$、$c_n = 150$、$c_r = 50$、$A = 20$、$b = 30$、$a = 0.5$。随政府"以旧换再"补贴比例 φ（$0 \leq \varphi < 1$）的增加（由于 φ 的取值在区间（0.6，0.7）之间存在新产品的市场需求为零的情形，故本算例中 φ 的变化范围只需考虑 [0, 0.7) 即可），新产品和再造品的最优销售价格和批发价格，市场需求和废旧品的回收量，闭环供应链系统利润、制造商利润和零售商利润的取值结果分别如图 10 - 2、图 10 - 3、图 10 - 4 所示。

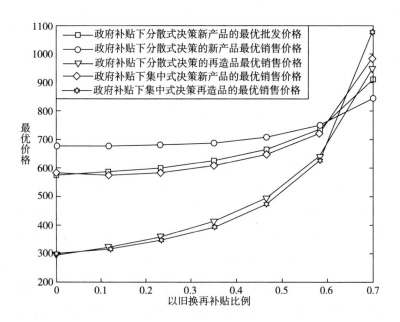

图 10 - 2 有无政府补贴下最优销售价格、批发价格对比分析

由图 10-2 可知，无论是集中式决策还是分散式决策，随着政府"以旧换再"补贴比例的增加，（1）新产品和再造品的销售价格增加且均恒大于无政府补贴的情形，说明单个初始消费者受损于政府"以旧换再"补贴，单个"以旧换再"消费者来自政府"以旧换再"补贴的收益减小。（2）新产品的批发价格增加且大于无政府补贴时的情形。这说明为提高再造品的价格优势和市场竞争力，制造商可调整批发价格。

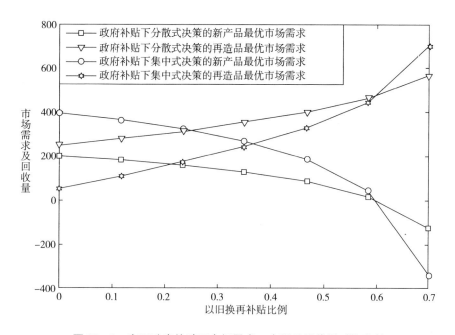

图 10-3 有无政府补贴下市场需求、废旧品回收量对比分析

由图 10-3 可知，无论是集中式决策还是分散式决策，随着政府"以旧换再"补贴比例的增加，（1）新产品的市场需求减小且恒小于无政府补贴时的情形，这说明初始消费者群体受损于政府"以旧换再"补贴。（2）再造品的市场需求及废旧品的回收量均增加且恒大于无政府补贴时的情形，这说明"以旧换再"消费者群体和环境效益均受益于政府"以旧换再"补贴。综上可知，政府"以旧换再"补贴可有效促进再制造旧件回收，扩大再造品的市场份额，但新产品的市场需求会随着政府补贴比例的增加不断减小直至为零，因此设置合理的补贴比例并考虑如何弥补给初始消费者带来的效益损失是政府应关注的重点。

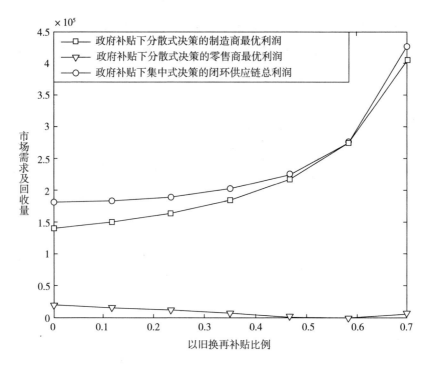

图 10 - 4 有无政府补贴下系统总利润、制造商利润和零售商利润对比分析

由图 10 - 4 可知，无论是集中式决策还是分散式决策，随着政府"以旧换再"补贴比例的增加，闭环供应链系统利润和制造商利润增加且均恒大于无政府补贴时的情形，零售商利润减小（零售商利润为零后的增加趋势是在新产品的市场需求为负的情况下发生，与现实情形不符，故不予考虑和研究）且小于无政府补贴时的情形。这说明闭环供应链系统、制造商均受益于政府"以旧换再"补贴，零售商受损于政府"以旧换再"补贴。因此，如何弥补零售商的利益损失成为政府和制造商都应考虑的重点。

10.7　本章小结

本章针对由单个制造商和单个零售商组成的闭环供应链系统，考虑政府补贴消费者再造品购买行为的情况。基于政府"以旧换再"补贴政策，文章分别构建了有、无政府补贴下新产品和再造品具有不同销售渠道的闭环供应链模型。通过模型之间的对比并结合数值算例分析，得到如下结论：

1. 与无政府补贴相比，政府补贴下单个"以旧换再"消费者、"以旧换再"消费者群体、制造商、闭环供应链系统及环境效益均受益于政府"以旧换再"补贴；单个初始消费者、初始消费者群体和零售商均受损于政府"以旧换再"补贴；故"以旧换再"补贴比例并非越大越好。

2. 政府"以旧换再"补贴能有效促进再造品的销售和废旧品的回收，扩大再造品的市场份额，实现资源的再生利用和政策目标，达到经济效益和环境效益的双赢。

3. "以旧换再"补贴下的双渠道销售闭环供应链存在一定的渠道冲突，制造商和零售商的市场博弈能力影响双渠道销售闭环供应链的稳定性及零售商的利润水平。

因此，对于政府来说，设置合理的"以旧换再"补贴比例并出台相应政策来弥补初始消费者和零售商的效益损失是其应关注的重点。对于制造商来说，授予零售商一定的再造品销售权或给予零售商一定的利益补偿来确保零售商的新产品销售积极性和双渠道的稳定性是其工作的关键。

第 11 章

政府双重干预下双渠道销售闭环供应链定价决策研究

11.1 问题概述

第 5 章和第 10 章分别研究了政府奖惩、政府补贴对闭环供应链定价决策的影响，本章将在此基础上研究政府再造品置换补贴和废旧品回收奖惩双重干预对闭环供应链定价决策的影响。

废旧品回收再利用是一个涉及政府、企业、消费者的社会性问题，政府的引导在其中起着非常重要的作用。韦伯斯特等研究了不同政府回收立法对闭环供应链成员利益和社会效益的影响。黄等研究了政府补贴机制下的电动汽车推广供应链模型。李等研究了碳补贴对再制造闭环供应链的影响。米特拉等对比研究了政府分别给予制造商、再制造商补贴以及同时给予二者补贴的情形。洪等研究了在电子产品逆向供应链中预付费和补贴干预对逆向供应链决策的影响问题，王文宾等研究了不同政府决策目标下奖惩机制对逆向供应链决策的影响问题。但除了洪和王文宾外，少有文献将政府干预作为内生变量，考虑基于全社会福利最大化目标下政府干预对闭环供应链的影响。

在以上考虑政府干预的文献中，都是针对单一政策干预进行的研究。但实际中，闭环供应链系统同时受到多政策多干预的影响。比如，2003 年加利福尼亚政府为促进再制造和废品回收，对制造商征收电子产品预付费，通过税收来干预制造商的再制造行为，同时对回收商给予废旧品回收处理补贴，通过补贴来激励回收商回收处理废旧品，促进废旧品回收渠道的正规化。同样，在农产品供应链中，政府为了加强对渠道商价格欺诈的监管，也往往采用"惩罚"加"保护价"收购的双重干预解决政府被动监管问题，以维持市场秩序。

因此，本章选取闭环供应链下资源回收政策干预研究中最常用的再造品置换补贴干预和废旧品回收量奖惩干预，构建了政府双重干预下双渠道销售闭环供应链决策模型。拟探讨以下三个问题：（1）与无政府干预相比，政府双重干预对产品价格、需求和废旧品回收产生何种影响，对闭环供应链成员利润、消费者剩余和环境效益产生何种影响趋势。（2）与单一政策干预相比，政府双重干预对闭环供应链最优决策的干预效果能否进一步强化。（3）在全社会福利最大化的决策目标下，再造品置换补贴干预和废旧品回收量奖惩干预哪种政策更优，政府双重干预能否实现促进供应链成员利润和消费者剩余的提高，以及全社会福利的增加。最后本章通过算例仿真验证了相关结论，并指出了进一步的研究方向。具体开展以下工作：

1. 构建再造品置换补贴下双渠道销售模型、废旧品回收量奖惩干预下双渠道销售模型以及政府双重干预下闭环供应链的定价决策模型，综合运用博弈论中的逆向归纳法以及优化理论中的 K－T 条件等运筹学方法，分别对这三个模型中的定价决策问题进行求解。

2. 通过比较分析，探讨了政府双重干预对闭环供应链最优决策的影响并与单一政策的干预效果进行对比分析，并以社会福利最大化为目标分析了政府的最优干预参数。

3. 参考现有文献中的仿真数据，使用 Matlab 数据仿真软件，分析验证所构建再造品置换补贴下双渠道销售模型、废旧品回收量奖惩干预下双渠道销售模型以及政府双重干预下闭环供应链的定价决策模型的正确性，探讨政府双重干预对闭环供应链系统及成员的影响。

11.2 模型假设及符号说明

本章考虑政府双重干预下由单个制造商和单个零售商组成的双销售渠道闭环供应链。在该系统中，制造商将新产品批发给零售商，零售商负责将新产品销售给终端消费者。同时制造商直接从消费者处回收废旧品，并将生产的再造品通过制造商的直销渠道销售给终端消费者。在该模型中，政府为促进再造品的销售和废旧品的回收，提高制造商回收废旧品的积极性，将对闭环供应链进行干预。该闭环供应链的运营结构如图 11-1 所示：

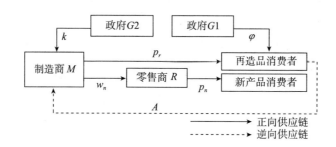

图 11-1 政府双重干预下双销售渠道闭环供应链的运营结构

在第 5 章和第 10 章的基本假设及符号说明的基础上，给出政府双重干预下双渠道销售闭环供应链模型基本假设和符号说明如下：

假设 1：本文只考虑单一产品。另外，一个家庭只能拥有一个新产品或一个废旧品，并且不会放弃使用该产品，废旧品的唯一用途是回收处理。废旧品是同质的，所有回收的废旧品均可生产成再造品，且 1 单位的废旧品只能生产 1 单位的再造品，故消费者对再造品的需求量就是废旧品的回收量。该产品市场相对成熟，市场上有足够多的废旧品可以回收。

假设 2：该模型为政府、制造商和零售商组成的两阶段动态博弈模型，存在 Stackelberg 博弈关系。政府能够统筹供应链，在供应链中制造商是领导者，零售商是跟随者。同时，政府、制造商和零售商均为风险中性而且信息完全对称。政府的决策目标是社会福利最大化，制造商和零售商的决策目标为自身利润最大化。

假设 3：市场由两类消费者构成，即新产品消费者和再造品消费者。新产品消费者在购买新产品前并未拥有废旧品，而再造品消费者在购买再造品前拥有废旧品。新产品消费者可直接购买新产品，而再造品消费者购买再造品时必须出售其废旧品。

假设 4：再造品的功能、质量和效用与新产品完全相同，但消费者对两类产品有着不同的支付意愿。

假设 5：政府在执行再造品置换补贴干预和废旧品回收量奖惩干预时，为了保证政策的顺利执行，需要付出相应的固定投入成本，比如监管成本等。其中固定成本投入系数分别是 η 和 β，假设再造品置换补贴的固定成本投入系数小于废旧品回收量奖惩的投入系数，即 $\eta < \beta$。

政府双重干预下双渠道销售闭环供应链的变量符号定义如下：

制造商生产新产品和再造品的单位生产成本分别为 c_n 和 c_r，为确保制造商生产再造品有利可图，需 $c_r < c_n$，表示再制造具有成本优势。

制造商新产品的单位批发价格为 w_n，零售商销售新产品和制造商销售再造品的单位销售价格分别为 p_n 和 p_r，则新产品和再造品的需求量分别为 q_n 和 q_r。新产品的单位销售价格高于再造品，即 $p_n > p_r$。

制造商从消费者处回收废旧品的单位回收价格为 A，假设从消费者处回收的废旧品是同质的，具有较低的产品残值且不存在二级交易市场，因此可将 A 设为外生变量。

政府给予再造品消费者再造品置换补贴，规定再造品市场销售主体给予再造品消费者单位补贴为 φ，并按扣除补贴后的价格向交回旧件的消费者销售再造品，而政府为了实施再造品置换补贴机制，需要投入的固定成本为 $\eta\varphi^2$。同时，政府为调动制造商回收废旧品的积极性，设定最低回收量为 Q_0，当回收量大于 Q_0 时，政府奖励制造商；当回收量小于 Q_0 时，政府惩罚制造商。单位回收量的奖惩力度为 k，即制造商的总奖惩额度为 $k(q_r - Q_0)$。政府为了实施废旧品回收量奖惩机制，需要投入的固定成本为 βk^2。

假定市场规模为 Q，消费者对新产品的意愿支付为 θ，均匀地分布在 $[0, Q]$ 上，α 表示相对于新产品消费者对再造品的接受程度（简称消费者接受度），所以消费者对再造品的支付意愿为 $\alpha\theta$。因此，购买单位新产品，消费者可获得的净效用为 $U_n = \theta - p_n$；购买单位再造品，消费者可获得的净效用为 $U_r = \alpha\theta - p_r + A$。当 $U_n > U_r$ 且 $U_n > 0$，则消费者更愿意购买新产品；当 $U_r > U_n$ 且 $U_r > 0$，则消费者更愿意购买再造品。根据参考文献 [72] ~ [74]，可得无政府补贴干预和废旧品回收量奖惩干预下新产品和再造品的需求函数分别为 $q_n = Q - \dfrac{p_n - p_r + A}{1 - \alpha}$ 和 $q_r = \dfrac{\alpha p_n - p_r + A}{\alpha(1 - \alpha)}$；再造品置换补贴干预和政府双重干预下新产品和再造品的需求函数分别为 $q_n = Q - \dfrac{p_n - p_r + A + \varphi}{1 - \alpha}$ 和 $q_r = \dfrac{\alpha p_n - p_r + A + \varphi}{\alpha(1 - \alpha)}$。

在下文中，上述变量加上标 "N" "$Y1$" "$Y2$" "$Y3$" 分别表示无政府干预、再造品置换补贴干预、废旧品回收量奖惩干预、政府双重干预的闭环供应链情形；加上标 "$*$" 表示最优决策结果。

根据以上模型描述与基本假设，可得不同情形下零售商和制造商的利润函数分别如下：

（1）无政府干预下双销售渠道模型：

$$\pi_R = (p_n - w_n)\left[Q - \frac{p_n - p_r + A}{1 - \alpha} \right] \tag{11.1}$$

$$\pi_M = (w_n - c_n)\left[Q - \frac{p_n - p_r + A}{1 - a} \right] + (p_r - c_r - A)\left[\frac{a p_n - p_r + A}{a(1 - a)} \right] \tag{11.2}$$

（2）再造品置换补贴干预下双销售渠道模型：

$$\pi_R = (p_n - w_n)\left[Q - \frac{p_n - p_r + A + \varphi}{1 - a} \right] \tag{11.3}$$

$$\pi_M = (\omega_n - c_n)\left[Q - \frac{p_n - p_r + A + \varphi}{1 - \alpha} \right] + (p_r - c_r - A)\left[\frac{\alpha p_n - p_r + A + \varphi}{a(1 - \alpha)} \right] \tag{11.4}$$

（3）废旧品回收量奖惩干预下双销售渠道模型：

$$\pi_R = (p_n - w_n)\left[Q - \frac{p_n - p_r + A}{1 - \alpha} \right] \tag{11.5}$$

$$\pi_M = (w_n - c_n)\left[Q - \frac{p_n - p_r + A}{1 - \alpha} \right] + (p_r - c_r - A + k)\left[\frac{\alpha p_n - p_r + A}{\alpha(1 - \alpha)} \right] - kQ_0 \tag{11.6}$$

（4）政府双重干预下双销售渠道模型：

$$\pi_R = (p_n - w_n)\left[Q - \frac{p_n - p_r + A + \varphi}{1 - \alpha}\right] \tag{11.7}$$

$$\pi_M = (w_n - c_n)\left[Q - \frac{p_n - p_r + A + \varphi}{1 - \alpha}\right] + (p_r - c_r - A + k)\left[\frac{\alpha p_n - p_r + A + \varphi}{a(1 - \alpha)}\right] - kQ_0 \tag{11.8}$$

11.3　再造品置换下双渠道销售闭环供应链的定价决策研究

在本节的模型中，政府进行再造品置换补贴干预，并将政府干预参数内生化考虑到闭环供应链中。此时的决策顺序为，首先政府以全社会福利最大化为决策目标确定单位再造品的置换补贴额度，其次根据这一补贴额度制造商从自身利润最大化出发确定新产品的批发价格和再造品的销售价格，最后零售商基于自身利润最大化来确定新产品的销售价格。

已知政府的决策目标是全社会福利最大化，全社会福利由制造商利润π_M、零售商利润π_R、消费者剩余π_C和政府支出四部分组成，因此政府的决策目标为式（11.9）：

$$\max \pi_G = \pi_M + \pi_R + \pi_C - \varphi q_r - \eta \varphi^2 \tag{11.9}$$

其中消费者剩余π_C由新产品消费者剩余和再造品消费者剩余组成，即：

$$\pi_C = \int_{\frac{p_n - p_r + A + \varphi}{1 - \alpha}}^{Q}(\theta - p_n)d\theta + \int_{\frac{p_r - A - \varphi}{\alpha}}^{\frac{p_n - p_r + A + \varphi}{1 - \alpha}}(\alpha\theta - p_r + A + \varphi)d\theta = \left(\frac{1}{2}q_n - p_n + \frac{p_n - p_r + A + \varphi}{1 - \alpha}\right)q_n$$

$$+ \left[A + \varphi - p_r + \frac{\alpha p_n + (1 - 2\alpha)(p_r - A - \varphi)}{2(1 - \alpha)}\right]q_r \tag{11.10}$$

命题 11.1　当政府进行再造品置换补贴干预并决定最优单位再造品置换补贴额度φ时，零售商利润$\pi_R(p_n)$是关于p_n的严格凹函数，制造商利润$\pi_M(w_n, p_r)$是关于w_n和p_r的严格凹函数，政府决策目标$\pi_G(\varphi)$是关于φ的严格凹函数，均存在唯一最优解。可采用逆向归纳法，求得再造品置换补贴干预下双销售渠道闭环供应链最优决策，见表 11-1。

表11-1　四种闭环供应链模型下的最优决策

	模型1	模型2	模型3	模型4
k	—	—	—	$\dfrac{(1-\alpha)\alpha\eta Q+(\alpha-4)r_c+3\alpha r_c}{32\alpha\beta(1-\alpha)(\beta+\eta)+32(1-\alpha)\phi\eta}$
φ	—	$\dfrac{\alpha(1-\alpha)Q+(\alpha-4)c_n+3\alpha c_n}{32\alpha\eta(1-\alpha)+4-3\alpha}$	$\dfrac{\alpha(1-\alpha)Q+(\alpha-4)c_n+3\alpha c_n}{32\alpha\beta(1-\alpha)+4-3\alpha}$	$\dfrac{(1-\alpha)\alpha\beta Q+(\alpha-4)\beta c_n+3\alpha\beta c_n}{32\alpha\beta(1-\alpha)(\beta+\eta)+32(1-\alpha)\phi\eta}$
p_n	$\dfrac{(3-\alpha)Q+c_n+c_n}{4}$	$\dfrac{(3-\alpha)Q+c_n+c_n+\varphi^{n1}}{4}$	$\dfrac{(3-\alpha)Q+c_n+c_n-k^{n2}}{4}$	$\dfrac{(3-\alpha)Q+c_n+c_n-\varphi^{n3}-k^{n3}}{4}$
p_r	$\dfrac{\alpha Q+c_n}{2}+A$	$\dfrac{\alpha Q+c_n+2A+\varphi^{n1}}{2}$	$\dfrac{\alpha Q+c_n+c_n+2A-k^{n2}}{4}$	$\dfrac{\alpha Q+c_n+c_n-\varphi^{n3}-k^{n3}}{4}$
w_n	$\dfrac{Q+c_n}{2}$	$\dfrac{Q+c_n}{2}$	$\dfrac{Q+c_n}{2}$	$\dfrac{Q+c_n}{2}$
q_n	$\dfrac{(1-\alpha)Q-c_n+c_n}{4(1-\alpha)}$	$\dfrac{(1-\alpha)Q+c_n-c_n-\varphi^{n1}}{4(1-\alpha)}$	$\dfrac{(1-\alpha)Q+c_n-c_n-k^{n2}}{4(1-\alpha)}$	$\dfrac{(1-\alpha)Q+c_n-c_n-\varphi^{n3}-k^{n3}}{4(1-\alpha)}$
q_r	$\dfrac{\alpha(1-\alpha)Q+\alpha c_n+(\alpha-2)c_n}{4\alpha(1-\alpha)}$	$\dfrac{\alpha(1-\alpha)Q+\alpha c_n+(\alpha-2)c_n+\varphi^{n1}}{4\alpha(1-\alpha)}$	$\dfrac{\alpha(1-\alpha)Q+\alpha c_n+(\alpha-2)c_n-k^{n2}}{4\alpha(1-\alpha)}$	$\dfrac{\alpha(1-\alpha)Q+\alpha c_n+(\alpha-2)c_n-\varphi^{n3}-k^{n3}}{4\alpha(1-\alpha)}$
π_R	$\dfrac{[(1-\alpha)Q-c_n+c_n]^2}{16\alpha(1-\alpha)}$	$\dfrac{[(1-\alpha)Q+c_n-c_n-\varphi^{n1}]^2}{16(1-\alpha)}$	$\dfrac{[(1-\alpha)Q+c_n-c_n-k^{n2}]^2}{16(1-\alpha)}$	$\dfrac{[(1-\alpha)Q+c_n-c_n-\varphi^{n3}-k^{n3}]^2}{16(1-\alpha)}$
π_M	$\dfrac{Q-c_n}{2}\times\dfrac{(1-\alpha)Q-c_n+c_n}{4(1-\alpha)}+\dfrac{\alpha Q-c_n}{2}$ $\dfrac{\alpha(1-\alpha)Q+\alpha c_n+(\alpha-2)c_n}{4\alpha(1-\alpha)}$	$\dfrac{Q-c_n}{2}\times\dfrac{(1-\alpha)Q+c_n-c_n-\varphi^{n1}}{4(1-\alpha)}+\dfrac{\alpha Q-c_n+\varphi^{n1}}{2}\times$ $\dfrac{\alpha(1-\alpha)Q+\alpha c_n+(\alpha-2)c_n-\varphi^{n1}}{4\alpha(1-\alpha)}$	$\dfrac{Q-c_n}{2}\times\dfrac{(1-\alpha)Q+c_n-c_n-k^{n2}}{4(1-\alpha)}+$ $\dfrac{\alpha(1-\alpha)Q+\alpha c_n+(\alpha-2)c_n-k^{n2}}{4\alpha(1-\alpha)}$ $\dfrac{\alpha Q-c_n+k^{n2}}{2}-k^{n2}Q_0$	$\dfrac{Q-c_n}{2}\times\dfrac{(1-\alpha)Q+c_n-c_n-\varphi^{n3}-k^{n3}}{4(1-\alpha)}+$ $\dfrac{\alpha(1-\alpha)Q+\alpha c_n+(\alpha-2)c_n-\varphi^{n3}-k^{n3}}{4\alpha(1-\alpha)}\times$ $\dfrac{\alpha Q-c_n+\varphi^{n3}+k^{n3}}{2}-k^{n3}Q_0$
π_C	$\dfrac{(1-\alpha)(2\alpha+1)Q+(2\alpha-1)c_n+(2\alpha-3)c_n}{8(1-\alpha)}+$ $\dfrac{(1-\alpha)Q+c_n+c_n}{4(1-\alpha)}+$ $\dfrac{[\alpha(1-\alpha)Q+\alpha c_n+(\alpha-2)c_n]^2}{32\alpha(1-\alpha)}$	$\dfrac{(1-\alpha)(2\alpha+1)Q+(2\alpha-1)c_n+(2\alpha-3)(c_n-\varphi^{n1})}{8(1-\alpha)}+$ $\dfrac{(1-\alpha)Q+c_n+c_n-\varphi^{n1}}{4(1-\alpha)}+$ $\dfrac{[\alpha(1-\alpha)Q+\alpha c_n+(\alpha-2)(c_n-\varphi^{n1})]^2}{32\alpha(1-\alpha)}$	$\dfrac{(1-\alpha)(2\alpha+1)Q+(2\alpha-1)c_n+(2\alpha-3)(c_n-k^{n2})}{8(1-\alpha)}+$ $\dfrac{(1-\alpha)Q+c_n+c_n-k^{n2}}{4(1-\alpha)}+$ $\dfrac{[\alpha(1-\alpha)Q+\alpha c_n+(\alpha-2)(c_n-k^{n2})]^2}{32\alpha(1-\alpha)}$	$\dfrac{(1-\alpha)(2\alpha+1)Q+(2\alpha-1)c_n+(2\alpha-3)(c_n-\varphi^{n3}-k^{n3})}{8(1-\alpha)}+$ $\dfrac{(1-\alpha)Q+c_n+c_n-\varphi^{n3}-k^{n3}}{4(1-\alpha)}+$ $\dfrac{[\alpha(1-\alpha)Q+\alpha c_n+(\alpha-2)(c_n-\varphi^{n3}-k^{n3})]^2}{32\alpha(1-\alpha)}$
π_C	$\dfrac{5\alpha(1-\alpha)Q+(5\alpha-6)c_n+\alpha c_n}{8(1-\alpha)}\times$ $\dfrac{\alpha(1-\alpha)Q+\alpha c_n+(\alpha-2)c_n}{4\alpha(1-\alpha)}+$ $\dfrac{7(1-\alpha)Q+(8\alpha-7)c_n-c_n}{8(1-\alpha)}$ $\dfrac{(1-\alpha)Q+c_n+c_n}{4(1-\alpha)}$	$\dfrac{5\alpha(1-\alpha)Q+(5\alpha-6)c_n+\alpha c_n+(3\alpha-2)\varphi^{n1}}{8(1-\alpha)}$ $\dfrac{\alpha(1-\alpha)Q+\alpha c_n+(\alpha-2)(c_n-\varphi^{n1})}{4\alpha(1-\alpha)}\times$ $\dfrac{7(1-\alpha)Q+(8\alpha-7)c_n-c_n-\varphi^{n1}}{8(1-\alpha)}$ $\dfrac{(1-\alpha)Q+c_n+c_n-\varphi^{n1}}{4(1-\alpha)}-\eta(\varphi^{n1})^2$	$\dfrac{5\alpha(1-\alpha)Q+(5\alpha-6)c_n+\alpha c_n+(3\alpha-2)k^{n2}}{8(1-\alpha)}$ $\dfrac{\alpha(1-\alpha)Q+\alpha c_n+(\alpha-2)(c_n-k^{n2})}{4\alpha(1-\alpha)}\times$ $\dfrac{7(1-\alpha)Q+(8\alpha-7)c_n-c_n+k^{n2}}{8(1-\alpha)}$ $\dfrac{(1-\alpha)Q+c_n+c_n-k^{n2}}{4(1-\alpha)}-\beta(k^{n2})^2$	$\dfrac{5\alpha(1-\alpha)Q+(5\alpha-6)c_n+\alpha c_n+(3\alpha-2)(\varphi^{n3}+k^{n3})}{8(1-\alpha)}+$ $\dfrac{\alpha(1-\alpha)Q+\alpha c_n+(\alpha-2)(c_n-\varphi^{n3}-k^{n3})}{4\alpha(1-\alpha)}$ $\dfrac{7(1-\alpha)Q+(8\alpha-7)c_n-c_n-\varphi^{n3}-k^{n3}}{8(1-\alpha)}-$ $\dfrac{(1-\alpha)Q+c_n+c_n-k^{n3}}{4(1-\alpha)}-$ $\eta(\varphi^{n3})^2-\beta(k^{n3})^2$

11.4　废旧品回收量奖惩干预下双渠道销售闭环供应链的定价决策研究

与 11.2 节不同，本节考虑的是政府废旧品回收量奖惩干预下的闭环供应链问题，政府将以全社会福利最大化为决策目标确定最优单位废旧品回收奖惩力度。但供应链成员的决策顺序与 11.2 节相同。

此时政府的决策目标为全社会福利最大化，决策目标为式（11.11）：

$$\max \pi_G = \pi_M + \pi_R + \pi_C - k(q_r - Q_0) - \beta k^2 \tag{11.11}$$

其中消费者剩余 π_C 由新产品消费者剩余和再造品消费者剩余组成，即：

$$\pi_C = \int_{\frac{p_n - p_r + A}{1 - \alpha}}^{Q} (\theta - p_n) d\theta + \int_{\frac{p_r - A}{\alpha}}^{\frac{p_n - p_r + A}{1 - \alpha}} (\alpha\theta - p_r + A) d\theta = \left(\frac{1}{2} q_n - p_n + \frac{p_n - p_r + A}{1 - \alpha}\right) q_n$$

$$+ \left[A - p_r + \frac{\alpha p_n + (1 - 2\alpha)(p_r - A)}{2(1 - \alpha)}\right] q_r \tag{11.12}$$

命题 11.2　当政府进行废旧品回收量奖惩干预并决定最优单位废旧品回收量奖惩力度 k 时，零售商利润 $\pi_R(p_n)$ 是关于 p_n 的严格凹函数，制造商利润 $\pi_M(w_n, p_r)$ 是关于 w_n 和 p_r 的严格凹函数，政府决策目标 $\pi_G(k)$ 是关于 k 的严格凹函数，均存在唯一最优解。可采用逆向归纳法，求得废旧品回收量奖惩干预下双销售渠道闭环供应链最优决策，见表 11-1。

11.5　政府双重干预下双渠道销售闭环供应链的定价决策研究

在 11.2 节和 11.3 节模型的基础上，综合考虑政府双重干预下的闭环供应链决策问题。此时政府以全社会福利最大化来确定最优的单位再造品置换补贴额度和单位废旧品回收量奖惩力度，决策顺序与 11.2 节相同。

此时，消费者剩余同 11.2 节，政府的决策目标仍为全社会福利最大化，

但政府的决策目标变为式 (11.13):

$$\max\pi_G = \pi_M + \pi_R + \pi_C - \varphi q_r - k(q_r - Q_0) - \eta\varphi^2 - \beta k^2 \tag{11.13}$$

命题 11.3 当政府进行双重干预并决定最优干预参数时,零售商利润 π_R (p_n) 是关于 p_n 的严格凹函数,制造商利润 π_M (w_n, p_r) 是关于 w_n 和 p_r 的严格凹函数,政府决策目标 π_G (φ, k) 是关于 φ 和 k 的严格凹函数,均存在唯一最优解。可采用逆向归纳法,求得政府双重干预下双销售渠道闭环供应链最优决策,见表 11-1。

模型 1、模型 2、模型 3 和模型 4 分别代表无政府干预下双销售渠道模型、再造品置换补贴下双销售渠道模型、废旧品回收量奖惩干预下双销售渠道模型、政府双重干预下双销售渠道模型,其中无政府干预下双销售渠道模型是在 10.2.2 节中进行分析求解的。

11.6 不同政府干预下双渠道闭环供应链定价决策对比分析

本节将对比分析表 11-1 的四种闭环供应链模型的最优决策。探讨与无政府干预相比,政府双重干预对闭环供应链最优决策、成员利润和全社会福利产生何种影响;两种政策干预在单独使用时哪种较优;政府双重干预对闭环供应链的干预效果是否强于单一政策干预的效果。

结论 11.1 模型 2、模型 3 和模型 4 中政府最优单位再造品置换补贴额度和最优单位废旧品回收量奖惩力度满足关系为 $\varphi^{\gamma_1*} > \varphi^{\gamma_3*}$、$k^{\gamma_2*} > k^{\gamma_3*}$,且 $k^{\gamma_2*} < \varphi^{\gamma_1*} < \varphi^{\gamma_3*} + k^{\gamma_3*}$。

证明:$\varphi^{\gamma_1*}/\varphi^{\gamma_3*} = \dfrac{(4-3\alpha)(1+\eta/\beta) + 32(1-\alpha)\alpha\eta}{(4-3\alpha) + 32(1-\alpha)\alpha\eta}$,由 $\eta/\beta > 0$ 得,$\varphi^{\gamma_1*}/\varphi^{\gamma_3*} > 1$,即 $\varphi^{\gamma_1*} > \varphi^{\gamma_3*}$。同理可证,得 $k^{\gamma_2*} > k^{\gamma_3*}$、$k^{\gamma_2*} < \varphi^{\gamma_1*} < \varphi^{\gamma_3*} + k^{\gamma_3*}$。

结论 11.1 得证。

结论 11.1 表明,模型 4 中再造品置换补贴额度小于模型 2,模型 4 中最优废旧品回收奖惩力度小于模型 3,说明政府同时兼顾两项干预时,各部门的干预力度可适当减小，即可达到全社会福利最大化的目标。同时，也表明了政府双重干预下可以实现降低干预力度、提升效果强度的目的。但模型 4 中两项政策的最优干预力度之和大于模型 2 和模型 3 中单一政策干预的力度，说明政府为实现全社会福利最大化，需要付出更多的努力。

结论 11.2　模型 1、模型 2、模型 3 和模型 4 中最优新产品价格和最优再造品价格满足关系：$p_n^{N*} > p_n^{Y2*} > p_n^{Y1*} > p_n^{Y3*}$ 和 $p_r^{Y2*} < p_r^{N*} < p_r^{Y3*} < p_r^{Y1*}$。

证明过程同结论 11.1，结论 11.2 表明，模型 3 中新产品价格高于模型 2 而低于模型 1，模型 4 中新产品价格最低；模型 4 中再造品价格高于模型 1 而低于模型 2，模型 3 中再造品价格最低。这说明政府干预可以降低新产品价格，其中政府双重干预时新产品价格最低，初始消费者受益最大。对于再造品，废旧品回收奖惩干预降低了再造品价格，使再造品消费者受益。而再造品置换补贴和政府双重干预均提高了再造品价格，从而提高了制造商生产和销售再造品的积极性，但双重干预对再造品的提价力度要小于再造品置换补贴的情形。那么，再造品价格的提高是不是说明再造品消费者受损于政府双重干预和再造品置换补贴干预呢？其实不然。

对于再造品消费者，他们实际支付额度为再造品销售价格减去政府给予的单位再造品置换补贴额度，即模型 1、模型 2 和模型 4 中再造品消费者实际支付额度分别为 p_r^{N*}、$p_r^{Y1*} - \varphi^{Y1*}$ 和 $p_r^{Y3*} - \varphi^{Y3*}$。因为 $(p_r^{Y1*} - \varphi^{Y1*}) - p_r^{N*} = -\varphi^{Y1*}/2 < 0$，所以 $p_r^{Y1*} - \varphi^{Y1*} < p_r^{N*}$。同理可以证得 $(p_r^{Y3*} - \varphi^{Y3*}) - (p_r^{Y1*} - \varphi^{Y1*}) = (\varphi^{Y1*} - \varphi^{Y3*} - k^{Y3*})/2 < 0$，所以 $p_r^{Y3*} - \varphi^{Y3*} < p_r^{Y1*} - \varphi^{Y1*}$。这说明，政府双重干预下再造品消费者是受益的，且再造品消费者的受益空间大于再造品置换补贴的情形。由于制造商考虑到政府提供的再造品置换补贴会刺激消费者再造品需求量的增加，因此会从自身利润最大化的角度出发，提高再造品的价格，分享一定比例的政府补贴。这也表明了政府双重干预有更强的促进再造品生产和刺激再造品消费的作用。

结论 11.3　模型 1、模型 2、模型 3 和模型 4 中最优新产品需求量和最优再造品需求量满足关系：$q_n^{N*} > q_n^{Y2*} > q_n^{Y1*} > q_n^{Y3*}$ 和 $q_r^{N*} < q_r^{Y2*} < q_r^{Y1*} < q_r^{Y3*}$，且 $q_r^{N*} + q_n^{N*} < q_n^{Y2*} + q_r^{Y2*} < q_n^{Y1*} + q_n^{Y1*} < q_n^{Y3*} + q_r^{Y3*}$。

证明过程同结论 11.1，结论 11.3 表明，模型 3 中新产品需求量高于模型 2 而低于模型 1，模型 4 中新产品需求量最低。这说明政府干预会降低新产品的需求量，而政府双重干预会使新产品需求量进一步降低。由于新产品消费者实际支付额度降低的幅度要小于再造品消费者，即再造品对新产品的销售产生了更大的冲击，而消费者根据所获效用最大来做出购买决定，从而导致新产品在价格下降的同时需求量也下降，使零售商在政府干预中处于劣势。而政府双重干预使零售商的损失进一步放大。

对于再造品，模型 3 中再造品需求量及废旧品回收量高于模型 1 而低于模型 2，模型 4 中再造品需求量及废旧品回收量最大。这说明政府干预可以提高再造品的需求量和废旧品的回收量，而政府双重干预更有利于扩大再造品的市场份额。同时，再造品需求量增加的幅度超过了新产品需求量减少的幅度，说明政府干预在总体上扩大了闭环供应链的规模，且再造品置换补贴干预对供应链总体规模扩大的幅度大于废旧品回收奖惩的情形。当政府双重干预时，闭环供应链整体的受益会更大。

结论 11.4 模型 1、模型 2、模型 3 和模型 4 中最优制造商利润和最优零售商利润满足关系：$\pi_M^{N*} < \pi_M^{Y1*}$、$\pi_R^{N*} > \pi_R^{Y2*} > \pi_R^{Y1*} > \pi_R^{Y3*}$、$\pi_R^{N*} + \pi_M^{N*} < \pi_R^{Y1*} + \pi_M^{Y1*}$。

证明：通过观察 π_M^{N*} 和 π_M^{Y1*}，设 π_M 为函数 $f(x)$：

$$f(x) = \frac{Q - c_n}{2} \times \frac{(1-\alpha)Q + c_r - c_n - x}{4(1-\alpha)} + \frac{\alpha Q - c_r + x}{2} \times \frac{\alpha(1-\alpha)Q + \alpha c_n + (\alpha-2)(c_r - x)}{4\alpha(1-\alpha)}$$

当 $x = 0$ 时，为 π_M^{N*}，当 $X = \varphi^{Y1*}$ 时，为 π_M^{Y1*}；且 $\varphi^{Y1*} > 0$。

$$\frac{df(x)}{dx} = \frac{\alpha(1-\alpha)Q + \alpha c_n + (\alpha-2)c_r + (2-\alpha)x}{4\alpha(1-\alpha)}，$$ 因为 $\frac{c_r}{c_n} < \alpha < 1 - \frac{c_n - c_r}{Q}$，当 $x \geqslant 0$ 时，$\frac{df(x)}{dx}$ 恒大于 0，即 $f(x)$ 在 $x \geqslant 0$ 时为增函数，所以，$\pi_M^{N*} < \pi_M^{Y1*}$。同理可证得：$\pi_R^{N*} + \pi_M^{N*} < \pi_R^{Y1*} + \pi_M^{Y1*}$。

$$\pi_R^{N*}/\pi_R^{Y1*} = \frac{\left[(1-\alpha)Q + c_r - c_n\right]^2}{\left[(1-\alpha)Q + c_r - c_n - \varphi^{Y1*}\right]^2} > 1，$$ 即 $\pi_R^{N*} > \pi_R^{Y1*}$。同理可证

得：$\pi_R^{N*} > \pi_R^{Y1*} > \pi_R^{Y2*} > \pi_R^{Y3*}$。

结论 11.4 得证。

结论 11.4 表明，模型 3 中新产品需求量高于模型 2 而低于模型 1，模型 4 中新产品需求量最低。这说明政府干预会降低新产品的需求量，而政府双重干预会使新产品需求量进一步降低。由于新产品消费者实际支付额度降低的幅度要小于再造品消费者，即再造品对新产品的销售产生了更大的冲击，而消费者根据所获效用最大来做出购买决定，从而导致新产品在价格下降的同时需求量也下降，使零售商在政府干预中处于劣势。而政府双重干预使零售商的损失进一步放大。

模型 3 中零售商利润高于模型 2 而低于模型 1，模型 4 中零售商利润最低。政府干预会使得零售商利润受损，而政府双重干预时，零售商利润损失最大。此时零售商销售新产品的积极性受到打击，零售商基于利润的考虑会主动要求承担部分再造品的销售或分享制造商利润以弥补自己的利润损失，否则便会产生渠道冲突。

模型 2 中制造商利润大于模型 1 中制造商利润，表明制造商利润受益于再造品置换补贴干预。这主要是再造品置换补贴提高了再造品的需求量，同时一定程度上提高了再造品的价格。而模型 3 和模型 4 中制造商利润受基准回收量的影响，四个模型中制造商的利润大小关系将在算例中给出。

同时，可见模型 1 中制造商和零售商利润之和恒低于模型 2，也就是在再造品置换补贴干预下，制造商利润的增量大于零售商利润的减量，因此制造商与零售商可以通过设定利润分享契约，在保证零售商利润不降低的前提下实现制造商利润增加，从而避免了由于零售商利润降低造成的渠道冲突，保证了渠道的稳定性，也证明了再造品置换补贴干预的有效性。而只要证明模型 4 中制造商和零售商利润之和恒大于模型 2 和模型 3，即可表明政府双重干预下依然可以保证供应链稳定性的同时实现供应链成员共赢，且比单一政策干预实现更多的利润增量。证明过程较为繁琐，将在 11.5 节中进行数值算例仿真分析。

结论 11.5　模型 1、模型 2、模型 3 和模型 4 中最优消费者剩余满足关系为 $\pi_C^{N*} < \pi_C^{Y2*} < \pi_C^{Y1*} < \pi_C^{Y3*}$。

证明过程同结论11.4，结论11.5表明，模型3中消费者剩余高于模型1而低于模型2，模型4中消费者剩余最大。这说明政府双重干预使消费者受益，且受益力度大于单一政策干预的情形。其中再造品置换补贴干预是直接让利于消费者，而废旧品回收量奖惩干预，是制造商主动降低再造品价格来增加废旧品回收量以获得政府奖励，从而间接使再造品消费者剩余变大。

结合结论11.2、结论11.3和结论11.4，可以得到再造品置换补贴干预在扩大再造品市场份额，促进废旧品回收和提高消费者剩余方面要优于废旧品回收奖惩干预的情形，但政府双重干预的干预效果优于单一政策干预的情形。

11.7 数值算例分析

为验证上述结论的正确性，以及进行更深入的分析，下面利用数值算例仿真进行验证分析。根据参考文献 [40]，对各模型参数赋值：$Q = 1000$、$c_n = 150$、$c_r = 50$、$A = 20$、$\alpha = 0.5$、$\eta = 1$、$\beta = 2$、$Q_0 = 150$。四种闭环供应链模型中最优决策和各方利润福利的取值结果如表 11-2 所示（其中 $\varphi^{Y1*} = 28.57$、$k^{Y2*} = 16.22$、$\varphi^{Y3*} = 25.53$、$k^{Y3*} = 12.77$）：

表 11-2　　　　　　四个模型中最优决策和各方利润福利对比分析

	模型 1	模型 2	模型 3	模型 4
p_n	675	667.9	670.9	665.4
p_r	295	309.3	286.9	301.4
w_n	575	575	575	575
q_n	200	186	192	181
q_r	250	293	274.3	307
π_R	20000	17245	18411	16353.4
π_M	141250	149000	143069	150010
π_C	60625	65880	63546	67785.9
π_G	221875	222950	222483	223310

由表 11 - 2 数据可知，政府干预可以降低新产品价格，政府双重干预下新产品价格最低。对于再造品，政府双重干预下再造品价格升高，再造品置换补贴下再造品价格最高，而废旧品回收奖惩干预下再造品价格下降，新产品批发价格则不受影响。这与 11.5 节中结论 11.2 一致。

政府干预下新产品需求量降低，政府双重干预时新产品需求量最低。再造品需求量和废旧品回收量会受政府干预而上升，当政府双重干预时，再造品需求量和废旧品回收量达到最大。这表明政府双重干预有效地扩大了再造品的市场份额和促进了废旧品的回收，政府双重干预起到了预期效果，这与 11.5 节中结论 11.3 一致。

政府干预下零售商利润受损，政府双重干预时零售商利润最低。但通过数据比较我们不难发现，制造商利润增量大于零售商利润减量，在制造商和零售商通过设定合理的利润共享契约弥补零售商利润损失的前提下是可以实现共赢的，从而保证闭环供应链的稳定性。同时政府双重干预下制造商利润、消费者剩余和全社会福利大于无政府干预情形，表明政府双重干预实现了经济和环境的双赢，且政府双重干预对闭环供应链的干预效果要大于单一政策干预的情形，即政府双重干预起到了强化放大干预效果的作用，这与 11.5 节中结论 11.4 和结论 11.5 一致。

在政府干预双渠道销售闭环供应链中，政府实施干预的固定成本投入系数 η 和 β 对政府决策起到很大的影响，并会间接影响闭环供应链的决策和全社会福利。本文以政府双重干预闭环供应链模型为例，分析了固定成本投入系数 η 和 β 对相关决策变量和各方最优利润的影响。

通过表 11 - 3 和表 11 - 4 可以发现，随着再造品置换补贴干预固定成本系数 η 的降低，最优单位再造品补贴额度上升，最优单位废旧品回收奖惩力度下降，再造品价格上升。随着废旧品回收奖惩固定成本系数 β 降低，最优单位再造品置换补贴额度降低，最优单位废旧品回收奖惩力度上升，再造品价格降低。当固定成本系数降低时，新产品价格和需求量降低，零售商利润受损。再造品需求量上升，制造商利润、消费者剩余和全社会福利上升。表明政府实行双重干预时，当某一干预的固定成本系数降低时，政府会增加这一干预的力度，并相应降低另一干预的力度。两种干预通过固定成本系数实现此消彼长的效果，从而以实现最低的政府投入实现最大的全社会福利。同时，政府应尽可能降低固定成本系数，有利于刺激再造品的销售和废旧品的回收，实现消费者剩余和全社会福利的上升。但固定成本系数的降低会加剧对零售商利润的侵蚀，因而协调好制造商与零售商之间的利润分配就显得尤为重要。

表 11-3　　　　　　　　再造品置换补贴固定成本投入系数灵敏度分析

η	k	φ	p_r	p_n	q_n	q_r	π_R	π_M	π_C	π_G
0.6	11.18	37.27	308	662.9	176	323	15448.4	152427	69181.2	223690
0.8	12.12	30.30	304.1	664.4	179	314	15982.9	151386	68610.8	223466
1.0	12.77	25.53	301.4	665.4	181	307	16353.4	150010	67785.9	223310
1.2	13.24	22.06	299.4	666.2	182	303	16625.8	149024	67191.9	223199
1.4	13.59	19.42	297.9	666.7	183	300	16835.2	148281	66742	223113

表 11-4　　　　　　　　废旧品回收量奖惩固定成本投入系数灵敏度分析

β	k	φ	p_r	p_n	q_n	q_r	π_R	π_M	π_C	π_G
1.6	15.54	24.87	299.7	664.9	180	310.6	16163	150246	68207	223391
1.8	14.02	25.23	300.6	665.2	180.4	309	16267.6	150115	67975.2	223347
2.0	12.77	25.53	301.4	665.4	181	307	16353.4	150010	67785.9	223310
2.2	11.72	25.78	302	665.6	181.3	306	16425.8	149922	67627	223281
2.4	10.83	25.99	302.6	665.8	181.5	305	16487.5	149847	67492.2	223256

由于制造商利润、全社会福利同时受到诸多因素的影响，在不同模型下比较过程较为复杂，难以通过解析方式加以证明。通过趋势曲线展示不同模型下制造商利润、全社会福利、制造商零售商利润之和等对比关系，并以此

得到相应的管理启示。

　　图 11 - 2 表明，随着基准回收量的上升，模型 3 和模型 4 中制造商利润会下降。当基准回收量小于 260 时，废旧品回收奖惩干预下制造商利润大于无政府干预情形，当基准回收量小于 230 时，政府双重干预下制造商利润大于再造品置换补贴干预情形。因此，设置合理的基准回收量，可以保证制造商利润在政府干预中受益，且在政府双重干预中受益更大，从而刺激其销售再造品的积极性。图 11 - 3 表明，随着固定成本系数的上升，再造品置换补贴干预和废旧品回收奖惩干预下的全社会福利下降。但在合理的固定成本参数变动区间内，政府单一政策干预下的全社会福利恒大于无政府干预时的全社会福利。

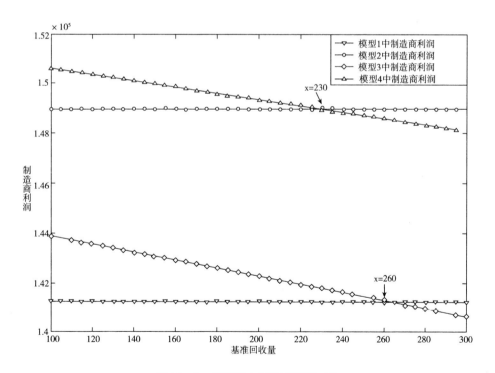

图 11 - 2　四模型中制造商利润对比

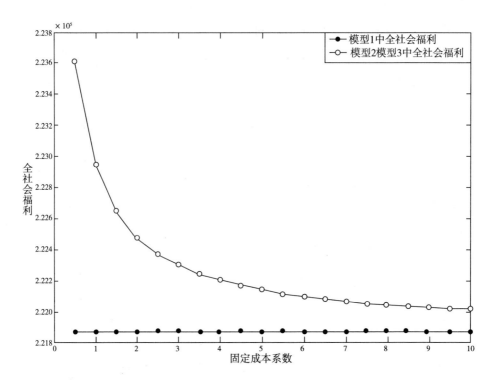

图 11-3 单一政策干预与无政府干预下全社会福利对比

图 11-4 表明，在合理的固定成本系数变动区间内，政府双重干预下的全社会福利恒大于单一政策干预下的全社会福利。说明考虑政府双重干预时，两政策对闭环供应链的干预效果可叠加，使得全社会福利进一步上升。图 11-5 表明政府双重干预下制造商和零售商利润之和恒大于单一政策干预下的情形。说明政府双重干预下，制造商的利润增量依然大于零售商利润减量，二者仍然可以通过设置合理的利润共享合约保证闭环供应链的稳定性。但从图形的变动趋势可以发现，再造品置换补贴在提高全社会福利和提高供应链整体利润的角度要优于废旧品回收奖惩干预的情形。

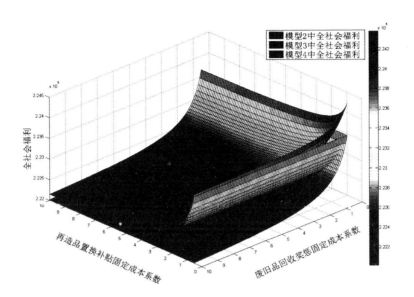

图 11 - 4 政府双重干预与单一政策干预下全社会福利对比

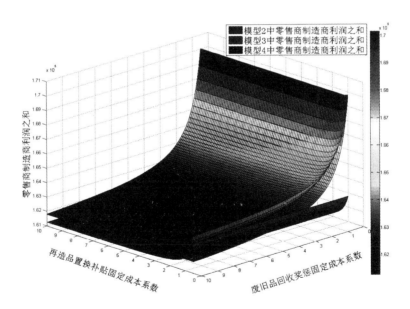

图 11 - 5 政府双重干预与单一政策干预下制造商零售商利润之和对比

11.8 本章小结

本章考虑政府双重干预对双渠道销售闭环供应链的影响，通过模型对比和算例仿真，得出以下结论：

1. 与无政府干预相比，政府双重干预下，新产品价格和需求量会降低，再造品价格和需求量会上升，且废旧品回收量会上升。因此零售商利润受损，而制造商利润、消费者剩余和全社会福利会上升，表明政府双重干预起到了促进废旧品回收和再造品销售的目的。虽然零售商利润受损于政府双重干预，但制造商的利润增量恒大于零售商的利润减量，二者可以通过设定合理的利润分享合约，在弥补零售商利润损失的前提下实现制造商利润增加，从而保证闭环供应链稳定性并实现闭环供应链成员的共赢。

2. 本章研究表明，在全社会福利最大化的政府决策目标下，再造品置换补贴干预和废旧品回收奖惩干预可以起到提高闭环供应链效益，增加消费者剩余和提高环境效益的作用。但从扩大再造品市场份额、促进废旧品回收、提高制造商利润消费者剩余和提高全社会福利的角度，再造品置换补贴要优于废旧品回收奖惩的情形。此外，政府双重干预下对闭环供应链和全社会福利的干预效果明显强于单一政策干预的情形，即政府双重干预较单重干预更为有效，可以起到强化干预效果的作用，实现经济效益和环境效益的双赢。

3. 本章求解了政府的最优干预参数。当政府双重干预时，单一政策的干预力度可以适当降低，两种干预通过国定成本投入系数相互影响，起到互为替代又互相补充的作用。研究表明政府双重干预下，通过设定合理的基准废旧品回收量，降低政策执行的固定成本投入，可以实现供应链利润、消费者剩余和全社会福利的进一步增加。

第 *12* 章

政府补贴下考虑消费者双重偏好的闭环供应链定价决策研究

12.1 问题概述

政府作为各项制度法规、补贴政策的提出者和实施者，对闭环供应链中各节点企业决策的影响在第 5~第 11 章已进行了研究。这些章节在构建理论模型时，部分研究假设消费者是同质的，即消费者对于新产品和再造品认知相同，不存在任何偏好；有些研究考虑了消费者的异质性，但也只是认为消费者对于两类产品有着不同的支付意愿（通常假设对于再造品的支付意愿较低），而没有同时考虑消费者的环境意识。

实际上，当今社会，随着大众环保意识的增加，越来越多的消费者会在购买产品时关注产品对环境造成的影响，并愿意为环保产品支付一定的费用，即对产品的环保属性有着一定的偏好。王（Wang）等的研究也表明，消费者对于产品的感知价值和购买意向除了受再造品质量影响之外，也受到再制造成本以及再造品环境属性的影响。德巴拉塔等（Debabrata et al.）的研究考虑了绿色成本以及消费者绿色敏感性对于闭环供应链的影响并提出成本共享契约；陈晓红等考虑了消费者对于再造品质量和环境质量的偏好，构建了第三方参与竞争的双渠道闭环供应链模型，对比了政府补贴不同对象时的异同并分析了消费者偏好对于供应链最优决策的影响。

综上所述，探究消费者同时考虑性能和环境的双重偏好，更加贴近当今社会尤其是闭环供应链领域的市场环境。在此基础上，研究闭环供应链成员进行不同渠道选择时的渠道差异，及消费者双重偏好对于这种差异的影响，能够为闭环供应链中各成员的决策提供更加具有现实性和针对性的建议，帮助闭环供应链成员在新的市场变化中寻找合适的销售渠道。

为了研究考虑消费者双重偏好时，不同渠道选择下的最优决策差异、政府补贴作用差异和环境影响差异，本文依次构建了有、无政府对于制造商政府补贴的单、双两种销售渠道闭环供应链的四种理论模型。分别求解了不同模型中的定价决策、成员利润、环境影响等结果。对比分析了不同模型中的上述差异，并就消费者双重偏好对渠道差异产生的影响进行了分析。具体开展以下工作：

1. 构建政府补贴下考虑消费者双重偏好的闭环供应链模型，综合运用博弈论中的逆向归纳法以及优化理论中的 K－T 条件等运筹学方法，分别对有、无政府对于制造商政府补贴的单、双两种销售渠道闭环供应链定价决策问题进行求解。

2. 在政府补贴状态相同的情况下，比较分析不同渠道闭环供应链中的各项最优决策，探讨最优决策的渠道差异。

3. 分别对比两种渠道中的不同政府补贴情形下的最优决策，探讨政府补贴在具有两种不同销售渠道的闭环供应链中所起作用的差异。

4. 比较分析不同渠道闭环供应链中的环境影响程度，探讨环境影响的渠道差异。

5. 比较分析不同渠道闭环供应链中消费者双重偏好对最优决策、政府补贴作用、环境影响程度的影响，探讨消费者双重偏好对于渠道差异的影响。

12.2 模型假设及符号说明

本章分别研究考虑消费者双重偏好的由单一制造商和单一零售商组成的单、双两种渠道的单周期闭环供应链模型。其中，在单渠道模型中，制造商生产新产品和再造品两类产品并将其以不同的价格批发给零售商，再由零售商将两类产品销售给消费者，同时制造商委托零售商进行废旧品的回收并给予消费者一定的回收价格，再以适当的转移价格将废旧品回收回来进行再制造；在双渠道模型中，新产品仍然由制造商批发至零售商，然后由零售商进行销售，但是废旧品的回收和再造品的销售由制造商直接进行。在两种渠道中，政府为促进废旧品的回收和再造品的销售，对制造商进行补贴。政府补贴下单、双渠道的闭环供应链模型如图 12 -1 和图 12 -2 所示。

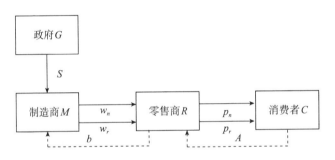

图 12 -1　政府补贴下单渠道闭环供应链模型

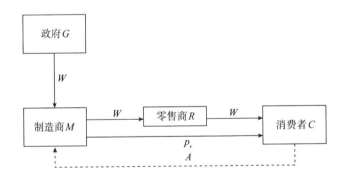

图 12 -2　政府补贴下双渠道闭环供应链模型

在第 10 章的基本假设和符号说明的基础上，本研究从模型构建的现实性和易处理性出发，进行如下假设：

假设 1：在闭环供应链中制造商与零售商之间存在着 Stackelberg 博弈，且制造商为市场的领导者，零售商为跟随者。制造商与零售商均为风险中性且二者之间信息完全对称。

假设2：本研究考虑单一产品，消费者选择购买一个新产品或一个再造品。回收的废旧品均可以通过处理加工为再造品，且1单位废旧品能且仅能生产1单位的再造品。

假设3：购买新产品的消费者在购买新产品时不会出售其废旧品；购买再造品的消费者在购买再造品的同时出售其废旧品。

康拉德（Conrad）的研究表明，不同产品由于其自身不同的生产和使用过程，具有不同的环境影响；邦塞尔等（Bansal et al.）在研究中假设产品的初始环境影响为 D，经过清洁技术处理后环境影响得到改善，具备了大小为 e 的环境友好性，所以，处理后产品的环境影响降低为 $D-e$。根据参考文献［91］、［183］和［284］，得到假设4。

假设4：消费者同时考虑产品的性能和环境两种属性。在产品性能方面，用 V 表示产品的性能属性，$V \in [0,1]$；δ 表示消费者出于性能属性对再造品的认可度，$\delta \in [0,1]$。在产品环境属性方面，假设单位产品初始环境影响为 D，代表该类产品在不经任何环保处理时由于材料开采、资源消耗、生产过程中的废气废水排放等对环境产生的污染，经过制造商的加工处理后，新产品和再造品具有了大小分别为 e_n 和 e_r 的环境友好性，所以单位新产品和再造品实际的环境影响分别为 $k_n = D - e_n$ 和 $k_r = D - e_r$，且 e_n、$e_r \in [0,D]$。由于再造品的原材料部分来源于回收的废旧品，而且在加工工艺上也不需要经过全部的工艺流程，因此材料的损耗及加工过程的能源消耗和废物排放会更少。如，汽车发动机的再制造过程可以节能60%，材料再利用率达到70%，废气排放减少80%。每生产10000台再制造发动机，节电1450万千瓦时，二氧化碳排放减少600吨，因此假设 $e_n < e_r$。

在现实中，由于几乎所有消费者在购买产品时都会首先考虑产品的性能和质量，但是消费者对于产品是否环保的重视程度不尽相同。为了表征这一特点同时简化模型的计算，参考文献［91］在考虑消费者双重偏好时假设消费者对环境质量的支付意愿满足区间上的均匀分布，根据参考文献［91］，得到假设 5。

假设 5：假设消费者对于单位环境属性的支付意愿为 θ，为产品的单位环境属性支付意愿的最大值为 d，θ 满足从 0 到 d 的均匀分布，即 $\theta \in [0, d]$。

本研究的变量符号定义如下：

制造商生产新产品和再造品的单位生产成本分别为 c_n 和 c_r。因为再造品可以利用废旧品中的残值，所以再造品单位成本低于新产品单位成本，即 $c_r < c_n$，同时假设 $c_r < c_n < V$，以表明生产过程带来的产品增值。

制造商批发新产品和再造品的单位批发价格分别为 w_n 和 w_r（w_r 仅存在于单渠道当中），零售商向消费者销售新产品的单位价格为 p_n，零售商分销或制造商直销的再造品的单位零售价为 p_r。

制造商从零售商处回收废旧品的单位转移价格为 b，零售商或制造商从消费者处回收废旧品的单位回收价格为 A。

由上述假设可知，购买新产品的消费者可获得的净效用函数为 $U_n = V + \theta e_n - p_n$，购买再造品的消费者可获得的净效用函数为 $U_r = \delta V + \theta e_r + A - p_r$，根据效用最大化原则，即当 $U_n > U_r$ 且 $U_n > 0$ 时，消费者更愿意购买新产品；当 $U_r > U_n$ 且 $U_r > 0$ 时，消费者更倾向于购买再造品。根据参考文献 [91，137] 等，由消费者净效用函数积分，可得到新产品和再造品的需求函数分别为

$$q_n = \frac{e_n p_r - e_r p_n + e_r V - e_n \delta V - e_n A}{d e_n (e_r - e_n)} \text{ 和 } q_r = 1 + \frac{p_n - p_r - V + \delta V + A}{d(e_r - e_n)}。$$

政府为鼓励再造品销售，根据再造品的生产量补贴制造商，每单位再造品补贴为 s。

在下文中，上述变量加上标"SN""SS""DN""DS"分别表示单渠道闭环供应链模型中无政府补贴、有政府补贴和双渠道闭环供应链模型中无政府补贴、有政府补贴的模型；加上标"*"表示该模型中的最优决策。

12.3   消费者双重偏好下单渠道闭环供应链的定价决策研究

12.3.1   无政府补贴下闭环供应链的定价决策研究

该情形中政府未对闭环供应链进行补贴，供应链主体为制造商和零售商。由于制造商为 Stackelberg 博弈的领导者，零售商为跟随者，所以决策顺序为制造商首先基于自身利润最大化确定新产品的和再造品的批发价格，之后零售商基于自身利润最大化的目的确定两种产品的销售价格。该模型中制造商和零售商的利润函数分别为：

$$\Pi_R^{SN}(p_n, p_r) = (p_n - w_n)\frac{e_n p_r - e_r p_n + e_r V - e_n \delta V - e_n A}{d e_n (e_r - e_n)} + (p_r - w_r - A +$$

$$b)(1 + \frac{p_n - p_r - V + \delta V + A}{d(e_r - e_n)}) \tag{12.1}$$

$$\Pi_M^{SN}(w_n, w_r) = (w_n - c_n)\frac{e_n p_r - e_r p_n + e_r V - e_n \delta V - e_n A}{d e_n (e_r - e_n)} + (w_r - c_r - b)$$

$$(1 + \frac{p_n - p_r - V + \delta V + A}{d(e_r - e_n)}) \tag{12.2}$$

命题 12.1   在单渠道闭环供应链无政府补贴模型中，式（12.1）和式（12.2）分别是关于 p_n、p_r，w_n、w_r 的严格凹函数，均存在唯一最优解，可采用逆向归纳法求得该模型中各自的最优决策，见表 12.1。

因为实际的闭环供应链中不会出现需求量为负的情况，为保证论文的严谨性以及最优解的有效性，新产品和再造品的市场需求 q_n 和 q_r 需满足 $q_n > q_r \geq 0$。需令 $(e_n + e_r)\overline{U_n} - 2e_n\overline{U_r} > 0$，$\overline{U_r} \geq \overline{U_n}$。

表 12 - 1　四种闭环供应链模型下的最优决策

	模型 SN	模型 SS	模型 DN	模型 DS
w_n	$\dfrac{\overline{U}_n}{2}+c_n$	$\dfrac{\overline{U}_n}{2}+c_n$	$\dfrac{\overline{U}_n}{2}+c_n$	$\dfrac{\overline{U}_n}{2}+c_n$
w_r	$\dfrac{\overline{U}_r}{2}+c_r+b$	$\dfrac{\overline{U}_r-s}{2}+c_r+b$	—	—
p_n	$\dfrac{3\overline{U}_n}{4}+c_n$	$\dfrac{3\overline{U}_n}{4}+c_n$	$\dfrac{3e_r\overline{U}_n-e_n\overline{U}_r}{4e_r}+c_n$	$\dfrac{3e_r\overline{U}_n-e_n(\overline{U}_r+s)}{4e_r}+c_n$
p_r	$\dfrac{3\overline{U}_r}{4}+c_r+A$	$\dfrac{3\overline{U}_r-s}{4}+c_r+A$	$\dfrac{\overline{U}_r}{2}+c_r+A$	$\dfrac{\overline{U}_r-s}{2}+c_r+A$
q_n	$\dfrac{e_r\overline{U}_n-e_n\overline{U}_r}{4de_n(e_r-e_n)}$	$\dfrac{e_r\overline{U}_n-e_n(\overline{U}_r+s)}{4de_n(e_r-e_n)}$	$\dfrac{e_r\overline{U}_n-e_n\overline{U}_r}{4de_n(e_r-e_n)}$	$\dfrac{e_r\overline{U}_n-e_n(\overline{U}_r+s)}{4de_n(e_r-e_n)}$
q_r	$\dfrac{\overline{U}_r-\overline{U}_n}{4d(e_r-e_n)}$	$\dfrac{(\overline{U}_r+s)-\overline{U}_n}{4d(e_r-e_n)}$	$\dfrac{\overline{U}_r-\overline{U}_n}{4d(e_r-e_n)}+\dfrac{\overline{U}_r}{4de_r}$	$\dfrac{\overline{U}_r-\overline{U}_n}{4d(e_r-e_n)}+\dfrac{\overline{U}_r}{4de_r}+\dfrac{2e_r-e_n}{4de_r(e_r-e_n)}s$
Π_R	$\dfrac{e_n\overline{U}_r^2+e_r\overline{U}_n^2-2e_n\overline{U}_n\overline{U}_r}{16de_n(e_r-e_n)}$	$\dfrac{e_n(\overline{U}_r+s)^2+e_r\overline{U}_n^2-2e_n\overline{U}_n(\overline{U}_r+s)}{16de_n(e_r-e_n)}$	$\dfrac{(e_r\overline{U}_n-e_n\overline{U}_r)^2}{16de_ne_r(e_r-e_n)}$	$\dfrac{(e_r\overline{U}_n-e_n\overline{U}_r)^2}{16de_ne_r(e_r-e_n)}-\dfrac{2e_ns(e_r\overline{U}_n-e_n\overline{U}_r)-e_n^2s^2}{16de_ne_r(e_r-e_n)}$
Π_M	$\dfrac{e_n\overline{U}_r^2+e_r\overline{U}_n^2-2e_n\overline{U}_n\overline{U}_r}{8de_n(e_r-e_n)}$	$\dfrac{e_n(\overline{U}_r+s)^2+e_r\overline{U}_n^2-2e_n\overline{U}_n(\overline{U}_r+s)}{8de_n(e_r-e_n)}$	$\dfrac{(e_r\overline{U}_n-e_n\overline{U}_r)^2}{8de_ne_r(e_r-e_n)}$	$\dfrac{(e_r\overline{U}_n-e_n\overline{U}_r)^2}{16de_ne_r(e_r-e_n)}+\dfrac{e_n\overline{U}_r(e_r-e_n)+e_re_r(\overline{U}_r-e_n)s}{4de_r(e_r-e_n)}+\dfrac{2e_r-e_n}{8de_r(e_r-e_n)}s$

注：$\overline{U}_n=de_n+V-c_n$，$\overline{U}_r=de_r+\delta V-c_r$。

12.3.2 政府补贴下闭环供应链的定价决策研究

该情形中政府对制造商进行一定额度的再造品生产补贴 S，制造商根据这一补贴以自身利润最大化为目标进行决策，制造商作为市场领导者先确定新产品及再造品的批发价格，零售商根据制造商决策确定两种产品销售价格。此时零售商利润函数不变，制造商利润函数为：

$$\Pi_M^{SS}(w_n, w_r) = (w_n - c_n) \frac{e_n p_r - e_r p_n + e_r V - e_n \delta V - e_n A}{de_n(e_r - e_n)} + (w_r - c_r - b +$$

$$s)(1 + \frac{p_n - p_r - V + \delta V + A}{d(e_r - e_n)}) \qquad (12.3)$$

命题 12.2 在单渠道闭环供应链有政府补贴模型中，零售商利润函数和制造商利润函数分别是关于 p_n、p_r w_n、w_r 的严格凹函数，均存在唯一最优解，可采用逆向归纳法求得该模型中各自的最优决策，见表 12.1。

12.4 消费者双重偏好下双渠道闭环供应链的定价决策研究

12.4.1 无政府补贴下闭环供应链的定价决策研究

该情形中政府未对闭环供应链进行补贴，供应链主体为制造商和零售商。制造商和零售商的决策顺序和 12.2.1 节一样，该模型中制造商和零售商的利润函数分别为：

$$\Pi_R^{DN}(p_n) = (p_n - w_n) \frac{e_n p_r - e_r p_n + e_r V - e_n \delta V - e_n A}{de_n(e_r - e_n)} \qquad (12.4)$$

$$\Pi_M^{DN}(w_n, p_r) = (w_n - c_n) \frac{e_n p_r - e_r p_n + e_r V - e_n \delta V - e_n A}{de_n(e_r - e_n)} + (p_r - c_r - A)$$

$$\left(1 + \frac{p_n - p_r - V + \delta V + A}{d(e_r - e_n)}\right) \qquad (12.5)$$

命题 12.3　在双渠道闭环供应链无政府补贴模型中，零售商利润函数和制造商利润函数分别是关于 p_n，w_n、p_r 的严格凹函数，均存在唯一最优解，可采用逆向归纳法求得该模型中各自的最优决策，见表 12.1。

12.4.2　政府补贴下闭环供应链的定价决策研究

本节在 12.3.1 节的基础上考虑了政府补贴，该模型中零售商的利润函数不变，制造商利润函数变为：

$$\Pi_M^{DS}(w_n - p_n) = (w_n - c_n)\frac{e_n p_r - e_r p_n + e_r V - e_n \delta V - e_n A}{d e_n (e_r - e_n)} + (p_r - c_r - A + s)$$

$$\left[1 + \frac{p_n - p_r - V + \delta V + A}{d(e_r - e_n)}\right] \tag{12.6}$$

命题 12.4　在双渠道闭环供应链有政府补贴模型中，零售商利润函数和制造商利润函数分别是关于 p_n，w_n、p_r 的严格凹函数，均存在唯一最优解，可采用逆向归纳法求得该模型中各自的最优决策，见表 12 - 1。

12.5　消费者双重偏好下闭环供应链的渠道差异对比分析

12.5.1　最优决策的渠道差异

为对比不同销售渠道闭环供应链的最优决策差异，本节在保持政府补贴状态相同的情况下，对比不同渠道闭环供应链中各项最优决策，得出如下结论：

结论 12.1　当政府补贴状态相同时，单、双渠道闭环供应链的最优价格、市场需求量分别满足如下关系：$w_n^{SN*} = w_n^{DN*}$、$w_n^{SS*} = w_n^{DS*}$、$p_n^{SN*} > p_n^{DN*}$、$p_n^{SS*} > p_n^{DS*}$，$p_r^{SN*} > p_r^{DN*}$，$p_r^{SS*} > p_r^{DS*}$；$q_n^{SN*} = q_n^{DN*}$、$q_n^{SS*} = q_n^{DS*}$、$q_r^{SN*} < q_r^{DN*}$、$q_r^{SS*} < q_r^{DS*}$、$q_n^{DN*} + q_r^{DN*} > q_n^{SN*} + q_r^{SN*}$、$q_n^{DS*} + q_r^{DS*} > q_n^{SS*} + q_r^{SS*}$。

证明：$p_n^{SN*} - p_n^{DN*} = \dfrac{e_n \overline{U_r}}{4e_r} > 0$、$p_n^{SS*} - p_n^{DS*} = \dfrac{e_n(\overline{U_r} + s)}{4e_r} > 0$、$p_r^{SN*} - p_r^{DN*}$

$= \dfrac{\overline{U_r}}{4} > 0$。

$$p_r^{SS*} - p_r^{DS*} = \dfrac{\overline{U_r} + s}{4} > 0、q_r^{SN*} - q_r^{DN*} = -\dfrac{\overline{U_r}}{4de_r} < 0、q_r^{SS*} - q_r^{DS*} =$$

$$-\left(\dfrac{\overline{U_r} - \overline{U_n}}{4de_r(e_r - e_n)} + \dfrac{s}{4de_r} \right) < 0。$$

$$q_n^{DN*} + q_r^{DN*} - (q_n^{SN*} + q_r^{SN*}) = \dfrac{\overline{U_r}}{4de_r} > 0、q_n^{DS*} + q_r^{DS*} - (q_n^{SS*} + q_r^{SS*}) = \dfrac{\overline{U_r} + s}{4de_r} > 0。$$

结论 12. 1 得证。

结论 12. 1 表明，当政府补贴状态相同时，双渠道中的两种产品的销售价格都低于单渠道。在市场需求方面，两种渠道的闭环供应链中，新产品的需求量相同，而双渠道比单渠道拥有更大的再造品需求量。所以，当政府补贴状态相同时，双渠道闭环供应链的市场总需求量大于单渠道闭环供应链，市场规模更大。

结论 12. 2　当政府补贴状态相同时，单、双渠道闭环供应链中各主体的利润满足如下关系：$\Pi_R^{SN*} > \Pi_R^{DN*}$、$\Pi_R^{SS*} > \Pi_R^{DS*}$；$\Pi_M^{SN*} < \Pi_M^{DN*}$、$\Pi_R^{SS*} < \Pi_R^{DS*}$；$\Pi_R^{DN*} + \Pi_M^{DN*} > \Pi_R^{SN*} + \Pi_M^{SN*}$；$\Pi_R^{DS*} + \Pi_M^{DS*} > \Pi_R^{SS*} + \Pi_M^{SS*}$。

证明：$\Pi_R^{SN*} - \Pi_R^{DN*} = \dfrac{\overline{U_r}^2}{16de_r} > 0$、$\Pi_R^{SS*} - \Pi_R^{DS*} = \dfrac{(\overline{U_r} + s)^2}{16de_r} > 0$；

$$\Pi_M^{SN*} - \Pi_M^{DN*} = \dfrac{\overline{U_r}^2}{8de_r} < 0，\Pi_M^{SS*} - \Pi_M^{DS*} = -\dfrac{(\overline{U_r} + s)^2}{8de_r} < 0；$$

$$\Pi_R^{DN*} - \Pi_M^{DN*} - (\Pi_R^{SN*} - \Pi_M^{SN*}) = \dfrac{\overline{U_r}^2}{16de_r} > 0、\Pi_R^{DS*} + \Pi_M^{DS*} - (\Pi_R^{SS*} + \Pi_M^{SS*})$$

$$= \dfrac{(\overline{U_r} + s)^2}{16de_r} > 0。$$

结论 12. 2 得证。

结论 12. 2 表明，当政府补贴状态相同时，双渠道闭环供应链与单渠道闭环供应链相比,零售商利润降低,制造商利润升高,但由于零售商利润的减少量小于制造商利润的增加量,因此供应链总体利润提高。

12.5.2 政府补贴作用的渠道差异

为了探究政府补贴在两种销售渠道闭环供应链中所起作用的异同,本节分别对比两种渠道中政府补贴前后闭环供应链的相关变化,得出如下结论:

结论12.3 两种渠道中,政府补贴 S 存在阈值 $\bar{s}$,且 $\bar{s}^{SS} > \bar{s}^{DS}$。

证明: 由 12.2.1 节中 $q_n > q_r \geqslant 0$ 的约束可知,在存在政府补贴的单、双渠道闭环供应链中,市场需求仍需要满足这一约束。由此可得到,政府补贴 S 存在阈值 $\bar{s}$,当补贴高于这一阈值时,$q_n < q_r$,不符合逻辑,政府会停止补贴。

根据该约束,可得到模型 SS 和 DS 中的补贴阈值分别为 $\bar{s}^{SS} = \dfrac{e_r + e_n}{2e_n}\overline{U_n} - \overline{U_r}$ 和

$$\bar{s}^{DS} = \frac{e_r^2 + e_n e_r}{3e_n e_r - e_n^2}\overline{U_n} - \overline{U_r}。$$

因为 $e_n < e_r$,那么 $2e_n e_r < 3e_n e_r - e_n^2$,所以 $\dfrac{e_r + e_n}{2e_n} > \dfrac{e_r^2 + e_n e_r}{3e_n e_r - e_n^2}$,由此可证明

$$\frac{e_r + e_n}{2e_n}\overline{U_n} - \overline{U_r} > \frac{e_r^2 + e_n e_r}{3e_n e_r - e_n^2}\overline{U_n} - \overline{U_r},\quad \text{即 } \bar{s}^{SS} > \bar{s}^{DS}。$$

结论 12.3 得证。

结论 12.3 表明,与单渠道闭环供应链相比,在双渠道闭环供应链中政府干预的阈值更低,即政府在单渠道中为促进再造品销售的最大努力程度更高。

结论12.4 两种渠道中有、无政府补贴闭环供应链的最优价格、市场需求量分别满足如下关系:$w_n^{SN*} = w_n^{SS*}$、$w_n^{DN*} = w_n^{DS*}$、$w_r^{SN*} > w_r^{SS*}$、$p_n^{SN*} = p_n^{SS*}$、$p_n^{DN*} > p_n^{DS*}$、$p_r^{SN*} > p_r^{SS*}$、$p_r^{DN*} > p_r^{DS*}$;$q_n^{SN*} > q_n^{SS*}$、$q_n^{DN*} > q_n^{DS*}$、$q_r^{SN*} < q_r^{SS*}$、$q_r^{DN*} < q_r^{DS*}$、$q_n^{SN*} + q_n^{SN*} = q_n^{SS*} + q_r^{SS*}$;$q_n^{DN*} + q_r^{DN*} < q_n^{DS*} + q_r^{DS*}$。

证明过程与结论 12.1 类似,结论 12.4 表明,在单渠道闭环供应链中,政府补贴不会影响新产品的零售价格,但是会降低再造品的零售价格。所以

再造品的销售量上升而新产品的销售量减少，但是二者变化量相同，不会改变总的市场需求量。

在双渠道闭环供应链中，政府补贴会同时降低两类产品的价格，但二者的销售量并没有都升高。原因在于再造品直销价格的降低量大于新产品销售价格的降低量，即政府补贴使再造品相较于新产品有了更大的竞争优势，所以新产品的销售量降低而再造品销售量升高，但再造品需求的提高量大于新产品需求的降低量，所以总的市场需求量扩大了。

所以说明在考虑消费者双重偏好的情况下，就市场规模而言，政府补贴在双渠道市场中更能发挥作用。

结论 12.5 两种渠道中有、无政府补贴的各闭环供应链主体的最优利润满足如下关系：$\Pi_R^{SN*} < \Pi_R^{SS*}$、$\Pi_R^{DN*} > \Pi_R^{DS*}$、$\Pi_M^{SN*} < \Pi_M^{SS*}$、$\Pi_M^{DN*} < \Pi_M^{DS*}$；$\Pi_R^{SS*} + \Pi_M^{SS*} + \Pi_R^{SN*} + \Pi_M^{SN*}$、$\Pi_R^{DS*} + \Pi_M^{DS*} > \Pi_R^{DN*} + \Pi_M^{DN*}$。

证明过程与结论 12.2 类似，结论 12.5 表明，在单渠道闭环供应链中，政府补贴会增加零售商利润，同时也会增加制造商利润，所以闭环供应链总体利润必然上升。

在双渠道闭环供应链中，政府补贴会降低零售商利润，但是会增加制造商利润，由于零售商利润的减少量小于制造商利润的增加量，所以闭环供应链的总体利润是增加的。

所以进一步得到，无论在单渠道还是双渠道，政府补贴都会扩大闭环供应链的总体利润，但是在双渠道中，补贴的同时也应该同时考虑到利润的分配问题。

12.5.3 环境影响的渠道差异

经过 12.4.1 节和 12.4.2 节的分析，得到了考虑消费者双重偏好时不同渠道最优决策的渠道差异和政府补贴作用的渠道差异。但是环境影响程度也是表征闭环供应链优劣的一个重要指标，因此本节将就单、双渠道闭环供应链环境影响程度的渠道差异进行分析。

由假设 3 和假设 4 可知, 闭环供应链的环境影响可以表示为:

$$\Pi_E^{i^*} = k_n q_n^{i^*} + k_r q_r^{i^*} = (D - e_n) q_n^{i^*} + (D - e_r) q_r^{i^*} \quad (12.7)$$

其中 $i = SN$, SS, DN, DS。

得到 $\Pi_E^{SN^*} = \dfrac{D\,\overline{U_n} - e_n\,\overline{U_r}}{4de_n}$; $\Pi_E^{SS^*} = \dfrac{D\,\overline{U_n} - e_n\,\overline{U_r}}{4de_n} - \dfrac{s}{4d}$; $\Pi_E^{DN^*} = \dfrac{D(e_r\,\overline{U_n} + e_n\,\overline{U_r})}{4de_n e_r} -$

$\dfrac{\overline{U_r}}{2d}$; $\Pi_E^{DS^*} = \dfrac{D(e_r\,\overline{U_n} + e_n\,\overline{U_r})}{4de_n e_r} - \dfrac{\overline{U_r}}{2d} + \dfrac{D - 2e_r}{4de_r}s$, 因此得到结论 12.6。

结论 12.6 四种模型中, 闭环供应链造成的环境影响满足以下关系:

$\Pi_E^{SS^*} < \Pi_E^{SN^*}$;

当 $\dfrac{D}{2} < e_r < D$ 时, $\Pi_E^{DS^*} < \Pi_E^{DN^*}$, 当 $e_n < e_r < \dfrac{D}{2}$ 时, $\Pi_E^{DS^*} > \Pi_E^{DN^*}$;

$\Pi_E^{DN^*} > \Pi_E^{SN^*}$; $\Pi_E^{DS^*} > \Pi_E^{SS^*}$。

证明: $\Pi_E^{SN^*} - \Pi_E^{SS^*} = \dfrac{s}{4d} > 0$;

$\Pi_E^{DS^*} - \Pi_E^{DN^*} = \dfrac{D - 2e_r}{4de_r}s$: 当 $e_r > \dfrac{D}{2}$ 时, $\dfrac{D - 2e_r}{4de_r}s < 0$, 当 $e_n < e_r < \dfrac{D}{2}$ 时, $\dfrac{D - 2e_r}{4de_r}s$

> 0;

$\Pi_E^{DN^*} - \Pi_E^{SN^*} = \dfrac{(D - e_r)\,\overline{U_r}}{4de_r} > 0$; $\Pi_E^{DS^*} - \Pi_E^{SS^*} = \dfrac{D - e_r}{4de_r}(\overline{U_r} + s) > 0$。

结论 12.6 得证。

结论 12.6 表明, 在单渠道中, 政府补贴会减少环境影响; 而在双渠道闭环供应链中, 环境影响程度的变化取决于制造商处理再造品的技术水平, 即再造品的环境友好性 e_r, 当 $\dfrac{D}{2} < e_r < D$ 时, 政府补贴可以减少环境影响, 反之, 当 $e_n < e_r < \dfrac{D}{2}$ 时则相反。

当两种渠道闭环供应链中的政府补贴状态相同时, 双渠道产生的环境影响高于单渠道。

结合 12.4.1 与 12.4.2 小节分析结论 12.6 说明:

在单渠道闭环供应链中, 虽然政府补贴没有扩大总的市场需求, 但是改变了市场中新产品与再造品的比例，即新产品需求降低，再造品需求升高；又因为相较于新产品，再造品具有更大的环境友好性（即 $e_n < e_r$），因此总的环境影响降低。

在双渠道闭环供应链中，政府补贴会降低新产品需求量，升高再造品需求量，扩大总的市场需求量。因此需要在因为总市场需求扩大带来的环境影响的加剧，与新产品、再造品市场比例变化带来的环境影响的缓解之间进行比较，最终体现在 e_r 与 $\frac{D}{2}$ 的关系上，当 $\frac{D}{2} < e_r < D$ 时，政府补贴会减少环境影响，反之会增大环境影响。

当两种渠道的闭环供应链中政府补贴状态相同时，两种渠道下新产品的需求量相同，而双渠道与单渠道相比具有更高的再造品需求量，那么就需要在保证新产品生产量不变的情况下生产更多的再造品，所以总环境影响必然加大。因此在设计销售渠道时，设计者应该在闭环供应链经济效益和环境影响之间进行权衡和取舍，兼顾经济的发展与环境的保护。

12.5.4 消费者双重偏好对于渠道差异的影响

上述分析揭示了不同销售渠道的闭环供应链在最优决策、政府补贴作用、环境影响等方面的差异，本小节将就消费者双重偏好对这些差异的影响进行分析。因为在相同的干预情形中得到的结论相似，为简化证明过程并压缩文章篇幅，以无政府干预的单、双渠道闭环供应链为例，分析得到如下结论：

结论 12.7 再造品性能属性认可度 δ 和环境友好性 e_r 对于单、双渠道闭环供应链中销售价格、需求量差异的影响情况如下：

(1) $\frac{\partial(p_n^{SN*} - p_n^{DN*})}{\partial \delta} > 0$；当 $\frac{c_r}{V} < \delta < 1$ 时，$\frac{\partial(p_n^{SN*} - p_n^{DN*})}{\partial e_r} < 0$，当 $0 < \delta < \frac{c_r}{V}$ 时，$\frac{\partial(p_n^{SN*} - p_n^{DN*})}{\partial e_r} > 0$；$\frac{\partial(p_r^{SN*} - p_r^{DN*})}{\partial \delta} > 0$，$\frac{\partial(p_r^{SN*} - p_r^{DN*})}{\partial e_r} > 0$。

(2) $\frac{\partial(q_n^{DN*} - q_n^{SN*})}{\partial \delta} = \frac{\partial(q_n^{DN*} - q_n^{SN*})}{\partial e_r} = 0$；$\frac{\partial(q_r^{DN*} - q_r^{SN*})}{\partial \delta} > 0$；当 $\frac{c_r}{V} < \delta <$

1 时，$\dfrac{\partial(q_r^{DN*} - q_r^{SN*})}{\partial e_r} < 0$，$\dfrac{\partial[(q_n^{DN*} + q_r^{DN*}) - (q_n^{SN*} + q_r^{SN*})]}{\partial e_r} < 0$，当 $0 < \delta <$

$\dfrac{c^r}{V}$ 时，$\dfrac{\partial(q_r^{DN*} - q_r^{SN*})}{\partial e_r} > 0$，$\dfrac{\partial[(q_n^{DN*} + q_r^{DN*}) - (q_n^{SN*} + q_r^{SN*})]}{\partial e_r} > 0$。

证明：（1）由 12.4.1 节可知，$p_n^{SN*} - p_n^{DN*} = \dfrac{e_n \overline{U_r}}{4e_r}$，所以 $\dfrac{\partial(p_n^{SN*} - p_n^{DN*})}{\partial \delta} = \dfrac{e_n}{4e_r}$

$V > 0$，而 $\dfrac{\partial(p_n^{SN*} - p_n^{DN*})}{\partial e_r} = \dfrac{e_n}{4e_r^2}(c_r - \delta V)$，当 $\dfrac{c_r}{V} < \delta < 1$ 时，$\dfrac{\partial(p_n^{SN*} - p_n^{DN*})}{\partial e_r} < 0$，

当 $0 < \delta < \dfrac{c_r}{V}$ 时，$\dfrac{\partial(p_n^{SN*} - p_n^{DN*})}{\partial e_r} > 0$。而 $p_r^{SN*} - p_r^{DN*} = \dfrac{\overline{U_r}}{4}$，那么 $\dfrac{\partial(p_r^{SN*} - p_r^{DN*})}{\partial \delta} -$

$\dfrac{V}{4} > 0$，$\dfrac{\partial(p_r^{SN*} - p_r^{DN*})}{\partial e_r} = \dfrac{d}{4} > 0$。同理可证（2）。

结论 12.7 得证。

结论 12.7 表明，性能属性认可度 δ 的提高会加大单、双渠道新产品的价格的渠道差异和再造品价格的渠道差异，同时也会加大再造品销售量的渠道差异，但不会拉大两种渠道新产品销售量的差异；新产品销售量的渠道差异也不受环境友好性 e_r 的影响，但是环境友好性 e_r 的提高会加大再造品价格的渠道差异，同时，新产品价格、再造品销售量以及闭环供应链总规模的渠道差异随 e_r 变化的情况与 δ 有关，当 δ 低于 $\dfrac{c_r}{V}$ 时，新产品价格的渠道差异、再造品销售量的渠道差异以及闭环供应链总规模的渠道差异都会随着 e_r 的增大而不断增大，但是当 δ 高于一定程度时 $\left(\dfrac{c_r}{V} < \delta < 1\right)$，$e_r$ 的提高不会再继续扩大上述三者的渠道差异，反而会降低其渠道差异。

结论 12.8 再造品性能属性认可度 δ 和环境友好性 e_r 对于单、双渠道闭环供应链各成员的利润差异的影响情况如下：

（1）$\dfrac{\partial(\Pi_R^{SN*} - \Pi_R^{DN*})}{\partial \delta} > 0$；若 $\dfrac{de_r + c_r}{V} > 1$，则 $\dfrac{\partial(\Pi_R^{SN*} - \Pi_R^{DN*})}{\partial e_r} > 0$，若 $\dfrac{de_r + c_r}{V}$

< 1，$\dfrac{\partial(\Pi_R^{SN*} - \Pi_R^{DN*})}{\partial e_r}$ 的大小与 δ 有关，当 $\delta < \dfrac{de_r + c_r}{V}$ 时，$\dfrac{\partial(\Pi_R^{SN*} - \Pi_R^{DN*})}{\partial e_r} > 0$，

当$\dfrac{de_r+c_r}{V}<\delta<1$时，$\dfrac{\partial(\Pi_R^{SN*}-\Pi_R^{DN*})}{\partial e_r}<0$。

（2）$\dfrac{\partial(\Pi_M^{DN*}-\Pi_M^{SN*})}{\partial\delta}>0$；若$\dfrac{de_r+c_r}{V}>1$，则$\dfrac{\partial(\Pi_M^{DN*}-\Pi_M^{SN*})}{\partial e_r}>0$，若$\dfrac{de_r+c_r}{V}$

<1，$\dfrac{\partial(\Pi_M^{DN*}-\Pi_M^{SN*})}{\partial e_r}$的大小与$\delta$有关，当$\delta<\dfrac{de_r+c_r}{V}$时，$\dfrac{\partial(\Pi_M^{DN*}-\Pi_M^{SN*})}{\partial e_r}>0$，

当$\dfrac{de_r+c_r}{V}<\delta<1$时，$\dfrac{\partial(\Pi_M^{DN*}-\Pi_M^{SN*})}{\partial e_r}<0$。

（3）$\dfrac{\partial[(\Pi_R^{DN*}+\Pi_M^{DN*})-(\Pi_R^{SN*}+\Pi_M^{SN*})]}{\partial\delta}>0$；若$\dfrac{de_r+c_r}{V}>1$，则

$\dfrac{\partial[(\Pi_R^{DN*}+\Pi_M^{DN*})-(\Pi_R^{SN*}+\Pi_M^{SN*})]}{\partial e_r}>0$，若$\dfrac{de_r+c_r}{V}<1$，

$\dfrac{\partial[(\Pi_R^{DN*}+\Pi_M^{DN*})-(\Pi_R^{SN*}+\Pi_M^{SN*})]}{\partial e_r}$的大小与$\delta$有关，当$\delta<\dfrac{de_r+c_r}{V}$时，

$\dfrac{\partial[(\Pi_R^{DN*}+\Pi_M^{DN*})-(\Pi_R^{SN*}+\Pi_M^{SN*})]}{\partial e_r}>0$，当$\dfrac{de_r+c_r}{V}<\delta<1$时，

$\dfrac{\partial[(\Pi_R^{DN*}+\Pi_M^{DN*})-(\Pi_R^{SN*}+\Pi_M^{SN*})]}{\partial e_r}<0$。

证明：（1）由12.4.1节可知，$\Pi_R^{SN*}-\Pi_R^{DN*}=\dfrac{\overline{U_r}^2}{16de_r}$，那么可以得到

$\dfrac{\partial(\Pi_R^{SN*}-\Pi_R^{DN*})}{\partial\delta}=\dfrac{\overline{U_r}V}{8de_r}>0$。$\dfrac{\partial(\Pi_R^{SN*}-\Pi_R^{DN*})}{\partial e_r}=\dfrac{\overline{U_r}}{16de_r^2}$（$de_r-\delta V+c_r$），当

$\dfrac{de_r+c_r}{V}>1$时，δ恒小于$\dfrac{de_r+c_r}{V}$，即$\dfrac{\partial(\Pi_R^{SN*}-\Pi_R^{DN*})}{\partial e_r}$恒大于0；当$\dfrac{de_r+c_r}{V}<1$

时，若$\delta<\dfrac{de_r+c_r}{V}$，则$de_r-\delta V+c_r>0$，即$\dfrac{\partial(\Pi_R^{SN*}-\Pi_R^{DN*})}{\partial e_r}>0$。同理，当

$\dfrac{de_r+c_r}{V}<\delta<1$时，$de_r-\delta V+c_r<0$，即$\dfrac{\partial(\Pi_R^{SN*}-\Pi_R^{DN*})}{\partial e_r}<0$，同理可证（2）

和（3）。

结论12.8得证。

结论 12.8 表明，零售商利润、制造商利润以及闭环供应链总利润的渠道差异会随着 δ 的增大而增大，而这三者的渠道差异随 e_r 的变化情况与 $\dfrac{de_r + c_r}{V}$ 和 δ 有关：当 $\dfrac{de_r + c_r}{V} > 1$ 或 $\dfrac{de_r + c_r}{V} < 1$ 且 $\delta < \dfrac{de_r + c_r}{V}$ 时，e_r 的增大会减小上述三者的渠道差异，当 $\dfrac{de_r + c_r}{V} < 1$ 且 $\dfrac{de_r + c_r}{V} < \delta < 1$ 时，e_r 的增大会增大上述三者的渠道差异。

综合分析结论 12.7 和结论 12.8 可知，虽然在闭环供应链领域双渠道相较于单渠道在价格、销售量、利润等方面存在优势，但是当考虑消费者双重偏好时，这些优势随消费者偏好的变化并非是常识认知下"偏好越大，优势越大"的关系，而是要综合考虑 δ、$\dfrac{c_r}{V}$、$\dfrac{de_r + c_r}{V}$ 等变量的关系。

结论 12.9　再造品性能属性认可度 δ 和环境友好性 e_r 对于单、双渠道闭环供应链环境影响渠道差异的作用为：$\dfrac{\partial(\Pi_E^{DN^*} - \Pi_E^{SN^*})}{\partial \delta} > 0$；当 $\dfrac{c_r}{V} < \delta < 1$ 时，$\dfrac{\partial(\Pi_E^{DN^*} - \Pi_E^{SN^*})}{\partial e_r} < 0$。

证明：由 12.4.3 节可知，$\Pi_E^{DN^*} - \Pi_E^{SN^*} = \dfrac{(D - e_r)\,\overline{U_r}}{4de_r}$，那么 $\dfrac{\partial(\Pi_E^{DN^*} - \Pi_E^{SN^*})}{\partial \delta} = \dfrac{D - e_r}{4de_r}V > 0$，$\dfrac{\partial(\Pi_E^{DN^*} - \Pi_E^{SN^*})}{\partial e_r} = -\dfrac{d\,(e_r^2 + \delta V - c_r)}{4de_r^2}$，当 $\dfrac{c_r}{V} < \delta < 1$ 时，$d\,(e_r^2 + \delta V - c_r) > 0$，即 $\dfrac{\partial(\Pi_E^{DN^*} - \Pi_E^{SN^*})}{\partial e_r} < 0$。

结论 12.9 得证。

结论 12.9 表明，双渠道相较于单渠道产生更大的环境影响，而这种环境影响的差距会随着再造品性能属性认可度 δ 的增大而加剧，但是当 δ 达到一定水平 $\left(\dfrac{c_r}{V} < \delta < 1\right)$ 时，提高环境友好性 e_r，可以削弱这种渠道差异。

结论 12.7 - 12.9 共同说明，若只考虑消费者对于再造品性能属性的认可度，随着认可度的提高，单、双渠道的渠道差异将会越来越显著，双渠道在价格、销售量、利润方面的优势将越发凸显，造成的环境影响也会越发严峻。但是当考虑消费者的双重偏好时，各个方面的渠道差异不再是简单的增大关系，而是由某些值和参数关系共同决定。因此无论是政府还是制造商，都不应该一味地追求双渠道带来的渠道优势，而是应该综合考虑消费者双重偏好所处的不同阶段，对应地做出决策。

12.6 本章小结

本研究从消费者对于产品性能和环境影响的两种偏好出发，构建了由单一制造商和单一零售商组成的四种不同的闭环供应链模型。通过对比最优决策、政府补贴作用、环境影响三方面的渠道差异，并分析消费者双重偏好对渠道差异的影响，得出如下结论：

1. 与单渠道闭环供应链相比，双渠道闭环供应链具有较低的新产品和再造品销售价格，以及相同的新产品销售量和更高的再造品销售量，也因此具有更大的系统规模和系统利润。但是在利润配比上，双渠道闭环供应链会使制造商利润增大，而零售商利润受损。

2. 政府补贴阈值在双渠道闭环供应链中更低。在单渠道闭环供应链中，政府补贴不会影响新产品的销售价格，只会降低再造品的销售价格，由此改变了新产品和再造品的市场比例，没有改变闭环供应链的系统规模。但是政府补贴能够同时提高零售商和制造商的利润，因此能有效增加闭环供应链的系统总利润，实现闭环供应链经济效益的增长。在双渠道闭环供应链中，政府补贴会同时降低新产品和再造品价格，从而扩大市场总需求量。在利润方面，政府补贴会降低双渠道闭环供应链中的零售商利润，增加制造商利润，由于前者小于后者，闭环供应链的总利润是增加的。

3. 在环境影响方面，当补贴状态相同时，双渠道闭环供应链比单渠道闭环供应链产生的环境影响更大。在同一渠道中，政府补贴会降低单渠道闭环供应链产生的环境影响，在双渠道中政府补贴发挥的作用取决于再造品的环境友好性的大小，当制造商的技术能够使再造品具有大于初始环境影响的一半的环境友好性时，政府补贴会降低闭环供应链的环境影响，反之会升高。

4. 消费者对于再造品性能属性偏好的提高会增大两种渠道各方面的渠道差异，但是当这种偏好位于不同区间时，再造品环境友好性会对渠道差异产生不同的影响，因此应该综合考虑两种偏好的不同组合，才能更为清楚地认识到单、双渠道的渠道差异。

第 13 章

结论与展望

13.1　研究结论

　　市场经济体制下，社会经济通过"看得见的手"和"看不见的手"相互作用而保持稳定，这只"看得见的手"指的就是政府的宏观调控。政府为使经济保持健康、快速、可持续发展，往往通过立法、财政或税收等调控工具，影响和引导企业或行业未来发展或创新的方向，实现其政策目标。然而近年来，因过度追求经济高速增长而造成的资源稀缺、环境污染、生态退化等问题日益严峻，引起世界各国政府的高度重视，如何实现经济结构的调整和经济的可持续发展成为各国政府关注的焦点。我国作为发展中的大国，资源初次利用率及再利用率低下，使得环境污染严重等问题更加突出。因此，探讨采取何种措施能够有效促进资源的回收再利用，进而实现经济和环境的可持续发展成为政府、企业界和学术界共同关心和重视的话题。鉴于此，我国"十二五"规划和中共十八大报告先后做出"发展循环经济、建设节约型社会"和"大力推进生态文明建设、推动资源利用方式根本转变"的战略决策。在此背景下，闭环供应链管理理论应运而生。显然，遵循循环经济理论，以最大化产品生命周期为目标的包含产品正向生产过程和逆向回收再利用过程的闭环供应链管理理论的提出，适应了这一经济和环境上的现实要求和发展趋势。

　　由于闭环供应链理论已被证明能够实现经济和生态效益的双赢，各国政府纷纷出台相关政策法规要求企业对废旧品进行回收再制造，实施闭环供应链管理。美国政府早在 1976 年就制定了《固体废弃物处置法》，随后又出台多种法律法规，对废旧家电回收中的设备、人员及回收率等进行了明确的规定；欧盟出台的 WEEE 指令规定在 2005 年以后，OEM 必须负责回收处理进入欧盟的废弃电器与电子产品，如果 OEM 不在本国，则相应的进口商和经销商必须负责废旧品的回收；日本也于 2011 年实施《家用电器回收法》，将家电生产企业必须承担回收和利用废旧家电的义务做了明文规定。在借鉴欧美、日本等发达国家对废旧品回收处理立法和实践经验的基础上，我国自 2003 年起也开始要求电子电器产品生产企业对其生产并被消费者使用后的废旧品的回收处理活动负责。2009 年颁布的《家电"以旧换新"实施办法》对具体的补贴方式、补贴对象及补贴标准等做出了明确的规定；2011 年，正式实施的《废弃电器电子产品回收处理管理条例》也明确指出国家建立废弃电器电子产品处理基金，用于补贴回收商回收废旧产品产生的生产经营费用；2013 年，财政部、工信部、商务部、发改委、质检总局等五部委下发的《关于印发再制造产品"以旧换再"试点实施方案的通知》同样极大地促进了废旧品的回收再制造和再造品的推广使用。以上世界各国出台的相关政策与法律法规均从政府的角度规定了企业必须进行回收处理的废旧品类型，有力地推动了废旧品的回收再利用，说明政府政策对闭环供应链系统及其参与成员的决策行为具有显著影响。同时，我国相关法律法规和政策措施的出台也表明我国废旧电子电器产品的回收再制造、再利用逐渐步入新的阶段。因此，研究政府政策作用下闭环供应链系统的最优决策以及探讨何种政府作用机制对促进废旧品回收再利用更具有效性等问题具有非常重要的现实意义和理论价值。

　　本书针对这些现象，综合运用博弈论、优化理论、机制设计理论、供应链契约协调理论和计算机模拟仿真技术等理论与方法，考虑了政府废旧品回收量奖惩、政府基金政策及政府再造品置换补贴三种资源回收政策对闭环供应链系统最优决策的影响，构建了资源回收政策闭环供应链的定价及契约协调定量化模型，并在政府补贴政策下双渠道销售进了研究。通过数值算例仿真分析，验证了本书模型构建的正确性并验证了资源回收政策干预对闭环供应链管理的有效性。通过本书的研究得到了以下几个方面的结论：

1. 在闭环供应链中，无论是从再制造行业的角度还是消费者的角度，都在市场结构为无领导者的情形下受益。在分散式决策下的闭环供应链总是存在"双重边际效应"问题，从而导致闭环供应链产生系统效率损失。数量折扣契约、两部收费契约和收益费用共享契约在协调分散式决策下的闭环供应链中的"双重边际效应"都是十分有效的。制造商与零售商综合当前市场权力状况，讨价还价后确定了契约中的参数以决定如何分配闭环供应链可获取系统的最优利润，如在数量折扣契约中利润分享的比例、两部收费契约中制造商与零售商固定转移的费用、收益费用共享契约中费用共享的比例。

2. 政府依据废旧品回收量进行奖惩下的闭环供应链，与无政府奖惩的闭环供应链对比，出现再造品销售价格降低、新产品的市场需求量会降低、再造品的市场需求量增大等有助于促进再造品销售和促进废旧品回收的效应。但当政府奖惩力度增大的同时，再造品批发价格上的提高比例也会大幅度增加，这将有损于零售商销售再造品，同时也会严重影响新产品的市场需求量，所以政府奖惩力度并非越大越好，找到一个合适的政府奖惩力度至关重要。

3. 基于《废弃电器电子产品处理基金征收使用管理办法》的闭环供应链系统，根据制造商的产品销售数量收取环境税，同时根据再制造商回收再制造的再造品数量予以处理补贴。政府税收补贴政策在促进废旧资源回收再利用中是十分有效的，可扩大再造品的市场占有率，激励制造商与再制造商的再制造活动，带动再制造行业的积极发展，推进资源回收再利用行业的大力发展。若政府结合产品价格引起的市场需求变化、两种产品之间相互替代程度等情况选取合适的环境税收与处理补贴大小及比值，该政策实施还会带动消费者、闭环供应链系统的利益。

4. 基于政府再造品置换补贴政策的闭环供应链，考虑了政府补贴零售商再造品销售行为的情况，且分别构建了政府再造品置换补贴单渠道和双渠道决策模型。发现闭环供应链系统及其参与成员受益或受损于政府再造品置换补贴，取决于政府再造品销售补贴的大小。政府通过设置合理的再造品置换补贴，可在提高闭环供应链系统及其参与成员经济效益的同时有效提高消费者利益和环保效益。且制造商若能授予零售商一定的再造品销售权或给予零售商一定的利益补偿来确保零售商的新产品销售积极性会更有益。

5. 基于政府再造品置换补贴政策的闭环供应链，在单渠道销售中考虑了销售努力、服务水平和公平关切对闭环供应链的影响。发现销售努力和服务水平的提升都能有效扩大再造品的市场需求。但随着销售努力和服务水平的提升而增加的成本，会降低零售商的积极性。在利润分配不均以及零售商的公平关切心理的双重作用下，零售商服务水平提升的积极性会进一步降低。且政府根据再造品的销售情况予以补贴，可以提高零售商的积极性，进一步扩大再造品的市场占有率以及市场总需求。

6. 综合前人的研究，研究政府双重干预对闭环供应链的影响，以及考虑消费者双重偏好的渠道差异，发现在政府双重干预下，两政策的干预效果会叠加，再造品价格和需求量会进一步上升。通过设计合理的干预力度和干涉阈值，可提高制造商利润和消费者剩余，实现全社会福利的增加。然后，通过对比不同的销售渠道发现，双渠道销售对市场规模、市场利润以及环境的影响都更大。同时，消费者性能认可度的提高会加大渠道差异，但环境友好性对于渠道差异的影响与性能认可度的大小有关。

13.2 研究展望

政府政策干预下闭环供应链管理是供应链管理领域一个比较新的研究方向，也是当前学术界和实业界开展理论研究和管理实践时所关注的热门话题。与传统闭环供应链相比，在系统组成以及成员所处环境上，政府干预下闭环供应链更为复杂。考虑到模型构建的易处理性，本书对资源回收政策下的闭环供应链进行了抽象和提炼，识别资源回收政策并分析其影响闭环供应链的作用机理，总结归纳了相关政策的模型化方式，演绎得到资源回收政策影响闭环供应链的模型化形式。但本书仍有考虑不周到地方，在今后的研究工作中，可从以下几方面进行拓展：

1. 从闭环供应链结构的角度

在闭环供应链的系统层级、各层级的成员数量、回收渠道模式等方面，除了由制造商和零售商组成的两级闭环供应链，或者由制造商、零售商和第三方回收商组成的三级供应链之外，现有的研究还将闭环供应链的结构拓展到由制造商、零售商、第三方回收商、再制造商、分销商、政府等成员组成的多层级系统，各层级的成员数量多于一个，且每个层级上的成员之间存在着不同的竞争关系（古诺竞争、伯川德竞争等），这就使得所构建的闭环供应链模型趋于复杂化，但同时也使得其更贴近闭环供应链的运营实际，决策结果也更具现实指导意义。在现有关于资源回收政策引导下闭环供应链的研究中，系统的层级结构较为简单，成员间的博弈关系较为单一，但通过借鉴传统供应链及闭环供应链的研究成果就可以比较容易在系统结构上进行创新，所以对闭环供应链系统结构的创新是一个较为基本的创新方式。

此外，在逆向物流回收网络设计中，主要集中于对单周期单目标的系统进行优化分析，而多周期多目标的研究较为少见。在产品生命周期方面，已经有研究将产品的生命周期扩展到两周期、多周期甚至是无限周期。其中，对两生命周期闭环供应链的研究多是指在第一个周期中只存在制造商和零售商，且制造商只利用原材料生产新产品。而从第二个周期开始，制造商在生产新产品的同时，也利用回收的废旧品进行再制造生产，此时闭环供应链的系统结构、博弈关系、成员间的竞争关系等情况会愈加复杂。而在多生命周期闭环供应链中，回流产品中的某些零部件可能就是回收再制造的零部件。对于这些零部件，它们事实上经历了多次产品生命周期，只是在不同的生命周期内其价值的部分被多次"重生"。在闭环供应链决策目标方面，现有研究大都在闭环供应链系统利润最大化的前提下进行决策，若以系统各成员的利益最大化进行决策往往会产生"双重边际效应"问题，并导致闭环供应链效益损失，故一般不将其作为决策的最终目标和决策重点。而考虑多周期多目标回收网络设计能兼顾各方的利益，更能反映现实回收网络的复杂性。尤其是在资源回收政策引导下，不仅要考虑闭环供应链系统利润最大化的目标，还要同时兼顾环境、政府、消费者等利益相关者的利益。而在这种思维模式下构建的闭环供应链模型，才能更贴近闭环供应链的实际所处的运营环境，其决策结果也能更有力地指导现实情况。

2. 从供应链成员行为和心理认知的角度

在闭环供应链管理实践中，研究者们发现，理论研究结果与企业管理实践存在着很大的差距，企业管理者所做出的决策往往与模型研究中给出的最优解存在一定差别，甚至存在矛盾。究其原因，是因为在传统的闭环供应链理论模型构建中，为了模型的易处理性，常常假设供应链中各决策主体是完全理性的。但行为理论的研究发现，企业或者个人在决策时会存在着一定的偏好或者感知，而完全假设决策主体为理性人会导致系统性的误差。因此，考虑决策者的行为和心理认知的前提下做出的闭环供应链研究决策才更有实践意义。随着行为科学在经济学、金融学等学科领域的广泛应用与交叉融合，开始有一部分学者考虑行为科学对运营管理、供应链系统的影响。行为供应链结合了社会心理学和认知心理学来研究闭环供应链主体的决策行为，将人的行为和心理感知考虑进去，研究这些因素对于供应链主体决策的影响作用机理。

已有的研究一般将供应链成员视为完全理性且不考虑被激励对象的一个群体。但是现实情况下，实践生产系统在受到行业、市场环境等宏观环境影响而呈现出不确定性的同时，还受到诸如决策者风险态度、止步行为、策略行为、原始设备制造商的议价行为等行为因素，以及碳税和消费者环保意识的影响，且供应链中的成员在关心自身所能获得收益的同时，也受到一定社会规范、自身主观决策倾向等因素的影响，具有一定的社会及行为偏好，如公平偏好、风险偏好、消费偏好、低碳偏好、个人偏好、互惠偏好、选择偏好、顾客异质性渠道偏好、奢侈与环保偏好、公共偏好、成员自信程度等。迄今为止，已有学者在供应链成员的某些行为和心理认知下对供应链及闭环供应链的决策问题展开了研究，但该类研究仍处于起步阶段，具有较大的拓展空间，所以考虑供应链成员的行为和心理认知对资源回收政策下闭环供应链决策结果的影响是未来研究中非常值得考虑的问题。

3. 从协调契约创新的角度

可协调传统正向供应链的契约除了两部收费契约、数量折扣契约、收益共享契约和收益费用共享契约之外，还存在着批发价契约、价格折扣契约、销量回扣契约、期权契约、备货契约、回购契约等其他类型的契约。现有的研究中，较为集中的使用以上几种契约或者契约组合进行协调，但是很少有文献对其他类型的契约进行改进或者组合来协调资源回收政策下闭环供应链。所以，根据其他类型契约的协调机理，设计能够协调资源回收政策下闭环供应链的契约，将是未来研究中值得深究的问题。

4. 从政策创新的角度

政府在闭环供应链的形成以及运营过程中起着非常重要的宏观调控作用，政府法律法规和环保政策对回收再制造的影响也是供应链管理领域值得关注的问题。特别是近年来，为了解决日益严重的环境污染和资源短缺问题，发展能够同时兼顾生态效益和经济效益的循环经济模式，政府制定和出台了许多与环保相关的制度和法规，且政府的不同作用机制和政策法规在促进参与成员改进处理技术、提高回收能力以及获取经济和环境效益等方面具有一定的差异性。目前，已有学者对政府回收约束、政府奖惩机制、回收管制政策、环境规制、财政补贴（包括以旧换新补贴）等法规政策作用下的闭环供应链定价决策问题展开了研究，其中有关奖励性政策的研究较多，而奖惩性和惩罚性政策的研究相对较少，且在政府作用机制下闭环供应链的协调机制较为单一。因此，在时刻关注政府出台的相关资源回收政策，并对其进行正确解读的基础上，参照国内外已有的参考文献，将新的政策法规定量化表示出来，构建政府不同作用机制下的闭环供应链决策模型，将是今后进一步研究的重要课题。

5. 从供应链绩效评价的角度

供应链绩效评价对于供应链存在问题的识别、结构的优化、运行效率的提高、战略目标的顺利实现都具有十分重要的意义。其实为大型且复杂的多维因素进行综合评价，评价方法有很多，如层次分析法、灰色关联法、模糊综合评价法、物元模型等。在这类文献中，既有通过理论推导的方式进行的研究，也有通过实证分析的方法开展的研究。

在资源回收政策下闭环供应链的研究过程中，为分析政府制度、企业运营中的相关因素以及供应链绩效的相关性，构建资源回收政策作用下闭环供应链系统的绩效评价模型。可以根据调研企业所在闭环供应链的具体特点，综合运用文献研读和专家咨询等方法从定性和定量两个方面来选择对应的评估方法和指标体系。结合企业的现实运营情况设计调查问卷，开展问卷调查、访谈等多种调研活动来获取数据资料，运用信度检验、因子分析、主成分分析、聚类分析、独立性分析、多元回归分析等方法对指标进行筛选，提取出关键指标构建评价指标体系，随后运用 AHP、模糊综合评判、神经网络和 DEA 等方法进行量化和度量，得出各指标的权重，并运用 SPSS 等软件对调查数据进行分析检验。通过实证研究的方法验证构建的指标评价体系及其评价方法的有效性，能较为真实地反映资源回收政策作用下企业的运营情况以及可改进空间，对完善所构建的政府政策作用下闭环供应链的绩效评价模型有实质性的帮助。虽然供应链绩效评价在研究方法上与以往有所不同，但是其研究结果却比通过数学推导得出的理论研究结果更具有实际应用价值，所以其也是未来研究中值得探索和研究的一个领域。

参考文献

[1] 崔培枝，姚巨坤，许艺，面向再制造全过程的权力 [J]. 新技术新工艺，2004，(7)：17－19.

[2] 达庆利，黄祖庆，张钦. 逆向物流系统结构研究的现状及展望 [J]. 中国管理科学，2004，12 (1)：131－138.

[3] 周垂日，梁樑，许传永. 逆向物流研究的新进展：文献综述 [J]. 科研管理，2007，28 (3)：123－132.

[4] 夏绪辉，刘飞. 逆向供应链物流的内涵及研究发展趋势 [J]. 机械工程学报，2005，41 (4)：103－109.

[5] 伍云山，张正祥. 逆向供应链的激励机制研究 [J]. 工业工程，2006，9 (1)：52－55.

[6] 邱若臻，黄小原. 闭环供应链结构问题研究进展 [J]. 管理评论，2007，19 (1)：49－55.

[7] 赵晓敏. 闭环供应链管理——我国电子制造业应对欧盟 WEEE 指令的管理变革 [J]. 中国工业经济，2004，(8)：48－55.

[8] 牟宗玉. 闭环供应链的契约协调及其应急管理模型研究 [D]. 大连理工大学，2014.

[9] 陈明明. 电子商务环境下时尚类电子产品的闭环供应链系统研究 [D]. 广东：华南理工大学硕士学位论文，2013.

[10] 葛静燕，黄培清. 价格相依的闭环供应链渠道选择和协调策略 [J]. 工业工程与管理，2007，12 (1)：29－34.

[11] 徐兵，吴明. 双渠道闭环供应链的三种回收模式的建模分析 [J]. 数学的实践与认识，2012，42 (11)：10－19.

[12] 王玉燕，李帮义，申亮．供应链、逆向供应链系统的定价策略模型 [J]．中国管理科学，2006，14（4）：40-45．

[13] 郭亚军，赵礼强，李绍江．随机需求下闭环供应链协调的收入费用共享契约研究 [J]．运筹与管理，2007，16（6）：15-20．

[14] 张威．政府约束下废旧家电回收再制造闭环供应链定价决策 [D]．华东交通大学，2014．

[15] 张克勇，周国华．零售商竞争环境下闭环供应链定价策略分析 [J]．管理，2008，17（6）：44-49．

[16] 孙嘉轶，滕春贤，陈兆波．基于回收价格与销售数量的再制造闭环供应链渠道选择模型 [J]．工程理论与实践，2013，33（12）：3079-3086．

[17] 李伟，孔造杰，肖美丹．3种混合回收渠道下的闭环供应链定价模型．[J]技术与生产现代化，2013，30（2）：25-36．

[18] 蔡海珠．回收政策对多竞争回收商闭环供应链影响研究 [D]．大连理工大学，2015．

[19] 史成东，陈菊红，钟麦英．Downside-risk测度下闭环供应链风险控制和利润分配机制研究 [J]．控制与决策，2009，24（11）：1693-1701．

[20] 徐兵，杨金梅．闭环供应链竞争下政府补贴效率研究 [J]．管理工程学报，2013，27（4）：178-185．

[21] 李新然，蔡海珠，牟宗玉．政府奖惩下不同权力结构闭环供应链的决策研究 [J]．科研管理，2014，35（8）：134-144．

[22] 李春惠．政府奖惩下不同权力结构闭环供应链决策研究 [D]．大连理工大学，2014．

[23] 顾巧论，高铁杠，石连栓．基于博弈论的逆向供应链定价策略分析 [J]．系统工程理论与实践，2005，（3）：20-25．

[24] 孙浩，达庆利．基于不同权力结构的废旧产品回收再制造决策分析 [J]．中国管理科学，2009（5）：104-112．

[25] 黄祖庆，达庆利．直线型再制造供应链决策结构的效率分析 [J]．管理科学学报，2006，9（4）：

[26] 晏妮娜, 强伟, 黄小原. 基于废钢回收的闭环供应链模型及协调研究 [J]. 管理工程学报, 2009, 23 (1): 158 - 162, 51 - 57.

[27] 郭亚军, 李少江, 赵礼强. 基于第三方的一类闭环供应链协调问题研究 [J]. 工业工程与管理. 2007 (5): 18 - 22.

[28] 黄祖庆, 易荣华, 达庆利. 第三方负责回收的再制造闭环供应链决策结构的效率分析 [J]. 中国管理科学, 2008, 16 (3): 73 - 77.

[29] 公彦德. 主导模式、回收补贴对闭环供应链决策、稳定性和效率的影响 [J]. 控制与决策, 2013, 28 (8): 1263 - 1272.

[30] 晏妮娜, 黄小原. 基于第三方逆向物流的闭环供应链模型及应用 [J]. 管理科学学报. 2008, 11 (4): 83 - 93.

[31] 陈菊红, 史成东, 郭福利. 第三方负责回收再制造闭环供应链契约设计 [J]. 工业工程与管理. 2010, 15 (2): 17 - 21.

[32] 房巧红, 陈功玉. 非营利性第三方在闭环供应链构建中的作用 [J]. 国际经贸探索, 2009, 25 (1): 75 - 79.

[33] 李新然, 胡鹏旭, 牟宗玉. 第三方回收闭环供应链协调应对突发事件研究 [J]. 科研管理, 2013, 34 (1): 99 - 107.

[34] 徐永锋. 随机需求下的第三方回收闭环供应链协调 [J]. 工业技术经济, 2012 (9): 66 - 67.

[35] 赵晓敏, 林英晖, 苏承明. 不同渠道权力结构下的 S - M 两级闭环供应链绩效分析 [J]. 中国管理科学, 2012, 20 (2): 78 - 86.

[36] 易余胤, 袁江. 渠道冲突环境下的闭环供应链协调定价模型 [J]. 管理科学学报, 2012, 15 (1): 54 - 65.

[37] 李伟, 孔造杰, 肖美丹. 混合渠道下闭环供应链回收与协调定价研究. [J]. 工业工程, 2013, 16 (5): 45 - 52.

[38] 张克勇, 周国华. 具有产品回收的闭环供应链差别定价策略研究 [J]. 数学的实践与认识, 2008, 38 (12): 19 - 25.

[39] 朱晓曦, 张潜. 闭环供应链差别定价效率分析与运作机制研究 [J]. 北京交通大学学报: 社会科学版, 2010, 9 (1): 41 - 45.

［40］王文宾，达庆利，聂锐. 考虑渠道权力结构的闭环供应链定价与协调 ［J］. 中国管理科学，2011（5）：29 – 36.

［41］郑克俊. 存在价格差异的闭环供应链定价策略及契约协调 ［J］. 运筹与管理，2012，21（1）：118 – 123.

［42］颜荣芳. 再制造闭环供应链最优差别定价模型 ［J］. 中国管理科学，2013，21（1）：90 – 97.

［43］黄永，达庆利. 基于制造商竞争和产品差异的闭环供应链结构选择 ［J］. 东南大学学报：自然科学版，2012，42（3）：576 – 582.

［44］刘家国，周学龙，赵金楼. 基于产品质量差异的闭环供应链定价策略与协调研究 ［J］. 中国管理科学，2013（S2）：426 – 431.

［45］关启亮，周根贵，曹柬. 具有政府回收约束的闭环供应链回收再制造决策模型 ［J］. 工业工程，2009，12（5）：40 – 44.

［46］聂佳佳，王文宾，吴庆. 奖惩机制对零售商负责回收闭环供应链的影响 ［J］. 工业工程与管理，2011，16（2）：52 – 59.

［47］周海云，杜纲，安彤. 政府干涉下双渠道营销的闭环供应链协调 ［J］. 华东经济管理，2014，28（1）：138 – 142.

［48］熊中楷，黄德斌，熊榆. 政府奖励条件下基于再制造的闭环供应链模式 ［J］. 工业工程，2011，14（2）：1 – 5.

［49］王玉燕. 政府干涉下双渠道回收的闭环供应链模型分析 ［J］. 运筹与管理，2012，21（3）：250 – 255.

［50］汪贤裕，肖玉明. 基于返回策略与风险分担的供应链协调分析 ［J］. 管理科学学报，2009（3）：65 – 70.

［51］安恰，骆建文. 基于价格折扣的易腐物品供应链库存的协作控制研究 ［J］. 管理工程学报，2008，21（4）：80 – 84.

［52］王冲，陈旭. 考虑期权合同的生鲜农产品供应链定价和协调 ［J］. 预测，2013，32（3）：76 – 80.

［53］泰勒尔. 产业组织理论 ［M］. 北京：中国人民大学出版社，1997.

［54］杨华. 闭环供应链的契约协调机制研究 ［D］. 吉林大学，2009.

[55] 邱若臻, 黄小原. 具有产品回收的闭环供应链协调模型 [J]. 东北大学学报 (自然科学版), 2007, 28 (6): 883 - 886.

[56] 易余胤, 梁家密. 奖惩机制下的闭环供应链混合回收模式 [J]. 计算机集成制造系统, 2014, 20 (1): 215 - 223.

[57] 王银河, 王旭. 随机需求和奖惩机制下的闭环供应链决策模型 [J]. 计算机应用研究, 2013, 30 (10): 2927 - 2931.

[58] 易余胤. 不同主导力量下的闭环供应链模型 [J]. 系统管理学报, 2010, 19 (4): 389 - 396.

[59] 易余胤. 具竞争零售商的再制造闭环供应链模型研究 [J]. 管理科学学报, 2009, 12 (6): 45 - 54.

[60] 易余胤. 基于再制造的闭环供应链博弈模型 [J]. 系统工程理论与实践, 2009, 29 (8): 28 - 35.

[61] 代鑫. 单回收渠道下闭环供应链的契约协调机制研究 [J]. 物流工程与管理, 2016, 38 (8): 65 - 66.

[62] 聂佳佳. 零售商信息分享对闭环供应链回收模式的影响 [J]. 管理科学学报, 2013, 16 (5): 69 - 82.

[63] 毕功兵, 王怡璇, 丁晶晶. 存在替代品情况下考虑消费者策略行为的动态定价 [J]. 系统工程学报, 2013, 28 (1): 47 - 54.

[64] 王玉燕. 需求与成本双扰动时闭环供应链的生产策略和协调策略 [J]. 系统工程理论与实践, 2013, 33 (5): 1149 - 1157.

[65] 孟卫东, 代建生, 熊维勤等. 基于纳什谈判的供应商—销售商联合促销线性合约设计 [J]. 系统工程理论与实践, 2013, 33 (4): 870 - 877.

[66] 何建佳, 徐福缘, 马庆国等. 非对称信息下存在逆向回流的供需网协调 [J]. 系统管理学报, 2013, 22 (1): 67 - 73.

[67] 谭建, 王先甲. 基于闭环供应链的零售商回收广告决策 [J]. 系统管理学报, 2013, 22 (4): 567 - 572.

[68] 韩小花, 董振宁. 双边竞争型闭环供应链回收渠道的决策分析 [J]. 工业工程, 2010, 13 (4): 23 - 27.

[69] 谢家平，迟琳娜，梁玲. 基于产品质量内生的制造/再制造最优生产决策 [J]. 管理科学学报，2012，15（8）：12-23.

[70] 王福寿，马士华，杜旌. 价格对时间敏感时的供应链响应时间决策研究 [J]. 物流技术，2005（7）：64-67.

[71] 公彦德，李帮义，刘涛. 三级闭环供应链系统的定价、回购及协调策略 [J]. 管理科学，2008，21（2）：26-31.

[72] 侯云章，戴更新，刘天亮等. 闭环供应链下的联合定价及利润分配策略研究 [J]. 物流技术，2004（6）：50-52.

[73] 陈军，田大钢. 闭环供应链模型下的产品回收模式选择 [J]. 中国管理科学，2017（1）：88-97.

[74] 卢荣花，李南. 电子产品闭环供应链回收渠道选择研究 [J]. 系统工程理论与实践，2016，36（7）：1687-1695.

[75] 王玉燕，李璟. 网络平台回收视角下电器电子产品E-闭环供应链的定价、回收与协调研究 [J]. 山东财政学院学报，2016，28（2）：88-98.

[76] 李建斌，朱梦萍，戴宾. 基于在线报价与固定价格的闭环供应链最优决策研究 [J]. 中国管理科学，2016，24（10）：105-116.

[77] 刘光富，刘文侠. 双渠道再制造闭环供应链差异定价策略 [J]. 管理学报，2017（4）.

[78] 梁喜，郭瑾. 网上代销双渠道闭环供应链的定价与协调决策 [J]. 商业研究，2017，59（2）：1-11.

[79] 徐兵，吴明. 双营销渠道闭环供应链决策模型与协调 [J]. 西南交通大学学报，2012，47（6）：1041-1048.

[80] 洪宪培，王宗军，赵丹. 闭环供应链定价模型与回收渠道选择决策 [J]. 管理学报，2012，9（12）：1848-1855.

[81] 许茂增，唐飞. 基于第三方回收的双渠道闭环供应链协调机制 [J]. 计算机集成制造系统，2013，19（8）：2083-2089.

[82] 唐秋生，任玉珑，王勇等. 需求不确定的双源双渠道闭环供应链库存优化模型 [J]. 预测，2011，30（4）：30-35.

[83] 叶俊，孙浩. 不同回收成本结构下考虑参考价格的闭环供应链定价策略 [J]. 物流科技，2017，40 (1)：124 - 129.

[84] 张成堂，杨善林. 双渠道回收下闭环供应链的定价与协调策略 [J]. 计算机集成制造系统，2013，19 (7)：1676 - 1683.

[85] 陈娟，季建华，李美燕. 基于再制造的单双渠道下高残值易逝品闭环供应链管理 [J]. 上海交通大学学报，2010，44 (3)：354 - 359.

[86] 李新然，吴义彪. 以旧换再补贴对双渠道销售闭环供应链的影响 [J]. 科研管理，2015，36 (9)：106 - 118.

[87] 李向荣，张克勇. 基于市场需求增加的双渠道闭环供应链定价机制研究 [J]. 运筹与管理，2015，24 (4)：58 - 67.

[88] 李晓婧，郭春芳，兰洪杰. 低碳经济环境下双渠道闭环供应链网络均衡模型 [J]. 统计与决策，2016 (17)：173 - 178.

[89] 马文波，唐飞. 电子商务环境下双渠道闭环供应链协调定价模型 [J]. 物流技术，2014 (11)：412 - 414.

[90] 李奔波，吴海滨. 双渠道回收的闭环供应链模型以及协调 [J]. 物流技术，2014 (5)：361 - 363.

[91] 陈晓红，汪继，王傅强. 消费者偏好和政府补贴下双渠道闭环供应链决策研究 [J] 系统工程理论与实践，2016，36 (12)：3111 - 3122.

[92] 刘勇，熊中楷. 新产品分销下再制造产品直销与分销渠道研究 [J]. 工业工程与管理，2011，16 (4)：40 - 45.

[93] 于春海，李想. 闭环供应链双渠道回收系统定价机制与协调策略 [J]. 东北大学学报 (自然科学版)，2014，35 (9)：1360 - 1363.

[94] 林杰，曹凯. 双渠道竞争环境下的闭环供应链定价模型 [J]. 系统工程理论与实践，2014，34 (6)：1416 - 1424.

[95] 韩小花. 基于制造商竞争的闭环供应链回收渠道的决策分析 [J]. 系统工程，2010 (5)：36 - 41.

[96] 张维霞，郭军华，朱佳翔. 政府约束下的双渠道再制造闭环供应链定价决策 [J]. 华东交通大学学报，2015 (2)：78 - 86.

[97] 郑继明，李超. 市场竞争对于闭环供应链回收渠道选择的影响研究 [J]. 科学技术与工程，2012，12（14）：3419 – 3423.

[98] 王伟. 闭环供应链渠道最优选择问题研究 [D]. 吉林大学，2011.

[99] 郑本荣，杨超，杨珺等. 闭环供应链的销售渠道选择与协调策略研究 [J]. 系统工程理论与实践，2016，36（5）：1180 – 1192.

[100] 孙嘉轶，滕春贤，陈兆波. 基于回收价格与销售数量的再制造闭环供应链渠道选择模型 [J]. 系统工程理论与实践，2013，33（12）：3079 – 3086.

[101] 周雄伟，熊花纬，陈晓红. 基于回收产品质量水平的闭环供应链渠道选择模型 [J]. 控制与决策，2017，32（2）：193 – 202.

[102] 宋敏，黄敏，王兴伟. 基于链链竞争的闭环供应链渠道结构选择策略 [J]. 控制与决策，2013（8）：1247 – 1252.

[103] 杜言航. 制造商竞争的闭环供应链回收渠道选择及协调策略研究 [D]. 华东交通大学，2015.

[104] 彭敏. 零售商建构竞争型闭环供应链回收渠道策略探析 [J]. 商业经济研究，2016（8）：115 – 116.

[105] 石磊. 闭环供应链中的渠道设计与再制造产品定价 [D]. 西南财经大学，2010.

[106] 肖亚倩，赵静，李丹. 零售商再制造的闭环供应链回收渠道选择 [J]. 哈尔滨商业大学学报：自然科学版，2016，32（6）.

[107] 樊松，张敏洪. 闭环供应链中回收价格变化的回收渠道选择问题 [J]. 中国科学院大学学报，2008，25（2）：151 – 160.

[108] 舒秘，聂佳佳. 产能约束对闭环供应链回收渠道选择的影响 [J]. 运筹与管理，2015，24（4）：52 – 57.

[109] 余福茂，钟永光，沈祖志. 考虑政府引导激励的电子废弃物回收处理决策模型研究 [J]. 中国管理科学，2014，22（5）：131 – 137.

[110] 汪翼，孙林岩，李刚，闭环供应链的回收责任分担决策 [J]. 系统管理学报，2009，18（4）：378 – 384.

[111] 王文宾，达庆利. 奖惩机制下电子类产品制造商回收再制造决策模型 [J]. 中国管理科学，2008，16 (5): 57 - 63.

[112] 罗春林. 基于政府补贴的电动汽车供应链策略研究 [J]. 管理评论，2014，26 (12): 198 - 205.

[113] 马卫民，赵璋. 以旧换新消费比例对闭环供应链的影响 [J]. 运筹与管理，2014，23 (4): 12 - 18.

[114] 曹柬，胡强，吴晓波. 基于 EPR 制度的政府与制造商激励契约设计 [J]. 系统工程理论与实践，2013，33 (3): 610 - 621.

[115] 高举红，王海燕，孟燕莎. 基于补贴与碳税的闭环供应链定价策略 [J]. 工业工程，2014，17 (3): 61 - 67.

[116] 何文胜，马祖军. 废旧家电回收主体的利益和责任分析 [J]. 中国人口: 资源与环境，2009，19 (2): 104 - 108.

[117] 朱培武. 我国废旧家电及电子产品回收处理现状及对策 [J]. 再生资源与循环经济，2010，3 (1): 32 - 35.

[118] 计国君，黄位旺. 回收条例约束下的再制造供应链决策 [J]. 系统工程理论与实践，2010，30 (8).

[119] 白少布，刘洪. 基于 EPR 制度的闭环供应链协调机制研究 [J]. 管理评论，2011，23 (12): 156 - 165.

[120] 周杰，陶晓芳等. 生产者责任延伸制下销售 - 回收型闭环供应链收益共享契约研究 [J]. 科学决策，2016 (2): 39 - 57.

[121] 张曙红，初叶萍. 考虑政府约束的再制造闭环供应链差别定价博弈模型 [J]. 运筹与管理，2014，23 (3): 119 - 126.

[122] 王文宾，达庆利，孙浩. 再制造逆向供应链协调的奖励与奖惩机制设计 [J]. 中国管理科学，2009，17 (5): 46 - 52.

[123] 王文宾，陈翔东，达庆利等. 制造商竞争环境下逆向供应链的政府奖惩机制研究 [J]. 运筹与管理，2014，23 (3): 136 - 145.

[124] 王文宾，达庆利. 考虑政府引导的电子类产品逆向供应链奖惩机制设计 [J]. 中国管理科学，2010，18 (2): 62 - 67.

[125] 李新然, 陈蓉. 基于政府基金政策的再制造闭环供应链最优决策研究 [J]. 管理评论, 2015, 27 (10): 183 - 194.

[126] 关于开展第二批再制造试点验收工作的通知 (发改办环资 [2016] 1362 号) [EB/OL]. [2016 - 5 - 30]. http://www.sdpc.gov.cn/zcfb/zcfbtz/201606/t20160612_806945.html.

[127] 李新然, 吴义彪. 政府"以旧换再"补贴下的差别定价闭环供应链 [J]. 系统工程理论与实践, 2015 (8): 1983 - 1995.

[128] 李辉, 汪传旭. 政府补贴下双渠道销售与回收闭环供应链决策分析 [J]. 商业研究, 2016 (5): 162 - 170.

[129] 许茂增, 唐飞. 考虑消费者偏好的闭环供应链差别定价模型 [J]. 计算机集成制造系统, 2014 (4): 945 - 954.

[130] 商务部流通业发展司. 中国再生资源回收行业发展报告2017 [EB/OL]. http://ltfzs.mofcom.gov.cn/article/date/201705/20170502568040.shtml, 2017 - 05 - 02.

[131] 杨浩雄, 孙丽君, 孙红霞. 服务合作双渠道供应链中的价格和服务策略 [J]. 管理评论, 2017, 29 (5): 183 - 191.

[132] 王玉燕, 李璟. 公平关切下基于网络平台销售, 回收的E-闭环供应链的主导模式研究 [J]. 中国管理科学, 2018, 26 (1): 139 - 151.

[133] 马雪松, 陈荣秋. 基于公平关切和服务合作价值的服务供应链应急协调策略 [J]. 控制与决策, 2017, 32 (6): 1047 - 1056.

[134] 王文宾, 达庆利. 奖惩机制下具竞争制造商的废旧产品回收决策模型 [J]. 中国管理科学, 2013, 21 (5): 50 - 56.

[135] 王文宾, 张雨, 范玲玲, 何凌云, 达庆利. 不同政府政策目标下逆向供应链的奖惩机制研究 [J]. 中国管理科学, 2015, 23 (7): 68 - 76.

[136] 黄建华. 政府双重干预下基于渠道商价格欺诈的农产品交易演化博弈模型 [J]. 中国管理科学, 2016, 24 (11): 66 - 72.

[137] 李新然, 左宏炜. 政府双重干预对双销售渠道闭环供应链的影响 [J]. 系统工程理论与实践, 2017, 37 (10): 2600 - 2610.

[138] 人民网. 大众一汽发动机 (大连) 公司再制造项目投产 [EB/

OL]. [2018 – 07 – 03] http：//auto. people. com. cn/GB/14555/15522960. html

[139] 郝应征，梁文萍，许宝兴. 世界电子垃圾回收处理动态 [J]. 电子工艺技术，2006，27（1）：4 – 7.

[140] 陈小怡，李世建，何建敏等. WEEE 和 RoHS：欧盟"双绿"指令下我国相关行业的困境与对策 [J]. 国际贸易问题，2007，289（1）：54 – 58.

[141] 中国科学院可持续发展战略研究组.2006 中国可持续发展战略报告 [R]. 北京：科学出版社，2006.

[142] 高阳，周向红，李辉. 基于动态定价的再制造商主导的多周期多目标产品回收网络设计 [J]. 运筹与管理，2014，23（3）：64 – 70.

[143] 黄永，孙浩，达庆利. 制造商竞争环境下基于产品生命周期的闭环供应链的定价和生产策略研究 [J]. 中国管理科学，2013，21（3）：96 – 103.

[144] 林欣怡，黄永，达庆利. 两周期零售商竞争下的闭环供应链的定价和协调策略研究 [J]. 运筹与管理，2013，22（2）：27 – 33.

[145] 贺超，庄玉良. 基于产品多生命周期的闭环供应链信息采集与共享 [J]. 中国流通经济，2012（9）：44 – 48.

[146] 高阳，周向红，李辉. 基于动态定价的再制造商主导的多目标产品回收网络设计 [J]. 运筹与管理，2014，23（3）：64 – 70.

[147] 孟庆峰，李真，陈敬贤. 不公平厌恶影响下的零售商销售努力自组织演化 [J]. 运筹与管理，2014，23（3）：219 – 225.

[148] 刘咏梅，李立，刘洪莲. 行为供应链研究综述 [J]. 中南大学学报（社会科学版），2001，17（1）：80 – 88.

[149] 冯艳刚，李健，吴军. 考虑消费者止步行为的供应链回购契约研究 [J]. 2014，26（8）：181 – 187.

[150] 官振中，任建标. 存在策略消费者的动态定价策略 [J]. 系统工程理论与实践，2014，34（8）：2018 – 2024.

[151] 杨光勇，计国君. 战略顾客行为对竞争性供应链绩效的影响 [J]. 系统工程理论与实践，2014，34（8）：1998 – 2006.

[152] 陈志明，陈志祥. 议价的 OEM 供应链在随机需求下的协调决策

[J]．管理科学学报，2014，17（5）：43 – 51.

[153] 熊中楷，张盼，郭年．供应链中碳税和消费者环保意识对碳排放影响 [J]．2014，34（9）：2246 – 2252.

[154] 许民利，沈家静．公平偏好下制造商收益分享与供应商质量投入研究 [J]．系统管理学报，2014，23（1）：30 – 35.

[155] 刘新民，刘晨曦，纪大琳．基于公平偏好的三阶段锦标激励模型研 [J]．运筹与管理，2014，23（3）：257 – 263.

[156] 查勇，宋阿丽，杨宏林，梁樑．考虑决策者风险偏好的机会约束 DEA 模型 [J]．管理科学学报，2014，17（1）：11 – 20.

[157] 谢家平，迟琳娜，梁玲，李仲．广告影响消费偏好下制造/再制造的产量——价格优化决策 [J]．2014，14（3）：30 – 41.

[158] 赵道致，原白云，徐春秋．考虑消费者低碳偏好未知的产品线定价策略 [J]．系统工程，2014，32（1）：77 – 81.

[159] 张华军，赵金，罗慧，解相朋．基于个人偏好的多目标优化问题目标权重计算方法 [J]．控制与决策，2014，29（8）：1471 – 1476.

[160] 林润辉，侯如靖．互惠偏好对回购契约协调效果和决策行为影响 [J]．工业工程与管理，2014，19（1）：85 – 90.

[161] 郭捷．顾客选择偏好下的供应链竞争的随机用户均衡模型 [J]．运筹与管理，2013，22（6）：105 – 109.

[162] 申成霖，侯文华，张新鑫．顾客异质性渠道偏好下横向竞争对零售商混合渠道模式的价值 [J]．系统工程理论与实践，2013，33（12）：3608 – 3078.

[163] 丁雪峰，但斌，何伟军．考虑奢侈与环保偏好的再制造品最优定价策略 [J]．中国管理科学，2013，21（5）：94 – 102.

[164] 傅强，朱浩．基于公共偏好理论的激励机制研究 [J]．管理工程学报，2014，28（3）：190 – 195.

[165] 徐玉发，刘哲睿，王海娟．信息不对称下具有过度自信零售商的供应链激励契约研究 [J]．运筹与管理，2014，23（3）：113 – 118.

[166] 王旭，张男，王银河．价格折扣契约下应对突发事件下的闭环供

应链协调策略 [J]. 计算机集成制造系统, 2012, 29 (7): 2450 – 2453.

[167] 吴忠和, 陈宏. 需求和生产成本同时扰动下供应链期权契约应对突发事件 [J]. 中国管理科学, 2013, 21 (4): 98 – 104.

[168] 韩允芳. 财政补贴对再制造闭环供应链博弈模型的影响研究 [D]. 北京: 北京工商大学, 2010.

[169] 周占峰. 政府补贴下再制造逆向供应链产品回收定价策略研究 [J]. 物流技术, 2012, 31 (10): 122 – 123.

[170] 宋香暖. 层次分析法在集成供应链整体绩效评价中的应用 [J]. 天津商业大学学报, 2008, 28 (3): 27 – 32.

[171] 赵红梅, 马胜利, 范建年. 应用改进的灰关联法对供应链绩效评价的研究 [J]. 山西科技, 2007 (1): 88 – 90.

[172] 张天平. 供应链绩效指标模糊综合评价模型 [J]. 统计与决策, 2009 (22): 68 – 70.

[173] 葛安华, 姚向南, 战智强. 基于物元模型的供应链绩效评价研究 [J]. 工业工程与管理, 2014, 19 (3): 40 – 46.

[174] Kerr W, Ryan C. coefficiency Gains from Remanufacturing: a Case Study of Photocopier Remanufacturing at Fuji Xerox Australia [J]. *Journal of cleaner production*, 2001, 9 (1): 75 – 81.

[175] Subramanian R, Ferguson M E, Beril Toktay L. Remanufacturing and the Component Commonality Decision [J]. *Production and Operations Management*, 2013, 22 (1): 36 – 53.

[176] Ginter P M, Starling J M. Reverse Distribution Channels for Return [J]. *California Management Review*, 1978, 20 (3): 72 – 81.

[177] Stock J R. Reverse logistics [M]. Oak Brook Illinois, IL: Council of Logistics Management, 1992: 1 – 10.

[178] Pohlen T L, Farris M T. Reverse Logistics in Plastics Recycling [J]. *International Journal of Physical Distribution & Logistics Management*, 1992, 22 (7): 35 – 47.

[179] Carter C R, Ellram L M. Reverse Logistics: a Review of the Literature and Framework for Future Investigation [J]. *Journal of business Logistics*, 1998, 19 (1): 85 – 102.

[180] Rogers D S, Tibben-Lembke R S. Going Backwards: Reverse Logistics Trends and Practices. Pittsburgh, PA: [J]. *Reverse Logistics Executive Council*, 1999: 15 – 20.

[181] Guide V D R, Luk N Van W. The Reverse Supply Chain [J]. *Harvard Business Review*, 2002, 80 (2): 25 – 26.

[182] Bok C, Nilsson J, Masui K, et al. An International Comparison of Product End-of-life Scenerios and Legislation for Consumer Electronics [C]. IEEE International Symposium on Electronics & the Environment, IEEE, 1998.

[183] EU (European Union). Proposal for a Directive on Waste from Electrical and Electronic Equipment [R]. European Union, Brussels, 2000.

[184] Gold J. The pioneers [J]. *Financial world*, 1990 (1): 56 – 58.

[185] Fleischmann, M. , Reverse Logistics Network Structures and Design [D]. ERIM Report Series Research in Management, 2001.

[186] Wassenhove L V. Design of Closed Loop Supply Chains: A Production and Return Network for Refrigerators [C]. Erasmus Research Institute of Management (ERIM), ERIN is the joint research institute of the Rotterdam School of Management, Erasmus University and the Erasmus School of Economics (ESE) at Erasmus University Rotterdam, 2001.

[187] Guide V D R, Jayaraman V, Linton J D. Building Contingency Planning for Closed-loop Supply Chains with Product Recovery [J]. *Journal of operations Management*, 2003, 21 (3) .

[188] Xia Wen-hui, Jia Dian-yan, He Yu-ying. The Remanufacturing Reverse Logistics Management Based on Closed-loop Supply Chain Management Processes [J]. *Procedia Environmental Sciences*, 2011 (11): 351 – 354.

[189] Guide V D R, Van Wassenhove L N. OR FORUM-the Evolution of Closed-

loop Supply Chain Research [J]. *Operations Research*, 2009, 57 (1): 10 – 18.

[190] Geyer R, Jackson T. Supply Loops and Their Constraints: the Industrial Ecology of Recycling and Reuse [J]. *California Management Review*, 2004, 46 (2): 55 – 73.

[191] Seitz M A. A Critical Assessment of Motives for Product Recovery: the Case of Engine Remanufacturing [J]. *Journal of Cleaner Production*, 2007, 15 (11): 1147 – 1157.

[192] Yang W, Zeng Y, Wu Y. Research on Factors that Affect the Eco-efficiency of Remanufacturing Closed-loop Supply Chain [J]. *Contemp Logistics*, 2011, 2: 75 – 80.

[193] Savaskan R C, Bhattacharya S, Van Wassenhove L N. Closed-loop Supply Chain Models with Product Remanufacturing [J]. *Management science*, 2004, 50 (2): 239 – 252.

[194] Hong I H, Yeh J S. Modeling Closed-loop Supply Chains in the Electronics Industry: A Retailer Collection Application [J]. Transportation Research Part E, 2012, 48 (4): 817 – 829.

[195] De Giovanni P, Zaccour G. A Two-period Game of a Closed-loop Supply Chain [J]. *European Journal of Operational Research*, 2014, 232 (1): 22 – 40.

[196] Gungor A, Gupta S M. Issues in Environmentally Conscious Manufacturing and Product Recovery: a Survey [J]. *Computers & Industrial Engineering*, 1999, 36 (4): 811 – 853.

[197] Atasu A, Toktay L B, Van Wassenhove L N. How Collection Cost Structure Drives a Manufacturer's Reverse Channel Choice [J]. *Production and Operations Management*, 2013, 22 (5): 1089 – 1102.

[198] Chen J, Bell P C. Coordinating a Decentralized Supply Chain with Customer Returns and Price-dependent Stochastic Demand Using a Buyback Policy [J]. *European Journal of Operational Research*, 2011, 212 (2): 293 – 300.

[199] Park S Y, Keh H T. Modelling Hybrid Distribution Channels: A

Game-theoretic Analysis. [J]. *Journal of Retailing and Consumer Services*, 2003, 10 (3): 155 – 167.

[200] Chan C S. Price Competition in a Channel Design: The Case of Competing Retailers [J]. *Marketing Science*, 1991, 10 (4): 271 – 296.

[201] Choi S C. Price Competition in a Duopoly Common Retailer Channel [J]. *Journal of Retailing*, 1996, 72 (2): 117 – 134.

[202] Karakayali I, Emir-Farinas H, Akcali E. An Analysis of Decentralized Collection and Processing of End-of-life Products [J]. *Journal of Operations Management*, 2007, 25 (6): 1161 – 1183.

[203] Yan N N, Sun B W. Optimal Stackelberg Strategies for Closed-loop Supply Chain with Third-party Reverse Logistics [J]. *Asia-Pacific Journal of Operational Research*, 2012, 29 (5): 1250026 – 1 – 1250026 – 21.

[204] Govindan K, Popiuc M N, Diabat A. Overview of Coordination Contracts within Forward and Reverse Supply chains [J]. *Journal of Cleaner Production*, 2013, 47: 319 – 334.

[205] Giutini R, Gaudette K. Remanufacturing: The Next Great Opportunity for Boosting US Productivity [J]. *Business Horizons*, 2003, 46 (6): 41 – 48.

[206] Vorasayan J, Ryan S M. Optimal Price and Quantity of Refurbished Products [J]. *Production & Operations Management*, 2006, 15 (3): 369 – 383.

[207] Debo L G, Toktay L B, Van Wassenhove L N. Market Segmentation and Product Technology Selection for Remanufacturable Products [J]. *Management Science*, 2005, 51 (8): 1193 – 1205.

[208] Ferrer G, Swaminathan J M, Managing New and Differentiated Remanufactured Products [J]. *European Journal of Operational Research*, 2010, 203 (2), 370 – 379.

[209] Ferguson M E, Toktay L B. The Effect of Competition on Recovery Strategies [J]. *Production & Operations Management*, 2006, 15 (3): 351 – 368.

[210] Atasu A, Sarvary M, Wassenhove L N V. Remanufacturing as a Mar-

keting Strategy [J]. *Management Science*, 2008, 54 (10): 1731 – 1746.

[211] Calcott P, Walls M. Waste, Recycling, and "Design for Environment": Roles for Markets and Policy Instruments [J]. *Resource and Energy Economics*, 2005, 27 (4): 287 – 305.

[212] Webster S, Mitra S. Competitive Strategy in Remanufacturing and the Impact of Take-back Laws. [J]. *Journal of Operation Management*, 2007, 25 (6): 1123 – 1140.

[213] Atasu A, Van Wassenhove L N, Sarvary M. Efficient Take-back Legislation [J]. *Production and Operation Management*, 2009, 18 (3): 243 – 258.

[214] Mitra S, Webster S, Competition in Remanufacturing and the Effects of Government Subsidies. [J]. *International Journal of Production Economics*, 2008, 111 (2): 287 – 298.

[215] I-Hsuan Hong, Jhih-Sian Ke. Determining Advanced Recycling Fees and Subsidies in "E-scrap" Reverse Supply Chains [J]. *Journal of Environmental Management*, 2011, (92): 1495 – 1502.

[216] AksenDeniz, Necati Aras, Karaarslan A G. Design and Analysis of Government Subsidized Collection Systems for Incentive-dependent Returns [J]. *International Journal of Production Economics*, 2009, 119 (2): 308 – 327.

[217] Ozdemir O, Denizel M, Daniel V et al. Recovery Decisions of a Producer in a Legislation Disposal Fee Environment [J]. *European Journal of Operational Researal*, 2012, 216: 293 – 300.

[218] I-Hsuan Hong, Yi-Ting Lee, Pei-Yu Chang. Socially Optimal and Fund-balanced Advanced Recycling Fees and Subsidies in a Competitive Forward and Reverse Supply Chain Resources [J]. *Conservation and Recycling*, 2014, (82): 75 – 85.

[219] Pasternack B A. Optimal Pricing and Return Policies for Perishable Commodities [M]. 1985.

[220] Cachon G P. Supply chain coordination with contracts [J]. *Handbooks*

in Operations Research and Management Science, 2003, 11: 227 – 339.

[221] Lee H L, Padmanabhan V, Taylor T A, Whang S J. Price Protection in the Personal Computer Industry [J]. *Management Science*, 2000, 46 (4): 467 – 482.

[222] Banerjee A. A joint Economic-Lot-Size model for purchaser and vendor [J]. *Decision Science*, 1986, 17: 292 – 311.

[223] Weng Z K. Modeling Quantity Discounts under General Price-sensitive Demand Functions: Optimal Polices and Relationships [J]. *European Journal of Operational Research*, 1995, 86: 300 – 314.

[224] Chung C S, Hum S H, Kirca O. The Coordinated Replenishment Dynamic Lot-sizing Problem with Quantity Discounts [J]. *European Journal of Operational Research*, 1996, 94: 122 – 133.

[225] Viswanthan S, Wang Q. Discount Pricing Decisions in Distribution Channels with Price-sensitive Demand [J]. *European Journal of Operational Research*, 2003, 149: 571 – 587.

[226] Jeuland A P, Shugan S M. Managing Channel Profits [J]. *Marketing Science*, 1983, 2 (3): 239 – 272.

[227] Monahan J P. A Quantity Discount Pricing Model to Increase Vendor Profits [J]. *Management Science*, 1984, 30 (6): 720 – 726.

[228] Lee H L, Rosenblatt M J. A Generalized Quantity Discount Pricing Model to Increase Supplier's Profits [J]. *Management Science*, 1986, 32 (9): 1177 – 1185.

[229] Kim K H, Hwang H. Simultaneous Improvement of Supplier's Profit and Buyer's Cost by Utilizing Quantity Discount [J]. Journal of the Operational Research Society, 1989, 40 (3): 255 – 265.

[230] Kohli R, Park H. Coordinating Buyer-seller Transactions Across Multiple Products. [J]. *Management Science*, 1994, 40 (9): 1145 – 1150.

[231] Li J, Liu L. Supply Chain Coordination with Quantity Discount Policy

[J]. International Journal of *Production Economics*, 2006, 101 (1): 89 –98.

[232] Mortimer J H. The Effects of Revenue-sharing Contracts on Welfare in Vertically-separated Markets: Evidence from the Video Rental Industry [J]. SSRN Electronic Journal, 2002.

[233] Dana Jr J D, Spier K E. Revenue Sharing and Vertical Control in the Video Rental Industry [J]. *The Journal of Industrial Economics*, 2001, 49 (3): 223 –245.

[234] Gerchak Y, Wang Y. Revenue – Sharing vs. Wholesale. Price Contracts in Assembly Systems with Random Demand [J]. *Production and Operations Management*, 2004, 13 (1): 23 –33.

[235] Van der Veen J A A, Venugopal V. Using Revenue Sharing to Create Win-win in the Video Rental Supply Chain [J]. *Journal of the Operational Research Society*, 2005, 56 (7): 757 –762.

[236] Yao Z, Leung S C H, Lai K K. Manufacturer's Revenue-sharing Contract and Retail Competition [J]. *European Journal of Operational Research*, 2008, 186 (2): 637 –651.

[237] Cachon G P, Lariviere M A. Supply Chain Coordination with Revenue-sharing Contracts: Strengths and Limitations [J]. *Management Science*, 2005, 51 (1): 30 –44.

[238] Moorthy, K, S. Managing Channel Profits: Comment [J] . *Marketing Science*, 1987, 6 (4): 375 –379.

[239] Chen, F. , A. Federgruen, Y Zheng. Coordination Mechanisms for a Distribution System with one Supplier and Multiple Retailers [J]. *Management Science*, 2001, 47: 693 –708.

[240] Ha A Y. Supplier-buyer Contracting Asymmetric Cost Information and Cut off Level Policy for Buyer Participation [J]. *Naval Research Logistics*, 2001, 48: 41 –64.

[241] Armstrong. M. Competitive Price Discrimination [J]. *Rand Journal of*

Economics, 2001, 32 (4): 579 - 605.

[242] Borger, B. Optimal Two-part Tariffs in a Model of Discrete Choice [J]. *Journal of Public Economics*, 2000, 76 (1): 127 - 150.

[243] Yoskwitz, W. Price Dispersion and Price Discrimination: Empirical Evidence from a Spot Market for Water [J]. *Review of Industrial Organization*, 2002, 20 (3): 283 - 289.

[244] Lafontaine, F. Agency Theory and Franchising: Some Empirical Results [J]. *Rand Journal of Economics*, 1992, 23 (2): 263 - 283.

[245] Jap S D, Manolis C, Weitz B A. Relationship Quality and Buyer-Seller Interactions in Channels of Distribution [J]. *Journal of Business Research*, 1999, 46 (3): 303 - 313.

[246] Hahn K H, Hwang H, Shinn S W. A Returns Policy for Distribution Channel Coordination of Perishable Items [J]. *European Journal of Operational Research*, 2004, 152 (3): 770 - 780.

[247] Jahnukainen J, Lahti M. Efficient Purchasing in Make-to-order Supply Chains [J]. *International Journal of Production Economics*, 1999, 59 (1 - 3): 103 - 111.

[248] Emmons H, Gilbert S M. Note. The Role of Returns Policies in Pricing and Inventory Decisions for Catalogue Goods [J]. *Management Science*, 1998, 44 (2): 276 - 283.

[249] Ma W M, Zhao Z, Ke H. Dual-channel Closed-loop Supply Chain with Government Consumption-subsidy [J]. *European Journal of Operational Research*, 2013, 226 (2): 221 - 227.

[250] Park S Y, Keh H T. Modelling Hybrid Distribution Channels: A Game-theoretic Analysis. [J]. *Journal of Retailing and Consumer Services*, 2003, 10 (3): 155 - 167.

[251] Chiang W K, Chhajed D, Hess J D. Direct Marketing, Indirect Profits: A Strategic Analysis of Dual-channel Supply-chain Design [J]. *Management*

Science, 2003, 49 (1): 1 –20.

[252] Wang K. , Zhao Y. , Cheng Y. , et al. Cooperation or Competition? Channel Choice for a Remanufacturing Fashion Supply Chain with Government Subsidy [J]. *Sustainability*, 2014, 6 (10): 7292 –7310.

[253] Wang Y. , Chang X. , Chen Z. , et al. Impact of Subsidy Policies on Recycling and Remanufacturing Using System Dynamics Methodology: A Case of Auto Parts in China [J]. *Journal of Cleaner Production*, 2014, 74 (7): 161 –171.

[254] Hong I. , Ke J. S. Determining Advanced Recycling Fees and Subsidies in "E-scrap" Reverse Supply Chains [J]. *Journal of Environmental Management*, 2011, 92 (6): 1495 –1502.

[255] Hong I. , Lee Y. T. , Chang P. Y. Socially Optimal and Fund-balanced Advanced Recycling Fees and Subsidies in A Competitive Forward and Reverse Supply Chain [J]. *Resources*, Conservation and Recycling, 2014, 82 (1): 75 –85.

[256] Atasu A. Özdemir Ö. , Van Wassenhove L. N. Stakeholder Perspectives on E-Waste Take-Back Legislation [J]. *Production and Operations Management*, 2013, 22 (2): 382 –396.

[257] Shi W. , Min K. J. A Study of Product Weight and Collection Rate in Closed-loop Supply Chains with Recycling [J]. *Engineering Management*, IEEE Transactions on, 2013, 60 (2): 409 –423.

[258] Aksen D, Aras N, Karaarslan A G. Design and Analysis of Government Subsidized Collection Systems for Incentive-dependent Returns [J]. *International Journal of Production Economics*, 2009, 119 (2): 308 –327.

[259] Hammond D , Beullens P . Closed-loop Supply Chain Network Equilibrium under Legislation [J]. *European Journal of Operational Research*, 2007, 183 (2): 895 –908.

[260] Huang S, Yang C, Zhang X. Pricing and Production Decisions in Dual-channel Supply Chains with Demand Disruptions [J]. *Computers & Industrial Engineering*, 2012, 62 (1): 70 –83.

[261] Hong I. , Lee Y. T. , Chang P. Y. Socially Optimal and Fund-balanced Advanced Recycling Fees and Subsidies in A Competitive Forward and Reverse Supply Chain [J]. *Resources*, Conservation and Recycling, 2014, 82 (1): 75 – 85.

[262] Yue J, Austin J, Huang Z, Chen B. Pricing and Advertisement in a Manufacturer-retailer Supply Chain [J]. *European Journal of Operational Research*. 2013, 231 (2): 492 – 502.

[263] Karray, Salma. Periodicity of Pricing and Marketing Efforts in a Distribution Channel [J]. *European Journal of Operational Research*. 2013, 228 (3): 635 – 47.

[264] Ma P, Wang H, Shang J. Supply Chain Channel Strategies With Quality and Marketing Effort-Dependent Demand [J]. *International Journal of Production Economics*. 2013, 144 (2): 572 – 81.

[265] Ma P, Wang H, Shang J. Contract Design for Two-stage Supply Chain Coordination: Integrating Manufacturer-quality and Retailer-marketing Efforts [J]. *International Journal of Production Economics*. 2013, 146 (2): 745 – 55.

[266] Gao J, Han H, Hou L, Wang H. Pricing and Effort Decisions in a Closed-loop Supply Chain under Different Channel Power Structures [J]. *Journal of Cleaner Production*. 2016, 112: 2043 – 57.

[267] Li J, Du W, Yang F, Hua G. The Carbon Subsidy Analysis in Remanufacturing Closed-loop Supply Chain [J]. *Sustainability*. 2014 , 6 (6): 3861 – 77.

[268] Maiti T. , Giri B. C. A Closed Loop Supply Chain under Retail Price and Product Quality Dependent Demand [J]. *Journal of Manufacturing Systems*, 2015, 37 (2): 624 – 637.

[269] Wu C. Price and Service Competition between New and Remanufactured Products in a Two-echelon Supply Chain [J]. *International Journal of Production Economics*, 2012, 140 (1): 496 – 507.

[270] Wang L. , Song H. , Wang Y. Pricing and Service Decisions of Complementary Products in a Dual-channel Supply Chain [J]. *Computer and Industrial Engineering*, 2017, 205: 223 – 233.

[271] Dan B. , Zhang S. , Zhou M. Strategies for Warranty Service in a Dual-Channel Supply Chain with Value-Added Service Competition [J]. *International Journal of Production Research*, 2017, 5: 1 – 23.

[272] Zhou Y. W. , Guo J. , Zhou W. Pricing/Service Strategies for a Dual-channel Supply Chain with Free Riding and Service-Cost Sharing [J]. *International Journal of Production Economics*, 2018, 196: 198 – 210.

[273] Fehr E. , Schmidt K. M. A Theory of Fairness, Competition, and Co-operation [J]. *Quarterly journal of Economics*, 1999, 114 (3): 817 – 868.

[274] Cui T. , Raju J. S. , Zhang Z. J. Fairness and Channel Coordination [J]. *Management Science*, 2007, 53 (8): 1303 – 1314.

[275] Ho T. H. , Zhang J. Designing Pricing Contracts for Bounded Rational Customers: Does the Framing of the Fixed Fee Matter [J]. *Management Science*, 2008, 54 (4): 686 – 700.

[276] Ho T. H. , Su X. , Wu Y. Distributional and Peer-Induced Fairness in Supply Chain Contract Design [J]. *Production and Operations Management*, 2014, 23 (2): 161 – 175.

[277] Du S. , Nie T. , Chu C. Newsvendor Model for a Dyadic Supply Chain with Nash Bargaining Fairness Concerns [J]. *International Journal of Production Research*, 2014, 52 (17): 5070 – 5085.

[278] Huang J, Lei M M, Liang L P, Liu J. Promoting Electric Automobiles: Supply Chain Analysis Under a Government's Subsidy Incentive Scheme [J]. *IIE Transactions*, 2013, 45 (8): 826 – 844.

[279] Li J, Du W H, Yang F M, Hua G W. The Carbon Subsidy Analysis in Remanufacturing Closed-Loop Supply Chain [J]. *Sustainability*, 2014, 6 (6): 3861 – 3877.

[280] Liu Z L, Anderson T D, Cruz J M. Consumer Environmental Awareness and Competition in Two-stage Supply Chains [J]. *European Journal of Operational Research*, 2012, 218 (3): 602 – 613.

［281］ Wang Y, Hazen B T. Consumer Product Knowledge and Intention to Purchase Remanufacturing Products ［J］. *International Journal of Production Economics*, 2016, 181: 460 – 469.

［282］ Debabrata G, Janat S. Supply Chain Analysis Under Green Sensitive Consumer Demand and Cost Sharing Contract ［J］. *International Journal of Production Economics*, 2015, 164: 319 – 329.

［283］ Conrad K. Price Competition and Product Differentiation When Consumers Care For the Environment ［J］. *Environmental and Resource Economics*, 2005, 31 (1): 1 – 19.

［284］ Bansal S, Gangopadhyay S. Tax/subsidy Policies in the Presence of Environmentally Aware Consumers ［J］. *Journal of Environmental Economics of and Management*, 2003, 45 (2): 333 – 355.

［285］ Xu Y, Bisi A. Wholesale-price Contracts With Postponed and Fixed Retail Prices ［J］. *Operations Research Letters*, 2012, 40 (4): 250 – 257.

［286］ Wang S D, Zhou Y W, Wang J P. Supply Chain Coordination With Two Production Modes and Random Demand Depending on Advertising Expenditure and Selling Price ［J］. *International Journal of Systems Science*, 2010, 41 (10): 1257 – 1272.

［287］ Kobbacy K A H, Wang H, Wang W. Towards the Development of an Intelligent Supply Contract Design System ［J］. *Journal of Manufacturing Technology Management*, 2011, 22 (6): 788 – 803.

［288］ Kunter M. Coordination Via Cost and Revenue Sharing in Manufacturer-retailer Channels ［J］. *European Journal of Operational Research*, 2012, 216 (2): 477 – 486.

［289］ Chen Y J, Sheu J B. Environmental-regulation Pricing Strategies for Green Supply Chain Management ［J］. *Transportation Research Part E: Logistics and Transportation Review*, 2009, 45 (5): 667 – 677.